메가스터디

중학 영단어

실력

mega
study
voca
bulary

40일 완성

메가스터디
중학 영단어

실력

초판 2쇄	2023년 6월 12일
초판 1쇄	2021년 4월 1일
펴낸곳	메가스터디(주)
펴낸이	손은진
개발 책임	배경윤
개발	김은하, 권기정, 이수정, 이효리
디자인	이정숙, 윤인아
제작	이성재, 장병미
주소	서울시 서초구 효령로 304(서초동) 국제전자센터 24층
대표전화	1661.5431
	(내용 문의 02-6984-6908 / 구입 문의 02-6984-6868,9)
홈페이지	http://www.megastudybooks.com
출판사 신고 번호	제 2015-000159호
출간제안/원고투고	writer@megastudy.net

메가스터디BOOKS

'메가스터디북스'는 메가스터디㈜의 출판 전문 브랜드입니다. 유아/초등 학습서,
중고등 수능/내신 참고서는 물론, 지식, 교양, 인문 분야에서 다양한 도서를 출간하고 있습니다.

메가스터디 중학 영단어 실력 구성과 특징

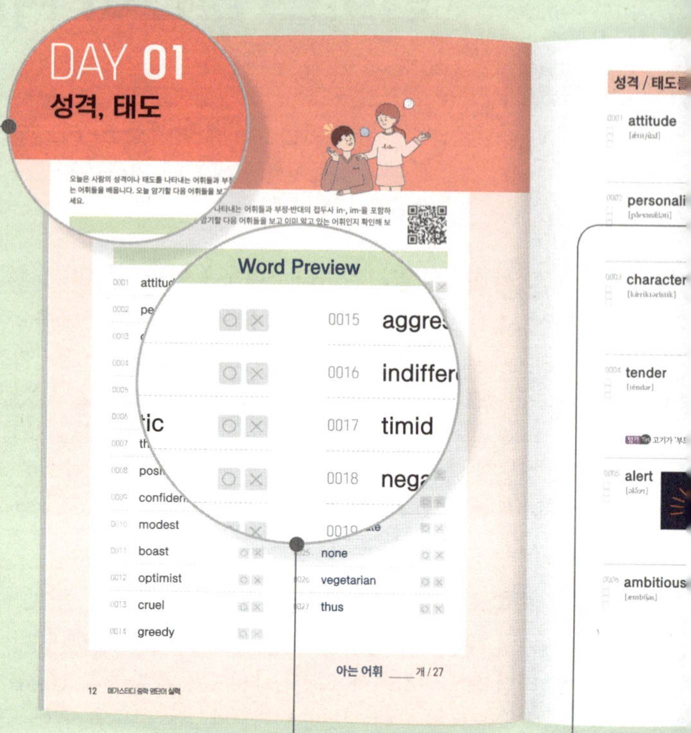

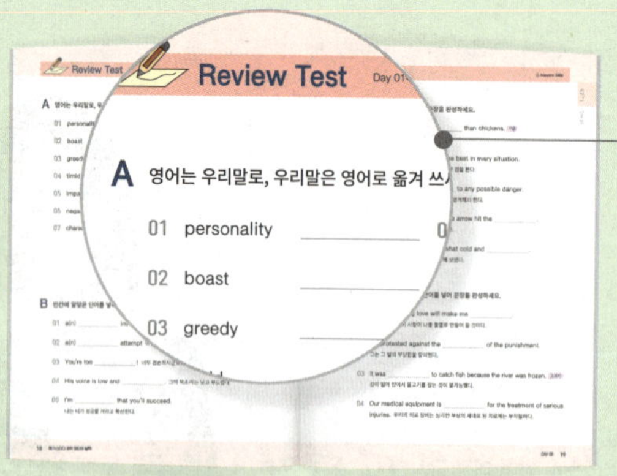

하루 27단어 40일 완성!

다양한 주제로 지루하지 않게, 40일 완성이 가능하도록 구성했습니다.

Word Preview 미리 점검

오늘 공부할 어휘는 먼저 확인하고 나의 실력에 맞춰 목표를 세울 수 있습니다.

학습 효과를 높이는 표제어

파생어, 유의어, 반의어, 참고 어휘는 물론 재미있는 암기법과 추가 정보까지 다양한 표제어를 통해 지루하지 않게 공부할 수 있습니다.

단계별 Review Test

매일 학습한 어휘는 〈 단어 ▸ 구 ▸ 문장 〉의 3단계 테스트를 통해 학습을 마무리합니다.

Structure

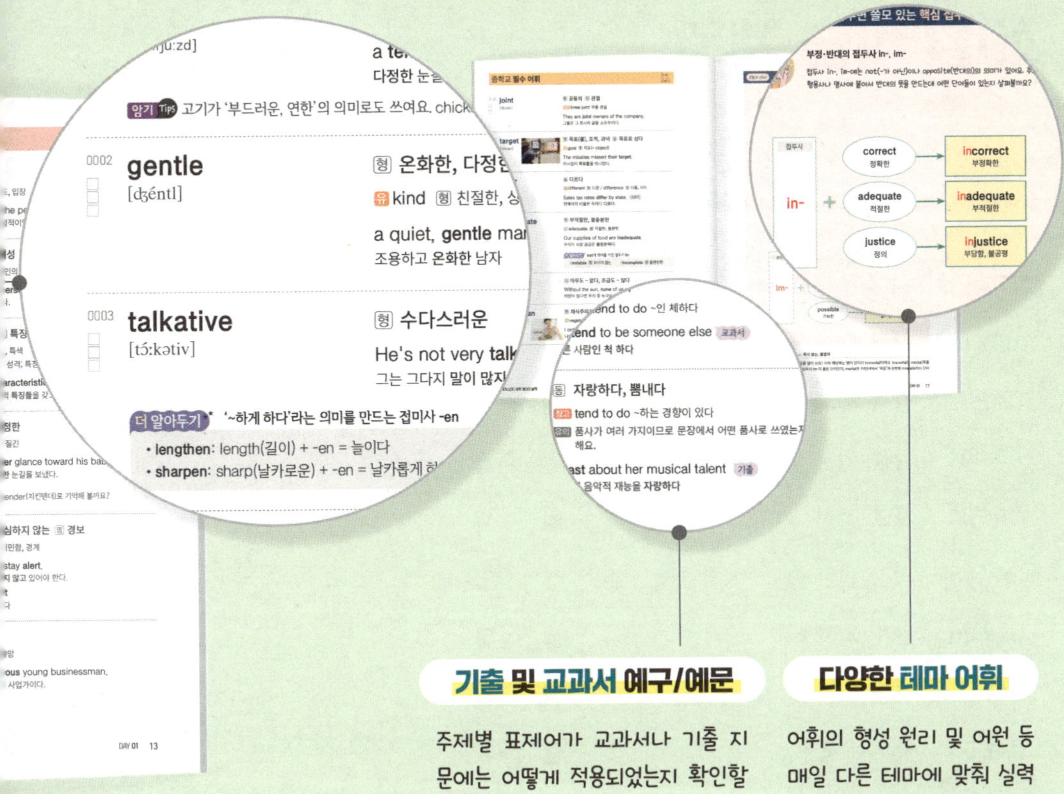

기출 및 교과서 예구/예문

주제별 표제어가 교과서나 기출 지문에는 어떻게 적용되었는지 확인할 수 있습니다.

다양한 테마 어휘

어휘의 형성 원리 및 어원 등 매일 다른 테마에 맞춰 실력을 확장할 수 있습니다.

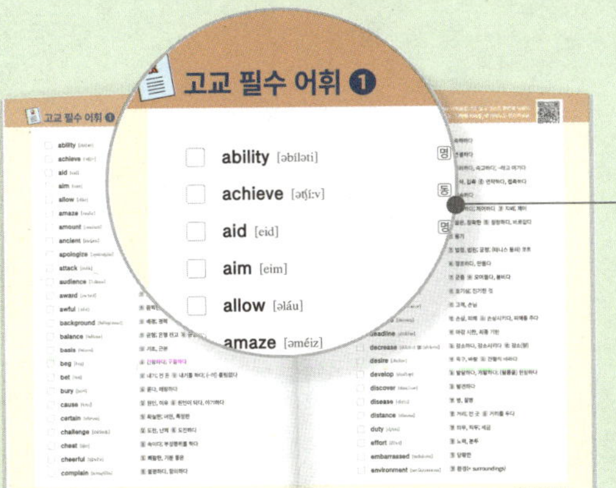

고교 필수 어휘 맛보기!

고교 학습을 하기 전에 꼭 알아야 할 고교 필수 어휘 150개를 확인할 수 있습니다.

별책 부록 — 쓰기노트

< 듣기 ▶ 따라 말하기 ▶ 철자 완성하기 ▶ 뜻 쓰기 ▶ 뜻 보고 철자 쓰기 >의 과정을 반복함으로써 하나의 어휘를 6번 반복 학습할 수 있습니다. 매일 틈틈이 확인하며 어휘력과 자신감을 함께 키우는 영단어 학습 습관을 만들어 보세요.

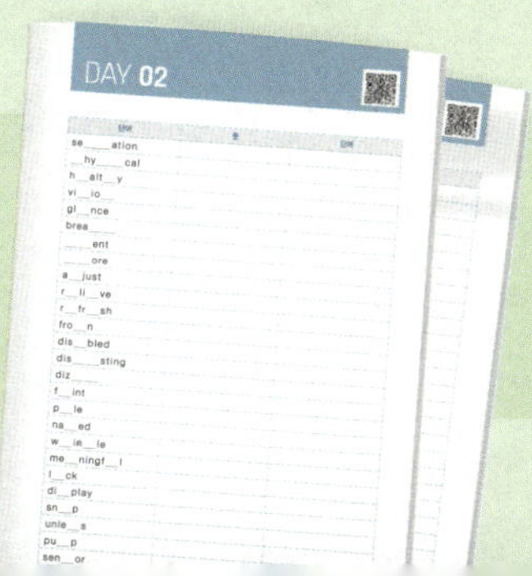

어휘력 키우고! 영어 자신감 UP!
40일 학습 계획

40일 학습 계획을 세우고 매일 공부한 내용을 체크해 보세요.
하루하루 시간이 지날수록 실력이 높아지는 나를 발견하게 될 거예요.

DAY	주제	공부한 날	복습 1회	복습 2회	복습 3회
DAY 01	성격, 태도	월 일	○	○	○
DAY 02	감각, 신체 상태	월 일			
DAY 03	감정, 기분	월 일			
DAY 04	사고, 정신	월 일			
DAY 05	의견, 판단	월 일			
DAY 06	관계, 의사소통	월 일			
DAY 07	인생, 도전	월 일			
DAY 08	학교, 교육	월 일			
DAY 09	직장 생활	월 일			
DAY 10	가사, 가정용품	월 일			
DAY 11	일상, 도구	월 일			
DAY 12	요리, 식당	월 일			
DAY 13	쇼핑	월 일			
DAY 14	시간, 순서	월 일			
DAY 15	수, 양(1)	월 일			
DAY 16	수, 양(2)	월 일			
DAY 17	사물 묘사	월 일			
DAY 18	여행, 여가생활	월 일			
DAY 19	일, 행사	월 일			
DAY 20	상황 묘사	월 일			

DAY	주제	공부한 날	복습 1회	복습 2회	복습 3회
DAY 21	교통, 도로	월 일			
DAY 22	방향, 위치	월 일			
DAY 23	건물, 건축	월 일			
DAY 24	움직임, 동작	월 일			
DAY 25	운동, 스포츠	월 일			
DAY 26	건강, 질병, 치료	월 일			
DAY 27	사고, 안전	월 일			
DAY 28	사회, 사회 문제	월 일			
DAY 29	경제	월 일			
DAY 30	정치	월 일			
DAY 31	세계	월 일			
DAY 32	법, 범죄	월 일			
DAY 33	군대, 전쟁	월 일			
DAY 34	역사, 종교	월 일			
DAY 35	문화, 예술, 문학	월 일			
DAY 36	과학, 기술	월 일			
DAY 37	산업, 농업	월 일			
DAY 38	자연, 환경	월 일			
DAY 39	환경 보호	월 일			
DAY 40	컴퓨터, 인터넷	월 일			

발음기호 이렇게 읽어요

언제까지 make를 '엠에이케이이'라고 외울 건가요? 단어를 읽지도 못하면서 철자만 달달 외우는 것은 실제 영어 공부에 하나도 도움이 되지 않아요. 글자만 보고 소리를 말한다면 원어민은 여러분의 말을 알아듣지 못할 거예요. 한글과 다르게 영어는 글자와 소리가 다른데, 발음기호를 알아두면 단어를 읽을 수 있어요.

모음

단모음	[i]	[e]	[ɑ]	[ə]	[æ]	[ʌ]	[u]	[ɔ]		
	이	에	아	어	애	어	우	오		
장모음	[ɑː]	[əː]	[iː]	[uː]	[ɔː]					
	아-	어-	이-	우-	오-					
이중모음	[ai]	[ei]	[ɔi]	[au]	[ou]	[iə]	[uə]	[ɛə]	[eə]	
	아이	에이	오이	아우	오우	이어	우어	에어	에어	

자음

무성음	[p]	[k]	[t]	[f]	[s]	[θ]	[ʃ]	[tʃ]	[h]		
	ㅍ	ㅋ	ㅌ	ㅍ	ㅅ	ㅆ	쉬	ㅊ	ㅎ		

유성음	[b]	[g]	[d]	[v]	[z]	[ð]	[ʒ]	[dʒ]	[m]	[n]	[ŋ]	[r]	[l]	반자음=반모음	
														[j]	[w]
	ㅂ	ㄱ	ㄷ	ㅂ	ㅈ	ㄷ	ㅈ	쥐	ㅁ	ㄴ	ㅇ	ㄹ	ㄹ	이	우

단어를 외우면서 철자만 외우고 넘어갈 것이 아니라, 꼭 원어민의 발음을 듣고 발음기호를 보면서 스스로 읽고 그것을 녹음해 보세요. 그 단어는 훨씬 더 기억에 오래 남을 거예요.

학습 Tip 이런 뜻을 나타내요

이제, 발음기호를 보면 단어를 읽을 수 있겠죠?
발음기호 외에 표제어 주변에는 다음과 같은 부호들도 함께 쓰이고 있어요. 표제어 학습
에 도움을 주고, 표제어와 더불어 꼭 알아두어야 하는 정보들을 제공하는 장치랍니다.
본격 학습에 들어가기 전에 각 부호가 무엇을 나타내는지 알아두세요.

명 **명사**: 사람이나 사물, 동물 등을 부르는 말 예 teacher, John, dog 등

동 **동사**: 동작이나 상태를 나타내는 말 예 walk, go, sleep 등

형 **형용사**: 명사의 상태, 성질, 수량, 크기 등을 나타내는 말 예 beautiful, many, big 등

부 **부사**: 동사, 형용사, 다른 부사를 꾸며주는 말 예 quickly, very, ever 등

대 **대명사**: 명사를 대신하는 말 예 he, it, one 등

전 **전치사**: 다른 단어와의 관계를 나타내는 말 예 on, in, to 등

접 **접속사**: 단어, 구, 문장 등을 이어주는 말 예 and, because, but 등

조 **조동사**: 다른 동사와 함께 쓰여 의미를 더해주는 말 예 shall, will, must 등

파 **파생어**: 표제어와 파생 관계에 있어 함께 외우기 좋은 말

유 **유의어**: 표제어와 유사한 뜻을 가진 말

반 **반의어**: 표제어와 반대의 뜻을 가진 말

복 표제어의 복수형   **숙어** 표제어 관련 숙어   **UK** 영국식 철자

참고 참고 어휘나 참고 사항   **주의** 품사/철자/발음 주의

메가스터디 중학 영단어 실력 차례

PART 1　People

PART 2　Daily Life

PART 3　Leisure & Health

PART 4 Society & Culture

PART 5 Nature & Science

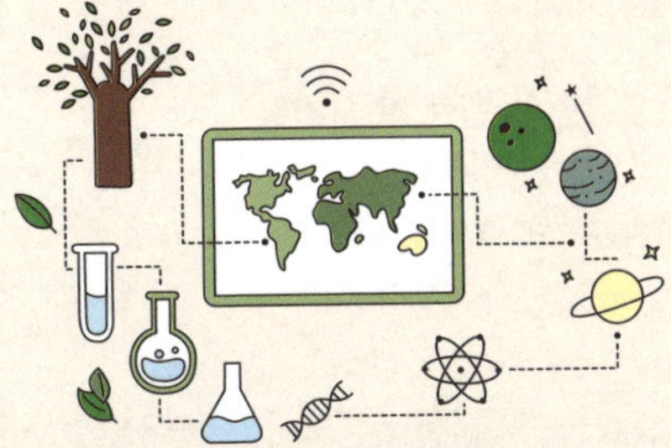

PART 1
People

메가스터디
중학 영단어

DAY 01
성격, 태도

오늘은 사람의 성격이나 태도를 나타내는 어휘들과 부정·반대의 접두사 in-, im-을 포함하는 어휘들을 배웁니다. 오늘 암기할 다음 어휘들을 보고 이미 알고 있는 어휘인지 확인해 보세요.

Word Preview			
0001 attitude	○ ×	0015 aggressive	○ ×
0002 personality	○ ×	0016 indifferent	○ ×
0003 characteristic	○ ×	0017 timid	○ ×
0004 tender	○ ×	0018 negative	○ ×
0005 alert	○ ×	0019 passive	○ ×
0006 ambitious	○ ×	0020 impatience	○ ×
0007 thorough	○ ×	0021 joint	○ ×
0008 positive	○ ×	0022 target	○ ×
0009 confident	○ ×	0023 differ	○ ×
0010 modest	○ ×	0024 inadequate	○ ×
0011 boast	○ ×	0025 none	○ ×
0012 optimist	○ ×	0026 vegetarian	○ ×
0013 cruel	○ ×	0027 thus	○ ×
0014 greedy	○ ×		

아는 어휘 _____ 개 / 27

성격 / 태도를 나타내는 **어휘**

0001 attitude
[ǽtitjùːd]

명 태도, 자세

유 position 명 태도, 입장

The **attitude** of the people was positive.
사람들의 태도가 긍정적이었다.

0002 personality
[pə̀rsənǽləti]

명 성격, 인성, 개성

파 personal 형 개인의, 사적인

He has a kind **personality**.
그는 친절한 성격이다.

0003 characteristic
[kæ̀riktərístik]

명 특징, 특성　형 특징적인, 특유의

유 feature 명 특성, 특색
참고 character 명 성격; 특징

She has the **characteristics** of a good teacher.
그녀는 좋은 선생님의 특징들을 갖고 있다.

0004 tender
[téndər]

형 부드러운, 다정한

반 tough 형 거친; 질긴

He gave a **tender** glance toward his baby.
그는 아기에게 다정한 눈길을 보냈다.

암기 Tips 고기가 '부드러운, 연한'의 의미로도 쓰여요. chicken tender(치킨텐더)로 기억해 볼까요?

0005 alert
[ələ́ːrt]

형 경계하는, 방심하지 않는　명 경보

파 alertness 명 기민함, 경계

We all have to stay **alert**.
우리는 모두 방심하지 않고 있어야 한다.
issue a fire **alert**
화재 경보를 발령하다

0006 ambitious
[æmbíʃəs]

형 야망이 있는

파 ambition 명 야망

He is an **ambitious** young businessman.
그는 야망 있는 젊은 사업가이다.

0007 **thorough**
[θə́:rou]

형 빈틈 없는, 철저한, 꼼꼼한

파 thoroughly 부 완전히, 철두철미하게

He is very **thorough** and professional.
그는 매우 **꼼꼼하고** 전문적이다.

0008 **positive**
[pázitiv]

형 긍정적인; 양성의

반 negative 형 부정적인; 음성의

Positive words can help the brain to function better.
긍정적인 말들은 뇌가 더 잘 작동하도록 도울 수 있다.　교과서
The test result came back **positive**.
검사 결과는 **양성으로** 나왔다.

0009 **confident**
[kánfidənt]

형 자신(감) 있는, 확신하는

파 confidence 명 자신감, 확신

You will become **confident**.　교과서
너는 **자신감을** 갖게 될 것이다.

0010 **modest**
[mádist]

형 겸손한, 신중한

파 modesty 명 겸손
반 immodest 형 자만하는, 겸손하지 않은

You're too **modest**!
너무 **겸손하시군요**!

0011 **boast**
[boust]

동 자랑하다, 뽐내다

파 boastful 형 자랑하는, 뽐내는

He **boasted** about his new smartphone.
그는 자신의 새 스마트폰을 **자랑했다**.

0012 **optimist**
[áptəmist]

명 낙천주의자, 낙관론자

파 optimistic 형 낙천적인
반 pessimist 명 비관주의자

She is an eternal **optimist**.
그녀는 영원한 **낙천주의자이다**.

0013 **cruel**
[krú(:)əl]

형 잔인한

파 cruelty 명 잔인함

The rich man was very **cruel** to them.　기출
그 부유한 남자는 그들에게 무척 **잔인했다**.

0014 **greedy**
[grí:di]

형 탐욕스러운, 욕심 많은

파 greed 명 탐욕

She isn't **greedy** anymore. 교과서
그녀는 더 이상 **욕심부리지** 않는다.

0015 **aggressive**
[əgrésiv]

형 공격적인; 매우 적극적인

파 aggressively 부 공격적으로
유 unfriendly 형 비우호적인

His voice became **aggressive**.
그의 목소리는 **공격적으로** 변했다.

0016 **indifferent**
[indífərənt]

형 무관심한

파 indifference 명 무관심

He is **indifferent** to other people.
그는 다른 사람들에게 **무관심하다**.

0017 **timid**
[tímid]

형 소심한, 겁 많은

He begins to speak in a **timid** voice.
그는 **소심한** 목소리로 말하기 시작한다.

0018 **negative**
[négətiv]

형 부정적인; 음성의

반 positive 형 긍정적인; 양성의

ask **negative** questions 교과서
부정적인 질문들을 하다

0019 **passive**
[pǽsiv]

형 수동적인, 소극적인

참고 문법적으로는 '수동태'라는 의미도 가져요.

He's very **passive** in the relationship.
그는 그 관계에 매우 **소극적이다**.

0020 **impatience**
[impéiʃəns]

명 성급함, 조급함

파 impatient 형 성급해하는, 조급해하는
반 patience 명 인내(력), 참을성

We know about his **impatience**.
우리는 그가 **조급해하는** 것을 안다.

더 알아두기 * **not**의 의미를 가진 접두사 im-
- **imperfect** 형 불완전한
- **impolite** 형 무례한
- **impossible** 형 불가능한
- **immodest** 형 겸손하지 않은

0021 joint
[dʒɔint]

형 공동의　명 관절

참고 knee joint 무릎 관절

They are **joint** owners of the company.
그들은 그 회사의 **공동** 소유주이다.

0022 target
[tá:rgit]

명 목표(물), 표적, 과녁　동 목표로 삼다

유 goal 명 목표(= object)

The missiles missed their **target**.
미사일이 **목표물**을 빗나갔다.

0023 differ
[dífər]

동 다르다

파 different 형 다른 / difference 명 다름, 차이

Sales tax rates **differ** by state.　교과서
판매세의 비율은 주마다 **다르다**.

0024 inadequate
[inǽdəkwit]

형 부적절한, 불충분한

반 adequate 형 적절한, 충분한

Our supplies of food are **inadequate**.
우리의 식량 공급은 **불충분하다**.

더 알아두기 * **not**의 의미를 가진 접두사 **in-**
· **invisible** 형 보이지 않는　· **incomplete** 형 불완전한

0025 none
[nʌn]

대 아무도 ~ 없다, 조금도 ~ 않다

Without the sun, **none** of us would be here.　기출
태양이 없다면 우리 중 **누구도** 여기 없을 것이다.

0026 vegetarian
[vèdʒitɛ́(:)əriən]

명 채식주의자　형 채식주의(자)의, 채식의

파 vegetable 명 채소

I ordered a **vegetarian** meal.
나는 **채식주의** 식사를 주문했어요.

0027 thus
[ðʌs]

부 그러므로, 따라서

참고 thus far 지금까지, 여태까지(= so far)

He got more votes. **Thus,** he became president.
그가 더 많은 표를 얻었다. 그래서 그는 대통령이 되었다.

알아두면 쓸모 있는 핵심 접두사

부정·반대의 접두사 in-, im-

접두사 in-, im-에는 not(~가 아닌)이나 opposite(반대의)의 의미가 있어요. 주로 형용사나 명사에 붙어서 반대의 뜻을 만드는데 어떤 단어들이 있는지 살펴볼까요?

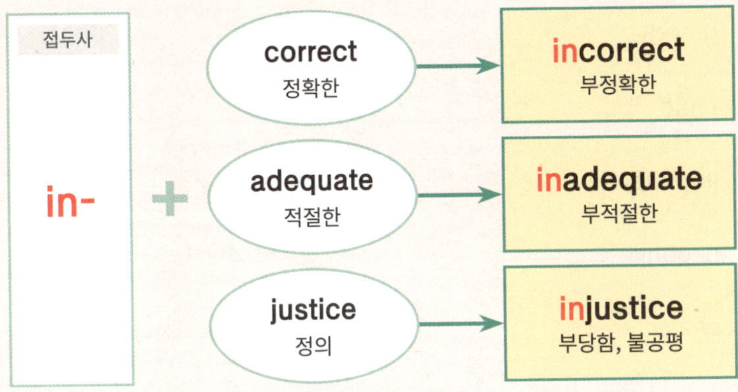

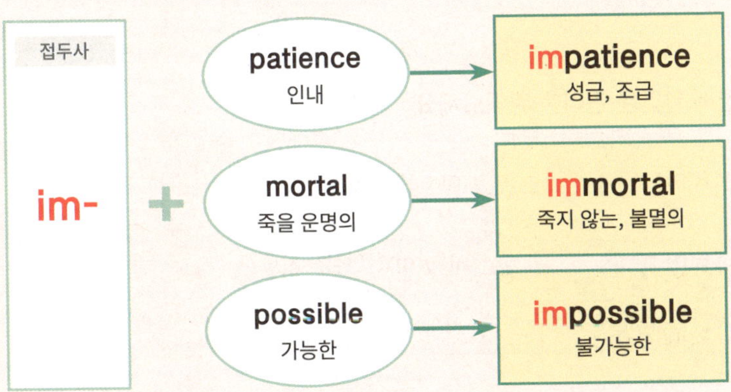

Today's word

immortal [imɔ́ːrtl] **죽지 않는, 불멸의**

흔히 '불사신'이라는 말을 많이 쓰죠? 이에 해당하는 영어 단어가 immortal이에요. immortal은 mortal(죽을 운명의)이라는 단어에 접두사 im-이 붙은 단어인데, mortal은 라틴어에서 '죽음'과 관련된 mortalis라는 단어에서 유래했다고 해요.

A 영어는 우리말로, 우리말은 영어로 옮겨 쓰세요.

01 personality ______________ 08 태도, 자세 ______________

02 boast ______________ 09 잔인한 ______________

03 greedy ______________ 10 공격적인 ______________

04 timid ______________ 11 다르다 ______________

05 impatience ______________ 12 공동의; 관절 ______________

06 negative ______________ 13 채식주의자 ______________

07 characteristic ______________ 14 긍정적인; 양성의 ______________

B 빈칸에 알맞은 단어를 넣어보세요.

01 a(n) ______________ investigation 철저한 조사

02 a(n) ______________ attempt 야심찬 시도

03 You're too ______________! 너무 겸손하시군요!

04 His voice is low and ______________. 그의 목소리는 낮고 부드럽다.

05 I'm ______________ that you'll succeed.
나는 네가 성공할 거라고 확신한다.

C 빈칸에 알맞은 단어를 넣어 문장을 완성하세요.

01 Crows are more ______________ than chickens. 기출
까마귀는 닭보다 더 수동적이다.

02 A(n) ______________ sees the best in every situation.
낙관주의자는 모든 상황에서 가장 좋은 점을 본다.

03 We should be ______________ to any possible danger.
우리는 어떠한 (발생) 가능한 위험이든 경계해야 한다.

04 The wind was strong, but the arrow hit the ______________.
바람이 강했지만 화살은 과녁을 맞혔다.

05 His mother seemed somewhat cold and ______________.
그의 어머니는 다소 차갑고 무관심해 보였다.

D 오늘의 테마 빈칸에 알맞은 단어를 넣어 문장을 완성하세요.

01 This everlasting love will make me ______________.
영원히 지속될 이 사랑이 나를 불멸로 만들어 줄 것이다.

02 He protested against the ______________ of the punishment.
그는 그 벌의 부당함을 항의했다.

03 It was ______________ to catch fish because the river was frozen. 교과서
강이 얼어 있어서 물고기를 잡는 것이 불가능했다.

04 Our medical equipment is ______________ for the treatment of serious
injuries. 우리의 의료 장비는 심각한 부상의 치료에는 부적절하다.

DAY 02
감각, 신체 상태

오늘은 사람의 감각과 신체 상태를 나타내는 어휘들과 비슷해 보이지만 다른 뉘앙스를 가진 명사 vision, view, glance에 대해 배웁니다. 오늘 암기할 다음 어휘들을 보고 이미 알고 있는 어휘인지 확인해 보세요.

Word Preview

0028	sensation	0042	dizzy
0029	physical	0043	faint
0030	healthy	0044	pale
0031	vision	0045	naked
0032	glance	0046	wrinkle
0033	breath	0047	meaningful
0034	scent	0048	lack
0035	snore	0049	display
0036	adjust	0050	snap
0037	relieve	0051	unless
0038	refresh	0052	pump
0039	frown	0053	senior
0040	disabled	0054	nearly
0041	disgusting		

아는 어휘 _____ 개 / 27

감각 / 신체 상태를 나타내는 **어휘**

0028 sensation
[senséiʃən]

명 감각, 느낌; 센세이션, 돌풍[선풍]

파 sensational 형 선풍적인; 선정적인

She felt a burning **sensation** in her throat.
그녀는 목이 타는 듯한 **느낌**이 들었다.

0029 physical
[fízikəl]

형 신체의, 육체적인; 물질적인

참고 physical education 체육(P.E.)

Their surroundings encourage **physical** activity. 기출
그들의 환경은 **신체** 활동을 장려한다.

0030 healthy
[hélθi]

형 건강한, 건강에 좋은

파 health 명 건강

Exercise every day to stay **healthy**. 기출
건강을 유지하려면 매일 운동해라.

0031 vision
[víʒən]

명 시력, 시각; 비전

파 visual 형 시각의
유 sight 명 시력(= eyesight)

She has normal **vision**.
그녀는 정상 **시력**이다.

0032 glance
[glæns]

동 흘끗 보다 명 흘끗 봄

숙어 at a glance 한눈에

She **glanced** at her watch.
그녀는 자신의 시계를 **흘끗 보았다**.

0033 breath
[breθ]

명 숨, 호흡

파 breathe 동 숨쉬다, 호흡하다
참고 hold one's breath 숨죽이다, 숨을 참다

They come out of the water for a deep **breath**. 교과서
그들은 심**호흡**을 위해 물 밖으로 나온다.

0034 scent
[sent]

명 향기, 냄새

파 scented 형 향이 있는, 향기로운

The **scent** of flowers filled the air.
꽃 **향기**가 가득했다.

0035 **snore**
[snɔːr]

동 코를 골다

My dad **snores** so loudly.
우리 아빠는 너무 시끄럽게 **코를 고신다**.

0036 **adjust**
[ədʒʌ́st]

동 적응하다; 조절하다

파 adjustment 명 적응; 조절

adjust quickly to the new environment 기출
새로운 환경에 빨리 **적응하다**

0037 **relieve**
[rilíːv]

동 (불쾌감 등을) 없애주다, 덜어주다, 완화하다

파 relief 명 안도, 안심

It can help **relieve** stress and anxiety. 기출
그것은 스트레스와 불안감을 **완화하도록** 도울 수 있다.

0038 **refresh**
[rifréʃ]

동 상쾌하게 하다; (기억을) 되살리다

파 refreshed 형 상쾌한
참고 '(인터넷 화면을) 새로 고침 하다'라는 뜻도 있어요.

Having a good sleep will **refresh** you.
잠을 푹 자는 것이 네 기분을 **상쾌하게 할** 거야.
refresh one's memory 기억을 **되살리다**

더 알아두기 * '다시'라는 의미를 가진 접두사 re-
- **reuse** 동 재사용하다
- **refill** 동 리필하다, 다시 채우다
- **recover** 동 회복하다
- **repeat** 동 반복하다

0039 **frown**
[fraun]

동 인상을 쓰다, 찌푸리다 명 찌푸린 얼굴

Why are you **frowning**?
왜 **인상을 쓰고** 있니?

0040 **disabled**
[diséibld]

형 장애가 있는

파 disability 명 장애
참고 the disabled (집합적) 장애인

The woman was **disabled** and could not walk.
그 여성은 **장애가 있어서** 걸을 수 없었다.

0041 **disgusting**
[disgʌ́stiŋ]

형 역겨운, 구역질나는

파 disgust 명 혐오 동 ~에게 혐오감을 느끼게 하다

The garbage smells **disgusting**.
쓰레기에서 **역겨운** 냄새가 난다.

0042 **dizzy**
[dízi]

형 어지러운, 현기증 나는

파 dizziness 명 어지러움, 현기증
참고 carsick 형 차멀미하는

The heat made him feel **dizzy**.
열기가 그를 **어지럽게** 했다.

0043 **faint**
[feint]

형 희미한; 어지러운 동 기절하다

유 dizzy 형 어지러운

She spoke in a **faint** voice.
그녀는 **희미한** 목소리로 말했다.

0044 **pale**
[peil]

형 창백한

You look so **pale**. What's wrong?
너 무척 **창백해** 보여. 무슨 일이니?

0045 **naked**
[néikid]

형 알몸의, 벌거벗은

유 bare 형 벌거벗은, 맨-

The baby was **naked**.
아기가 **발가벗고** 있었다.

0046 **wrinkle**
[ríŋkl]

명 주름 동 주름이 지다

Her face was covered with **wrinkles**.
그녀의 얼굴에는 **주름이** 가득했다.

암기 Tips TV에 많이 나오는 화장품 광고의 '링클 에센스(wrinkle essence)'로 기억해 봅시다!

중학교 **필수 어휘**

0047 **meaningful**
[mí:niŋfəl]

형 의미 있는, 중요한

파 mean 동 의미하다 / meaningless 형 의미 없는

It is a **meaningful** gift for us.
그건 우리에게 **의미 있는** 선물이에요.

0048 **lack**
[læk]

명 부족, 결여 동 부족하다

유 shortage 명 부족

They suffer from a **lack** of parking lots.
그들은 주차장 **부족**으로 고생한다.

0049 **display**
[displéi]

동 전시하다, 진열하다 명 전시, 진열

유 exhibit 동 전시하다

Paintings will be **displayed** in the main hall. 기출
그림들은 메인 홀에 전시될 것이다.

0050 **snap**
[snæp]

동 뚝 부러지다; 스냅 사진을 찍다; 딸깍 소리를 내다
명 뚝[툭/딸깍하는] 소리

The branch **snapped** when I stepped on it.
내가 나뭇가지를 밟았을 때 뚝 부러졌다.

snap a shot with a digital camera
디지털 카메라로 스냅 사진을 찍다

The door **snapped** shut. 문이 딸깍하며 닫혔다.

더 알아두기* **snap**의 다른 의미: 급히 하는, 즉석의
• **snap** judgment 기출 순식간에 내리는 판단

0051 **unless**
[ənlés]

접 ~하지 않으면

Unless it rains, the baseball game will be played.
비가 오지 않으면 야구 경기가 열릴 것이다.

0052 **pump**
[pʌmp]

명 펌프 동 (펌프로) 물을 퍼내다

I put a water **pump** in the fish tank. 교과서
나는 어항에 수중 **펌프**를 넣었다.

0053 **senior**
[síːnjər]

형 고위의, 상급의 명 연장자, 선배

반 junior 형 하급의 명 후배

He holds a **senior** position in the organization.
그는 조직의 고위직에 있다.

a **senior** citizen 고령자, 노인

0054 **nearly**
[níərli]

부 거의, 하마터면

유 almost 부 거의

It is **nearly** the same. 교과서
그것은 거의 똑같아.

비슷한 듯 다른 뉘앙스

vision, view, glance는 모두 눈으로 보는 것과 관련 있는 단어예요. 보통은 특정한 곳에서 볼 수 있는 지역이나 거리를 나타내는데, 어떤 뉘앙스 차이가 있는지 알아볼까요?

vision

*** (볼 수 있는 거리나 능력을 나타내는) 시야, 시력**

① The train moved outside his field of vision.
기차가 그의 시야 밖으로 이동해 나갔다.

② Please move a little. You're right in my line of vision. 조금만 비켜주세요. 제 시야 바로 앞에 계시네요(시야를 가리네요).

view

*** (특정 장소에서 보는) 전망, 경치, 시야**

① The house has a view of the lake.
그 집은 호수 전망을 가지고 있다.

② The mountainside soon came into view.
산중턱이 곧 시야에 들어왔다(눈앞에 펼쳐졌다).

glance

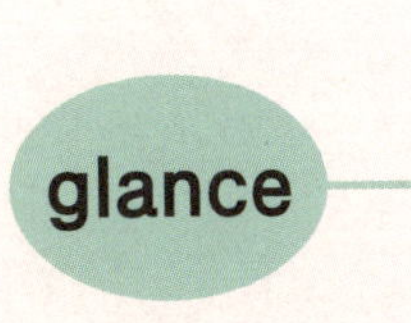

*** (재빨리) 흘끗 보기, 일견**

① He stole a glance at his watch.
그가 흘끗 시계를 훔쳐보았다.

② The couple exchanged meaningful glances but said nothing.
부부는 의미 있는 눈길을 주고받았지만, 말은 없었다.

Today's word

mountainside [máuntənsàid] 산중턱, 산허리

steal a glance 흘끗 훔쳐보다

exchange [ikstʃéindʒ] 주고받다, 교환하다; 교환

A 영어는 우리말로, 우리말은 영어로 옮겨 쓰세요.

01 scent _______________

02 refresh _______________

03 dizzy _______________

04 wrinkle _______________

05 physical _______________

06 frown _______________

07 faint _______________

08 숨, 호흡 _______________

09 장애가 있는 _______________

10 창백한 _______________

11 뚝 부러지다 _______________

12 감각, 느낌 _______________

13 역겨운 _______________

14 의미 있는 _______________

B 빈칸에 알맞은 단어를 넣어보세요.

01 a(n) _______________ citizen 고령자

02 _______________ the sculpture 조각품을 전시하다

03 It's _______________ midnight. 거의 자정이다.

04 the _______________ of available information 기출 이용 가능한 정보의 부족

05 The baby was _______________. 아기가 발가벗고 있었다.

06 If you want _______________ eyes, eat carrots. 교과서
건강한 눈을 원한다면, 당근을 먹어라.

C 빈칸에 알맞은 단어를 넣어 문장을 완성하세요.

01 Your heart ______________ blood around the body.
심장은 혈액을 온몸으로 펌프질한다.

02 Don't tell me what you think ______________ I ask you. 기출
내가 너에게 묻지 않으면 네가 생각하는 것을 나에게 말하지 마.

03 As I clean my room, I feel like I'm also ______________ stress. 교과서
방을 청소할 때 나는 내가 스트레스도 없애고 있는 것처럼 느낀다.

04 It takes a few seconds for our eyes to ______________ to darkness.
우리의 눈이 어둠에 적응하는 데는 몇 초가 걸린다.

D 오늘의 테마 괄호 안에 주어진 말을 이용하여 우리말과 일치하도록 문장을 완성하세요.

01 새들은 지구상의 생명체 가운데 가장 뛰어난 시력을 지니고 있다. (vision)
= Birds have the ____________ ____________ among any life forms on
the planet.

02 낙타의 등에서 보는 그 사막의 경치는 정말로 놀라웠다. (view)
= From the camel's back, ____________ ____________ of __________
____________ was truly amazing. 교과서

03 언뜻[처음] 보면 그 문장은 비문법적인 것처럼 보일지도 모른다. (glance)
= ____________ ____________ ____________, the sentence might seem
ungrammatical.

DAY 03
감정, 기분

오늘은 사람의 감정과 기분을 나타내는 어휘들과 감정을 나타내는 분사 형용사에 대해 배웁니다. 오늘 암기할 다음 어휘들을 보고 이미 알고 있는 어휘인지 확인해 보세요.

Word Preview		
0055 emotion	0069 panic	
0056 grateful	0070 yell	
0057 content	0071 sorrow	
0058 sincere	0072 grief	
0059 thrill	0073 sob	
0060 anxious	0074 weep	
0061 concern	0075 sympathy	
0062 jealous	0076 pity	
0063 frightened	0077 sigh	
0064 depressed	0078 annoy	
0065 ashamed	0079 irritate	
0066 miserable	0080 deny	
0067 embarrass	0081 flame	
0068 astonish		

아는 어휘 ＿＿＿개 / 27

감정 / 기분을 나타내는 어휘

0055 emotion
[imóuʃən]

명 감정, 정서

파 emotional 형 감정의, 감정적인

He tries to hide his **emotions**.
그는 자신의 **감정**을 숨기려고 한다.

0056 grateful
[gréitfəl]

형 감사하는, 고맙게 생각하는

파 gratefully 부 감사하여, 기꺼이

I'm very **grateful** to my parents.
나는 부모님께 무척 **감사드린다**.

0057 content
형: [kəntént]
명: [káːntent]

형 만족하는 명 내용

숙어 be content with ~에 만족하다

He is **content** with his job. 그는 자기 직업에 **만족해한다**.
a table of **contents** 목차, 차례

0058 sincere
[sinsíər]

형 진실한, 진심 어린, 진정한

파 sincerely 부 진심으로

You should be **sincere** when you apologize. 교과서
당신은 사과할 때 **진실해야** 한다.

0059 thrill
[θril]

명 짜릿함, 전율

It gave me a big **thrill** to score the winning goal.
결승골을 넣은 것은 내게 큰 **전율**을 주었다.

암기 Tips 우리가 '스릴'있다고 말할 때 쓰는 그 단어예요. 지금 한 번 더 말해 보세요.

0060 anxious
[ǽŋkʃəs]

형 걱정하는, 초조한; 열망하는

파 anxiety 명 걱정, 불안
숙어 be anxious for ~을 갈망하다

I'm **anxious** about his health.
나는 그의 건강이 **걱정된다**.

0061 concern
[kənsə́ːrn]

명 우려, 염려; 관심 동 ~에 관계하다; 걱정시키다

파 concerned 형 걱정[염려]하는; 관계 있는
　concerning 전 ~에 관하여

express **concerns** about online learning
온라인 학습에 대해 **우려**를 표하다

0062 **jealous**
[ʤéləs]

형 질투하는, 시샘하는

파 jealousy 명 질투
유 envious 형 부러워하는, 시기하는

He heard the story and was **jealous.** 교과서
그는 그 이야기를 듣고 **질투**가 났다.

0063 **frightened**
[fráitənd]

형 두려움을 느끼는, 겁먹은

파 frighten 동 두렵게 하다 / fright 명 공포, 경악
숙어 be frightened at ~에 놀라다

The **frightened** child held on to his mother.
그 **겁먹은** 아이는 엄마를 붙잡았다.

0064 **depressed**
[diprést]

형 우울한, 풀이 죽은

파 depress 동 낙담시키다, 우울하게 하다
depression 명 우울(증), 낙담

She looks **depressed.**
그녀는 **우울해** 보인다.

0065 **ashamed**
[əʃéimd]

형 부끄러운, 창피한

파 shame 명 부끄러움, 수치심
숙어 be ashamed of ~을 부끄러워하다

Don't be **ashamed** of making mistakes.
실수하는 것을 **부끄럽게** 여기지 마라.

0066 **miserable**
[mízərəbl]

형 비참한, 몹시 불행한

파 misery 명 비참, 불행, 궁핍

Slaves lived **miserable** lives.
노예들은 **비참한** 삶을 살았다.

0067 **embarrass**
[imbǽrəs]

동 당황하게 하다

파 embarrassed 형 당황한 / embarrassing 형 당황하게 만드는

My foolish mistake **embarrassed** me.
내 어리석은 실수가 나를 **당황케** 했다.

0068 **astonish**
[əstániʃ]

동 놀라게 하다

파 astonishing 형 놀라운 / astonished 형 놀란

Her reply **astonished** me.
그녀의 대답은 나를 **놀라게** 했다.

0069 **panic**
[pǽnik]

동 공황 상태에 빠지다, 허둥대다
명 공황, 허둥지둥함, 극심한 공포

유 fear 명 공포, 두려움

There is no need to **panic**.
허둥댈 필요 없어.

0070 **yell**
[jel]

동 소리치다, 고함지르다

유 shout 동 외치다, 큰 소리로 말하다
숙어 yell at ~에게 고함치다

He **yelled** at us.
그는 우리에게 소리를 질렀다.

0071 **sorrow**
[sárou]

명 슬픔, 비애, 비탄

파 sorrowful 형 슬픈, 비탄에 잠긴

He felt deep **sorrow**.
그는 깊은 슬픔을 느꼈다.

0072 **grief**
[griːf]

명 깊은 슬픔, 비통, 비탄

파 grieve 동 몹시 슬퍼하다, 비통해하다

She was overcome with **grief**.
그녀는 슬픔을 가누지 못했다.

0073 **sob**
[sɑb]

동 흐느끼다, 흐느껴 울다

유 cry 동 (소리 내어) 울다

Dorothy was **sobbing** and sniffling. 기출
Dorothy는 흐느끼며 코를 훌쩍이고 있었다.

0074 **weep**
[wiːp]
(–wept–wept)

동 (소리 없이) 울다, 눈물을 흘리다

참고 어깨를 들썩이며 흐느껴 울면 sob, 소리 없이 눈물만 흘리면
weep을 써요.

The **weeping** family hugged each other.
울고 있는 가족은 서로를 껴안았다.

0075 **sympathy**
[símpəθi]

명 동정(심), 연민; 공감

참고 -pathy는 '감정'이라는 뜻의 접미사예요.
telepathy 명 텔레파시

They showed **sympathy** for the victims.
그들은 희생자들에게 동정을 표했다.

0076 **pity**
[píti]

명 동정, 연민, 불쌍히 여김

참고 sympathy는 '공감'을 말할 때 주로 쓰고, pity는 불쌍해서 '동정심'이 생길 때 주로 쓰여요.

She doesn't have **pity** on him.
그녀는 그를 **불쌍히** 여기지 않는다.

0077 **sigh**
[sai]

동 한숨을 쉬다 명 한숨 (소리)

His family **sighed** in relief.
그의 가족은 안도의 **한숨을 쉬었다.**

0078 **annoy**
[ənɔ́i]

동 짜증나게 하다, 괴롭히다

파 annoyed 형 짜증이 난
   annoying 형 짜증나게 하는, 성가신

It really **annoys** me.
그게 날 정말 **짜증나게** 해.

0079 **irritate**
[íritèit]

동 짜증나게 하다, 화나게 하다; (피부를) 자극하다

파 irritated 형 짜증난, 화가 난
유 annoy 동 짜증나게 하다

Your dog **irritates** me.
네 개가 나를 **짜증나게** 해.

중학교 **필수 어휘**

0080 **deny**
[dinái]

동 부인[부정]하다; 거절하다, 주지 않다

파 denial 명 부정, 부인

She **denied** responsibility for the error.
그녀는 그 실수에 대한 책임을 **부인했다.**

0081 **flame**
[fleim]

명 불꽃, 불길 동 타오르다

주의 '액자, 틀, 뼈대'를 의미하는 frame[freim]과 구분하여 알아둡시다.

The building went up in **flames**.
그 건물이 불길에 휩싸였다.

오늘의 테마　감정을 나타내는 분사 형용사

감정 동사의 현재분사형이나 과거분사형은 형용사로 자주 쓰여요. 감정을 나타내는 동사는 대부분 타동사(~하게 하다)이기 때문에 현재분사형은 주어가 '감정을 느끼게 만드는', 과거분사형은 주어가 '감정을 느끼는'이라는 의미가 된답니다.

exciting 흥미진진한, 흥분시키는
excited 신이 난, 흥분한

interesting 재미있는, 흥미로운
interested 재미를 느끼는, 관심 있는

surprising 놀라운
surprised 놀란

frightening 깜짝 놀라게 하는, 겁을 주는
frightened 겁먹은, 무서워하는

embarrassing 난처하게 하는, 당혹스러운
embarrassed 쑥스러워 하는, 당황하는

depressing 우울하게 만드는
depressed 우울한, 우울증을 앓는

disappointing 실망시키는
disappointed 실망한, 낙담한

satisfying 만족시키는
satisfied 만족한

annoying 성가신, 거슬리는
annoyed 짜증이 난, 약 오르는

frustrating 실망스러운, 답답하게 하는
frustrated 실망한, 낙담한

Today's quiz

네모 안에서 알맞은 말을 고르세요.

I found the news deeply depressed / depressing .
나는 그 소식이 몹시 우울하다고 여겼다.

Answers depressing

A   영어는 우리말로, 우리말은 영어로 옮겨 쓰세요.

01	thrill	____________	08	진실한, 진정한 ____________
02	sorrow	____________	09	비참한 ____________
03	sympathy	____________	10	만족하는 ____________
04	concern	____________	11	질투하는 ____________
05	annoy	____________	12	부인[부정]하다 ____________
06	emotion	____________	13	한숨을 쉬다 ____________
07	sob	____________	14	(소리 없이) 울다 w____________

B   빈칸에 알맞은 단어를 넣어보세요.

01   ____________ to say   말하기 부끄러운

02   Don't p____________!   당황하지 마!

03   Your dog i____________ me.   네 개가 나를 짜증나게 해.

04   Don't help me out of p____________.   동정심에서 나를 돕지 마라.

05   I was ____________ to hear of his death.
나는 그가 죽었다는 것을 듣고 놀랐다.

06   Most people were ____________ of flying. 기출
대부분의 사람들이 비행을 두려워했다.

C 빈칸에 알맞은 단어를 넣어 문장을 완성하세요.

01 I'm a____________ about getting it done on time. 기출
나는 그것을 제 시간에 끝낼 수 있을지 걱정이 된다.

02 Her g____________ over his death lasted many years.
그의 죽음으로 인한 그녀의 슬픔은 여러 해 지속되었다.

03 By the look on her face I could tell how ____________ she was. 기출
그녀의 얼굴 표정으로 나는 그녀가 얼마나 고마워하는지 알 수 있었다.

04 Mom ____________ at me because I was playing computer games too much. 내가 컴퓨터 게임을 너무 많이 하고 있어서 엄마는 내게 고함을 치셨다.

D 오늘의 테마 네모 안에서 알맞은 말을 고르세요.

01 My son is very excited / exciting about the game.
내 아들은 그 게임에 무척 흥분해 있다.

02 I became interesting / interested in dog training. 교과서
나는 애견 훈련에 관심을 갖게 되었다.

03 Our library has many interesting / interested books and magazines.
교과서
우리 도서관에는 흥미로운 책과 잡지들이 많이 있다.

04 After the match, Paul sat down on the bench and looked depressing / depressed . 기출 시합 후, Paul은 벤치에 앉아 있었고 우울해 보였다.

05 I was so embarrassing / embarrassed that I got up and ran to the bathroom. 기출 나는 너무나 당황해서 자리에서 일어나 화장실로 뛰어갔다.

DAY 04
사고, 정신

오늘은 사고, 정신과 관련된 어휘들과 철자가 비슷해 헷갈리기 쉬운 혼동 어휘들에 대해 배웁니다. 오늘 암기할 다음 어휘들을 보고 이미 알고 있는 어휘인지 확인해 보세요.

Word Preview		

0082	spirit	○ ×	0096	suppose	○ ×
0083	insight	○ ×	0097	assume	○ ×
0084	logical	○ ×	0098	analyze	○ ×
0085	intellectual	○ ×	0099	concentrate	○ ×
0086	sensible	○ ×	0100	distract	○ ×
0087	conscious	○ ×	0101	hesitate	○ ×
0088	abnormal	○ ×	0102	contract	○ ×
0089	comprehend	○ ×	0103	insult	○ ×
0090	perceive	○ ×	0104	capture	○ ×
0091	identify	○ ×	0105	shrink	○ ×
0092	recall	○ ×	0106	mild	○ ×
0093	remind	○ ×	0107	ridiculous	○ ×
0094	regard	○ ×	0108	frankly	○ ×
0095	associate	○ ×			

아는 어휘 _____ 개 / 27

0082 spirit
[spírit]

명 정신, 영혼

유 soul 명 영혼, 혼령

The **spirits** of our ancestors are still alive.
우리 선조들의 **정신**은 여전히 살아 있다.

0083 insight
[ínsàit]

명 통찰(력)

파 sight 명 시력; 시야; 견해

His **insights** about human nature are unique.
인간의 본성에 대한 그의 **통찰**은 독특하다.

0084 logical
[ládʒikəl]

형 논리적인, 이치에 맞는

파 logic 명 논리(학)

His argument is not **logical** at all.
그의 주장은 전혀 **논리적이지** 않다.

0085 intellectual
[intəléktʃuəl]

형 지적인, 지성의

파 intellect 명 지성; 지식인

Children need more **intellectual** activities.
아이들은 더 많은 **지적** 활동이 필요하다.

0086 sensible
[sénsəbl]

형 분별 있는, 현명한

파 sensitive 형 민감한, 세심한
　 sense 명 감각; 의식

She seems very **sensible**.
그녀는 매우 **분별 있는** 것 같다.

0087 conscious
[kánʃəs]

형 의식하고 있는, 의식이 있는

파 consciously 부 의식적으로
숙어 be conscious of ~을 의식하다[알고 있다]

I became **conscious** of someone watching me.
누군가가 나를 보고 있다는 것을 **의식하게** 되었다.

0088 abnormal
[æbnɔ́ːrməl]

형 비정상적인, 예외적인

반 normal 형 정상적인

a child with an **abnormal** fear of strangers
낯선 이에 대해 **비정상적인** 두려움을 가진 아이

0089 **comprehend**
[kàmprihénd]

동 이해하다; 포함하다

파 comprehensive 형 종합적인, 포괄적인
comprehension 명 이해

I can't **comprehend** your attitude.
나는 너의 태도를 **이해**할 수 없다.

0090 **perceive**
[pərsíːv]

동 인식[인지]하다, 이해하다

파 perception 명 인식, 지각, 이해

what your mind **perceives** 기출
네 마음이 **인식**하는 것

0091 **identify**
[aidéntəfài]

동 (신원 등을) 확인하다, 식별하다, 알아보다

파 identification 명 신분증, 신원 확인

Identify yourself! 신원을 밝혀라!

0092 **recall**
[rikɔ́ːl]

동 기억해내다, 상기하다 명 회상; 불량제품의 회수

유 recollect 동 기억해내다, 회상하다
참고 re-(다시) + call(부르다)

Can you **recall** what was on the test?
너는 시험에 무엇이 나왔는지 **기억**할 수 있니?

0093 **remind**
[rimáind]

동 생각나게 하다, 상기시키다

숙어 remind A of B A에게 B를 생각나게 하다
참고 re-(다시) + mind(정신, 마음)
remember는 (주어)가 '기억하다'의 의미를 갖는다면,
remind는 (목적어)에게 '기억나게 하다'라는 의미를 갖고 있어요.

He **reminds** me of my brother. 그는 내 동생을 **생각나게 한다**.

0094 **regard**
[rigáːrd]

동 ~로 생각[간주]하다 명 존경, 관심

숙어 regard A as B A를 B라고 여기다

He is **regarded** as one of the greatest artists of the
20th century. 기출
그는 20세기의 가장 훌륭한 예술가 중 하나로 **여겨진다**.

0095 **associate**
[əsóuʃièit]

동 연관시키다, 연상하다

파 association 명 연관, 연상

Don't **associate** his personality with his blood type.
그의 성격을 그의 혈액형과 **연관짓지** 마라.

0096 suppose
[səpóuz]

图 생각하다, 가정하다

숙어 be supposed to *do* ~하기로 되어 있다, ~해야 하다

I **suppose** you're right.
나는 네가 옳다고 **생각해**.

0097 assume
[əsú:m]

图 가정[추정]하다; (책임을) 맡다

파 assumption 图 가정, 추측

I **assume** that he'll visit us.
나는 그가 우리를 방문할 거라고 생각한다.

The new president **assumes** office in January.
새 대통령은 1월에 **취임한다**.

0098 analyze
[ǽnəlàiz]
UK analyse

图 분석하다

파 analysis 图 분석

He **analyzed** the data.
그는 자료를 분석했다.

0099 concentrate
[kánsəntrèit]

图 집중하다

파 concentration 图 집중
숙어 concentrate on ~에 집중하다

I couldn't **concentrate** on my homework.
나는 숙제에 **집중할** 수 없었다.

0100 distract
[distrǽkt]

图 주의를 흩뜨리다, 산만하게 하다

파 distraction 图 정신을 산만하게 하는 것; 오락, 기분 풀이

You're **distracting** me!
너는 나를 정신사납게 해!

중학교 **필수 어휘**

0101 hesitate
[hézitèit]

图 망설이다, 주저하다

파 hesitation 图 망설임

Don't **hesitate** to try new things.
새로운 것을 시도하기를 **주저하지** 마라.

| 0102 **contract**
명: [kántrækt]
동: [kəntrǽkt] | 명 계약(서) 동 계약하다
He signed a two-year **contract**.
그는 2년 계약(서)에 서명했다. |

> **더 알아두기** * **contract**의 다른 의미: (병에) 걸리다; 수축하다
> • She **contracted** a cold. 그녀는 감기에 걸렸다. (contract a cold = catch a cold)
> • Metal **contracts** as it cools. 금속은 차가워지면 수축한다.

| 0103 **insult**
명: [ínsʌlt]
동: [insʌ́lt] | 명 모욕(적인 말), 무례(한 말) 동 ~에게 모욕을 주다
I don't care about her **insults**.
나는 그녀의 **모욕적인 말**에 신경 쓰지 않는다. |

| 0104 **capture**
[kǽptʃər] | 동 붙잡다, 포착하다; 사로잡다
유 catch 동 붙잡다
to **capture** the attention of consumers 기출
소비자들의 관심을 **사로잡기** 위해서 |

> **암기 Tips** 핸드폰 화면을 '캡처'한다는 말 많이 하죠? 바로 이 단어랍니다.

| 0105 **shrink**
[ʃriŋk]
(–shrank–
shrunk[shrunken]) | 동 줄어들다, 수축하다
유 contract 동 수축하다
My pants have **shrunk** after being washed and dried.
빨아서 말렸더니 내 바지가 **줄어들었다**. |

| 0106 **mild**
[maild] | 형 (맛이) 순한; 온화한; (병이) 가벼운
It's very **mild** today.
오늘 날씨가 매우 **온화하다**.
a **mild** food poisoning
가벼운 식중독 |

| 0107 **ridiculous**
[ridíkjuləs] | 형 터무니없는, 우스꽝스러운
파 ridicule 명 조롱 동 비웃다
That's a **ridiculous** idea.
그건 **터무니없는** 생각이다. |

| 0108 **frankly**
[frǽŋkli] | 부 솔직히 (말하자면)
파 frank 형 솔직한
Frankly it's too difficult for me. 기출
솔직히 그건 내게 너무 어려워. |

 # 비슷하게 생겼지만 뜻이 다른 혼동 어휘

서로 다른 단어인데 철자가 비슷해서 혼동하기 쉬운 단어들이 있어요. 이런 단어들은 시험에도 단골로 출제되는 경향이 있으니 나올 때마다 정확하게 익혀 두는 것이 중요해요. 어떤 단어들이 있는지 살펴볼까요?

---

intelligent
[intélədʒənt]
형 총명한, 똑똑한
He asks a lot of **intelligent** questions in class.
그는 수업 중에 많은 똑똑한 질문들을 한다.

vs

intellectual
[ìntəléktʃuəl]
형 지적인, 지성의
It helps the children's **intellectual** development.
그것은 아이들의 지적 발달을 돕는다.

---

sensible
[sénsəbl]
형 분별 있는, 현명한
My teacher gave me some **sensible** advice.
선생님께서 내게 몇 가지 현명한 조언을 해주셨다.

vs

sensitive
[sénsətiv]
형 민감한, 섬세한
She has **sensitive** skin. 그녀는 민감한 피부를 가졌다.

---

compliment
[kámpləmənt]
명 칭찬, 찬사
I'll take that as a **compliment**.
그 말은 칭찬으로 받아들일게.

vs

complement
[kámpləmənt]
명 보완[보충]하는 것　동 보완하다
They are perfect **complements** for one another.
그들은 서로를 완벽하게 보완해준다.

---

successful
[səksésfəl]
형 성공한, 성공적인
Her first game was very **successful**. 기출
그녀의 첫 경기는 매우 성공적이었다.

vs

successive
[səksésiv]
형 연속적인, 잇따른
He was the winner for a second **successive** year.
그는 2년 연속 우승자였다.

A 영어는 우리말로, 우리말은 영어로 옮겨 쓰세요.

01	intellectual	_____________	08	논리적인 _____________
02	remind	_____________	09	생각하다, 가정하다 s_____________
03	insight	_____________	10	이해하다; 포함하다 _____________
04	distract	_____________	11	망설이다, 주저하다 _____________
05	capture	_____________	12	(맛이) 순한; 온화한 _____________
06	sensible	_____________	13	모욕(적인 말) _____________
07	associate	_____________	14	비정상적인 _____________

B 빈칸에 알맞은 단어를 넣어보세요.

01 _____________ in size 크기가 줄어들다

02 _____________ the event 그 사건을 기억해내다

03 He _____________ the data. 그는 자료를 분석했다.

04 _____________, I do not care. 솔직히, 나는 상관하지 않는다.

05 The police _____________ the suspect.
경찰은 그 용의자의 신원을 확인했다.

06 My grandpa has a young _____________. 교과서
저희 할아버지는 젊은 마음가짐[정신]을 가지셨어요.

C 빈칸에 알맞은 단어를 넣어 문장을 완성하세요.

01 She ＿＿＿＿＿＿＿＿＿＿＿ that his attitudes had changed.
그녀는 그의 태도가 변했다는 것을 인식했다.

02 He was hit on the head hard, but he is still ＿＿＿＿＿＿＿＿＿＿＿.
그는 머리를 세게 부딪혔지만 여전히 의식이 있다.

03 In America, waving to an older person is not ＿＿＿＿＿＿＿＿＿＿＿ as rude. 교과서
미국에서는 나이가 더 많은 사람에게 손을 흔드는 것이 무례하다고 여겨지지 않는다.

04 A brain that is fully fueled ＿＿＿＿＿＿＿＿＿＿＿ better and solves problems
faster. 기출 연료가 가득 찬 두뇌는 더 잘 집중하고 문제를 더 빠르게 해결한다.

D 오늘의 테마 네모 안에서 알맞은 말을 고르세요.

01 It was hard to get complements / compliments from my father. 기출
우리 아버지에게서 칭찬을 받는 것은 어렵다.

02 Many successful / successive people tend to keep a good bedtime
routine. 기출
많은 성공적인 사람들은 취침 전에 하는 좋은 습관을 갖고 있는 경향이 있다.

03 Elephants' skin is very sensible / sensitive , and mud protects it
from the sun. 교과서
코끼리의 피부는 매우 예민한데, 진흙은 햇빛으로부터 피부를 보호한다.

DAY 05
의견, 판단

오늘은 의견이나 판단을 표현하는 어휘들과 이 어휘들의 유의어와 반의어를 함께 배웁니다. 오늘 암기할 다음 어휘들을 보고 이미 알고 있는 어휘인지 확인해 보세요.

Word Preview		
0109 intent	0123 attribute	
0110 bias	0124 distinguish	
0111 subjective	0125 overlook	
0112 apparent	0126 propose	
0113 consistent	0127 urge	
0114 acknowledge	0128 conclude	
0115 adopt	0129 soak	
0116 approve	0130 evident	
0117 assess	0131 constant	
0118 anticipate	0132 sort	
0119 insist	0133 medium	
0120 assert	0134 resemble	
0121 assure	0135 moreover	
0122 convince		

아는 어휘 _____ 개 / 27

의견 / 판단을 나타내는 어휘

0109 **intent**
[intént]

명 의도, 의향　형 열중하는, 집중하는

파 intend 동 의도하다
유 intention 명 의도; 목적

What was the writer's **intent**?
작가의 **의도**가 뭐였니?

0110 **bias**
[báiəs]

명 편견, 편향　동 (판단을) 치우치게 하다

유 prejudice 명 편견 동 편견을 갖게 하다

He has a **bias** against immigrants.
그는 이민자들에 대해 **편견**을 갖고 있다.

0111 **subjective**
[səbdʒéktiv]

형 주관적인

반 objective 형 객관적인

Taste in music is **subjective**. 음악 취향은 **주관적**이다.

0112 **apparent**
[əpǽrənt]

형 분명한, 명백한

파 apparently 부 명백히

He left suddenly, for no **apparent** reason.
분명한 이유도 없이 그는 갑자기 떠나버렸다.

0113 **consistent**
[kənsístənt]

형 일관된, 일관성 있는; 일치하는

파 consistency 명 일관성 / consistently 부 일관되게
반 inconsistent 형 일관성 없는

The evidence is not **consistent**.
증거가 **일관성**이 없다.

0114 **acknowledge**
[əknálidʒ]

동 인정하다

유 admit 동 인정[시인]하다

She did not **acknowledge** her mistake.
그녀는 자신의 실수를 **인정**하지 않았다.

0115 **adopt**
[ədápt]

동 채택하다; 입양하다

파 adoption 명 채택; 입양
참고 adapt 동 맞추다, 적응하다

adopt a new method 새로운 방법을 **채택하다**
They've **adopted** a baby girl. 그들은 여아를 **입양했다**.

0116 **approve**
[əprúːv]

동 찬성하다, 승인하다, 허가하다

파 approval 명 찬성, 승인
반 disapprove 동 반대하다, 비난하다
숙어 approve of ~을 승인[찬성]하다

I don't **approve** of plastic surgery.
나는 성형수술에 **찬성하지** 않는다.

0117 **assess**
[əsés]

동 평가하다

파 assessment 명 평가

a report to **assess** the impact of advertising on children
광고가 아이들에게 미치는 영향을 **평가하는** 보고서

0118 **anticipate**
[æntísəpèit]

동 기대하다, 예상[예측]하다

파 anticipation 명 예상, 예측
유 expect 동 예상하다

anticipate what might happen in the future 기출
미래에 어떤 일이 일어날지를 **예상하다**

0119 **insist**
[insíst]

동 주장하다, 우기다, 고집하다

파 insistence 명 고집, 주장
참고 if you insist 정 그렇다면, 그렇게 원한다면

Mike **insists** that he is right.
Mike는 자신이 옳다고 **우긴다.**

0120 **assert**
[əsə́ːrt]

동 주장하다; 단언하다

참고 insist가 우기고 자기 주장을 고집한다는 느낌이면,
assert는 주장하는 정도가 더 세고 단호하다는 느낌이에요.

She **asserted** that she is innocent.
그녀는 자신이 무죄라고 **주장했다.**

0121 **assure**
[əʃúər]

동 장담하다, 확신시키다

파 assurance 명 장담, 확인
숙어 assure A of B A에게 B를 보장[장담]하다

They **assured** your parents of your safety.
그들은 너의 부모님께 너의 안전을 **장담했다[확신시켰다].**

0122 convince
[kənvíns]

동 확신시키다, 납득시키다, 설득하다

유 persuade 동 설득하다

She **convinced** him to work out.
그녀는 그에게 운동하도록 **설득했다**.

0123 attribute
동: [ətríbjùːt]
명: [ǽtrəbjùːt]

동 (공로, 원인, 탓 등)을 …에게 돌리다
명 특성; 속성

숙어 attribute A to B A를 B의 덕분으로[탓으로] 돌리다

He **attributed** his success to his teacher.
그는 자신의 성공을 선생님 **덕으로 돌렸다**.

0124 distinguish
[distíŋgwiʃ]

동 구별하다, 식별하다

숙어 distinguish A from B A와 B를 구별하다

We need to **distinguish** right from wrong.
우리는 옳고 그름을 **구별해야** 한다.

0125 overlook
[òuvərlúk]

동 간과하다, 눈감아주다; ~이 내려다보이다

유 miss 동 지나치다, 놓치다

She **overlooked** his mistakes.
그녀는 그의 실수를 **눈감아주었다**.
This hotel room **overlooks** the beach.
이 호텔 객실에서 해변이 **내려다보인다**.

0126 propose
[prəpóuz]

동 제안하다, 제의하다; 청혼하다

파 proposal 명 제안, 제의; 청혼

Students will **propose** a variety of ideas. 기출
학생들은 다양한 아이디어를 **제안할** 것이다.

0127 urge
[əːrdʒ]

동 권고하다, 촉구하다 명 욕구, 충동

파 urgent 형 긴급한

I always **urge** him to stop lying.
나는 항상 그에게 거짓말을 그만하라고 **촉구한다**.

0128 conclude
[kənklúːd]

동 결론짓다, 끝내다

파 conclusion 명 결론

when the investigation is **concluded**
그 조사가 **종결되면**

0129 soak
[souk]

동 푹 담그다, 흠뻑 적시다

Soak the dishes in hot water for two hours.
접시를 뜨거운 물에 2시간 동안 **담가두어라**.

0130 evident
[évidənt]

형 명백한, 분명한

파 evidence 명 증거, 흔적 / evidently 부 분명히

It is **evident** that he is in danger.
그가 위험에 처해 있는 게 **분명하다**.

0131 constant
[kánstənt]

형 변치 않는, 끊임없는, 일정한

파 constantly 부 끊임없이, 계속

constant exposure to noise 기출
소음에의 **끊임없는** 노출

0132 sort
[sɔːrt]

명 종류, 유형 동 분류하다

숙어 sort of 약간, 다소
sort out ~을 정리하다, 분류하다

What **sort** of movies do you like?
어떤 **종류**의 영화를 좋아하니?
I **sorted** the laundry. 나는 빨래를 **분류했다**.

0133 medium
[míːdiəm]

형 중간의, 보통의 명 매체(보통 media)

Do you have this skirt in a **medium** size? 기출
이 스커트 **중간** 사이즈 있나요?

암기 Tips 옷을 살 때 M 사이즈는 Medium의 줄임말이지요? 또한 스테이크를 완전히 익힌 것을 well-done,
중간 정도 익힌 것을 medium, 살짝만 익힌 것을 rare라고 합니다.

0134 resemble
[rizémbl]

동 닮다, 비슷하다

유 look like ~처럼 보이다, 닮다

I **resemble** my father.
나는 우리 아버지를 **닮았다**.

0135 moreover
[mɔːróuvər]

부 게다가, 더욱이

유 in addition, besides 게다가, 뿐만 아니라

It is a good car and, **moreover**, the price is excellent.
그것은 좋은 차인데, **게다가** 가격도 훌륭하다.

함께 외우면 좋은 유의어와 반의어

어휘를 학습할 때 유의어와 반의어를 함께 외워 두는 것은 효율적 어휘 학습이라고 할 수 있어요. 그럼 함께 외워 두면 좋은 유의어와 반의어를 살펴볼까요?

biased
형 편향된

=

subjective
형 주관적인

↔

objective
형 객관적인

=

unbiased
형 편견이 없는, 공정한

evident
형 명백한, 분명한

=

apparent
형 분명한, 명백한

↔

unclear
형 불분명한

=

ambiguous
형 애매모호한, 불분명한

‖

obvious
형 확실한, 분명한

‖

vague
형 막연한, 애매한

constant
형 변치 않는, 일정한

=

consistent
형 일관된, 일관성 있는

↔

inconsistent
형 일관성 없는, 모순된, 변하는

=

changeable
형 변하기 쉬운

Today's quiz

네모 안에서 문맥에 알맞은 말을 고르세요.

Due to the ambiguous / evident nature of the question, it was difficult to choose the right answer.

Answers ambiguous / 질문의 애매모호한 성격 때문에, 정답을 고르기가 어려웠다.

A 영어는 우리말로, 우리말은 영어로 옮겨 쓰세요.

01	intent	____________	08	결론짓다, 끝내다	____________

01 intent ____________ 08 결론짓다, 끝내다 ____________

02 insist ____________ 09 변치 않는, 끊임없는 ____________

03 assure ____________ 10 닮다, 비슷하다 ____________

04 assess ____________ 11 촉구하다; 충동 ____________

05 attribute ____________ 12 주장하다; 단언하다 a____________

06 evident ____________ 13 간과하다 ____________

07 apparent ____________ 14 채택하다; 입양하다 ____________

B 빈칸에 알맞은 단어를 넣어보세요.

01 ____________ opinions 주관적인 의견

02 ____________ of the rules 그 규칙들에 찬성하다

03 I ____________ the laundry. 나는 빨래를 분류했다.

04 ____________ the clothes in water. 옷을 물에 담가 둬.

05 I ____________ a new plan. 나는 새로운 계획을 제안했다.

06 He ____________ that he would pass the test.
그는 자신이 시험에 합격할 거라고 기대했다.

C 빈칸에 알맞은 단어를 넣어 문장을 완성하세요.

01 There are three sizes; small, ______________ and large.
사이즈는 소, 중, 대 세 가지가 있다.

02 I decided to ______________ her that I should be with my friends. 교과서
나는 내 친구들과 함께 하겠다고 그녀를 설득하기로 결심했다.

03 It is not easy to ______________ between male and female chuckwallas.
척왈라(도마뱀의 일종)는 수컷과 암컷을 구별하기가 쉽지 않다. 기출

04 People generally ______________ her as a genius in her field.
사람들은 대체로 그녀를 자신의 분야의 천재로 인정한다.

D 오늘의 테마 네모 안에서 문맥에 알맞은 말을 고르세요.

01 She is too biased / unbiased to write about the case objectively.

02 I was confused by the apparent / ambiguous wording of the message.

03 To secure our future, we need a(n) consistent / inconsistent economic strategy.

04 Why do we eat food at all? One answer is obvious / vague : to stay alive. 기출

05 We need someone outside the company to give us a(n) objective / subjective analysis.

DAY 06
관계, 의사소통

오늘은 인간관계와 의사소통에 관련된 어휘들과 여러 가지 뜻을 가진 다의어 bond, respect, appreciate에 대해 배웁니다. 오늘 암기할 다음 어휘들을 보고 이미 알고 있는 어휘인지 확인해 보세요.

	Word Preview		
0136	relationship	0150	announce
0137	bond	0151	mention
0138	rely	0152	interfere
0139	encounter	0153	interrupt
0140	interact	0154	respond
0141	communicate	0155	refuse
0142	respect	0156	reject
0143	intimate	0157	fortune
0144	debate	0158	situation
0145	quarrel	0159	bunch
0146	request	0160	brilliant
0147	appreciate	0161	folk
0148	blame	0162	flaw
0149	betray		

아는 어휘 _____ 개 / 27

관계 / 의사소통에 관련된 **어휘**

0136 relationship
[riléiʃənʃip]

몡 관계

파 relate 동 관련시키다

if you want to have good **relationships** with others 기출
다른 사람들과 좋은 **관계**를 맺고 싶다면

0137 bond
[bɑnd]

몡 유대, 결속

유 tie 몡 유대 동 묶다

the **bond** between mother and child
엄마와 아이 사이의 **유대**

0138 rely
[rilái]

동 의존하다, 의지하다; 믿다

파 reliable 형 믿을 수 있는

숙어 rely on[upon] ~에 의존[의지]하다; ~을 믿다

Don't **rely** on visual images only.
시각적 이미지에만 **의존하지** 마세요.

0139 encounter
[inkáuntər]

동 (우연히) 만나다, 직면하다
몡 (우연한) 만남, 마주침

유 face 동 (상황에) 직면하다

I **encountered** an old friend on the subway.
나는 지하철에서 **우연히** 옛 친구를 만났다.

0140 interact
[intərǽkt]

동 상호작용하다, 교류하다

파 interaction 몡 상호작용

You need to **interact** with other people.
너는 다른 사람들과 **상호작용할** 필요가 있다.

0141 communicate
[kəmjú:nəkèit]

동 전달하다, 의사소통하다

파 communication 몡 의사소통

You can **communicate** effectively in writing. 기출
서면으로 효과적으로 **의사소통할** 수 있다.

0142 respect
[rispékt]

몡 존경, 존중 동 존경하다, 존중하다

파 respectful 형 존경하는

Let them know you **respect** their thinking. 기출
당신이 그들의 생각을 **존중한다**는 것을 그들이 알게 하라.

0143 **intimate**
[íntəmit]

형 친밀한, 절친한

파 intimacy 명 친밀함

an **intimate** relationship with our neighbors
우리 이웃들과의 **친밀한** 관계

0144 **debate**
[dibéit]

명 논쟁, 토론 동 논의하다

유 argument 명 논쟁, 토론
숙어 debate on[over/about] ~에 대해 토론하다

I think there will be a **debate** about it.
나는 그것에 대한 **논쟁**이 있을 거라고 생각한다.

0145 **quarrel**
[kwɔ́(:)rəl]

동 말다툼하다, 언쟁하다 명 말다툼, 언쟁

숙어 have a quarrel with ~와 싸우다

I often **quarrel** with my brother.
나는 종종 남동생과 **다툰다**.

0146 **request**
[rikwést]

동 요청[요구]하다 명 요청

유 require 동 요구하다
숙어 make a request 요청하다

We **requested** a bigger table at the restaurant.
우리는 식당에서 더 큰 테이블을 **요구했다**.

0147 **appreciate**
[əprí:ʃièit]

동 고마워하다; 진가를 알다; 인식하다, 알다

파 appreciation 명 감사; 감상

I **appreciate** your assistance.
여러분의 지원에 **감사드립니다**.

He did not fully **appreciate** the situation.
그는 상황을 충분히 **이해하지** 못했다.

0148 **blame**
[bleim]

동 비난하다, 탓하다

숙어 blame A for B B를 A의 탓으로 돌리다

He **blamed** his wife for the error.
그는 그 실수를 아내의 **탓으로** 돌렸다.

0149 **betray**
[bitréi]

동 배반하다, 배신하다

파 betrayal 명 배반, 배신

She **betrayed** her friend by telling others his secret.
그녀는 그의 비밀을 다른 사람들에게 말함으로써 친구를 **배신했다**.

0150 announce
[ənáuns]

동 발표하다, 선언하다

파 announcer 명 아나운서
announcement 명 발표, 공고

We are sorry to **announce** his death.
그의 사망 소식을 **발표하게**[말씀드리게] 되어 유감입니다.

0151 mention
[ménʃən]

동 언급하다 명 언급

유 remark 동 언급하다 명 언급

Don't **mention** it.
〈감사 인사 응답으로〉 천만에요.(그런 **말** 마세요.)

0152 interfere
[ìntərfíər]

동 간섭하다, 참견하다

파 interference 명 간섭, 방해, 참견

Stop **interfering** with my work!
내 일에 **간섭하지** 마!

0153 interrupt
[ìntərʌ́pt]

동 방해하다; (이야기를) 중단시키다

파 interruption 명 방해
유 disturb 동 방해하다

Don't **interrupt** me when I'm talking.
내가 얘기할 때 말을 **끊지** 마.

0154 respond
[rispánd]

동 대응[반응]하다, 대답하다; 답장을 보내다

파 response 명 반응, 응답

They rarely **responded** to her letters. 기출
그들은 그녀의 편지에 좀처럼 **답장을 하지** 않았다.

0155 refuse
[rifjúːz]

동 거부하다, 거절하다

파 refusal 명 거절
유 deny 동 거부하다, 부정하다
반 accept 동 받아들이다

She **refused** to marry him.
그녀는 그와 결혼하기를 **거절했다.**

0156 reject
[ridʒékt]

동 거절하다, 거부하다

파 rejection 명 거절, 거부
유 turn down 거절하다

She **rejected** the job offer from Microsoft.
그녀는 Microsoft 사(社)로부터의 일자리 제안을 **거절했다.**

0157 fortune
[fɔ́ːrtʃən]

몡 행운; 부, (많은) 재산

팦 fortunate 혱 운이 좋은
fortunately 뷔 다행히도, 운 좋게도
(↔ unfortunately 뷔 불행하게도)
빤 misfortune 몡 불운, 불행

a symbol of **fortune** 행운의 상징
He made a **fortune**. 기출
그는 **많은 돈을** 벌었다.

0158 situation
[sìtʃuéiʃən]

몡 상황, 처지; 사정

팦 situational 혱 상황에 따른

others who are in similar **situations** 기출
비슷한 **처지**에 있는 다른 사람들

0159 bunch
[bʌntʃ]

몡 (꽃 등의) 다발, 묶음; 무리

윤 group 몡 무리, 집단

She bought a **bunch** of roses.
그녀는 장미 한 **다발**을 샀다.

0160 brilliant
[bríljənt]

혱 훌륭한, 멋진; (빛·색깔이) 빛나는, 눈부신

팦 brilliance 몡 광채; 총명

What a **brilliant** idea!
정말 **훌륭한** 생각이야!
The early light of day is **brilliant**.
아침 햇살이 **눈부시다**.

0161 folk
[fouk]
📢 발음 주의!

몡 사람들, 일가친척 혱 민간의, 민중의

The **folks** in the town were all friendly.
마을 **사람들**은 모두 우호적이었다.
Folk medicine really works. 기출
민간 요법이 정말 효과가 있다.

0162 flaw
[flɔː]

몡 결함, 단점, 흠

윤 defect 몡 결함, 결점

There's a fatal **flaw** in your argument.
너의 주장에는 치명적 **결함**이 있다.

학교 시험에 나오는 다의어

오늘 배운 bond, respect, appreciate에는 여러 가지 뜻이 있어요. 다의어는 예문으로 공부하는 것이 특히 중요하므로, 아래 예문과 함께 꼭 알아 두세요.

bond

1 명 **유대, 끈**

a strong **bond** of friendship 우정이라는 강한 유대

2 동 **접착시키다**

Heat was used to **bond** the sheets of plastic together.
열을 사용하여 플라스틱 판을 접착시켰다.

3 동 **유대감을 형성하다**

A mother **bonds** with her baby.
엄마는 아기와 유대감을 형성한다.

respect

1 명 **존경(심), 경의**

show **respect** for the elderly 노인들에게 존경심을 보이다

2 명 **(측)면, 사항**

In every **respect**, he was fortunate.
모든 면에서 그는 운이 좋았다.

3 동 **존경하다, 존중하다**

respect the principal 교장선생님을 존경하다

4 동 **(법규 등을) 준수하다**

respect the speed limit 속도 제한을 준수하다

appreciate

1 동 **고마워하다**

I really **appreciated** the information you gave me.
네가 내게 준 정보 정말 고마웠어.

2 동 **진가를 알다**

appreciate fine wine 좋은 포도주의 진가를 알다

3 동 **(제대로) 인식하다**

It is difficult to **appreciate** how bad the situation is.
상황이 얼마나 나쁜지 제대로 인식하는 것은 어렵다.

A 영어는 우리말로, 우리말은 영어로 옮겨 쓰세요.

01	encounter	__________	08	의존[의지]하다 __________
02	debate	__________	09	말다툼하다 __________
03	announce	__________	10	거부[거절]하다 __________ e
04	request	__________	11	배반[배신]하다 __________
05	interrupt	__________	12	훌륭한, 멋진 b __________
06	reject	__________	13	언급(하다) __________
07	interact	__________	14	의사소통하다 __________

B 빈칸에 알맞은 단어를 넣어보세요.

01 a(n) __________ of flowers 꽃 한 다발

02 Don't __________ me. 나를 탓하지 마.

03 Stop __________ with my work! 내 일에 간섭하지 마!

04 I'm in a hopeless __________. 나는 절망적인 상황에 처해 있다.

05 He does not know how to __________. 교과서
그는 어떻게 대답할지 모른다.

06 Her __________ was her terrible personality.
그녀의 결함은 끔찍한 성격이었다.

C 빈칸에 알맞은 단어를 넣어 문장을 완성하세요.

01 He told his friends about his good ______________. 교과서

그는 친구들에게 자신의 행운에 대해 이야기했다.

02 I'm not ______________ with her, but she is a friend.

나는 그녀와 친밀하진 않지만 친구이다.

03 *Gonu* is a(n) ______________ game for people of all ages. 교과서

'고누'는 모든 연령의 사람들을 위한 민속 놀이이다.

04 Don't let one mistake break a beautiful ______________. 교과서

하나의 실수가 아름다운 관계를 깨뜨리지 않도록 해라.

D 오늘의 테마 밑줄 친 단어의 뜻을 보기에서 찾아 번호를 쓰세요.

보기	**bond**	① 유대, 끈 ② 접착시키다 ③ 유대감을 형성하다
	respect	④ 존경(심) ⑤ (측)면, 사항 ⑥ 존중하다
	appreciate	⑦ 고마워하다 ⑧ 진가를 알다 ⑨ (제대로) 인식하다

01 Michael earned the <u>respect</u> of other players and fans. 교과서

02 A strong spiritual <u>bond</u> exists between them.

03 I <u>appreciate</u> your concern, but honestly, I'm fine.

04 You need to show that you <u>respect</u> the other person. 교과서

DAY 07
인생, 도전

오늘은 인생과 도전에 관련된 어휘들과 그에 관한 영어 속담들을 배워 봅니다. 오늘 암기할 다음 어휘들을 보고 이미 알고 있는 어휘인지 확인해 보세요.

Word Preview

0163	lifetime	○ ✕	0177	fate	○ ✕
0164	pregnant	○ ✕	0178	frustrate	○ ✕
0165	adolescent	○ ✕	0179	fulfill	○ ✕
0166	companion	○ ✕	0180	accomplish	○ ✕
0167	mature	○ ✕	0181	attain	○ ✕
0168	aspire	○ ✕	0182	funeral	○ ✕
0169	attempt	○ ✕	0183	motive	○ ✕
0170	pursue	○ ✕	0184	packet	○ ✕
0171	encourage	○ ✕	0185	attract	○ ✕
0172	confidence	○ ✕	0186	responsible	○ ✕
0173	hardship	○ ✕	0187	exclude	○ ✕
0174	confront	○ ✕	0188	angle	○ ✕
0175	cope	○ ✕	0189	clause	○ ✕
0176	devote	○ ✕			

아는 어휘 ______ 개 / 27

인생 / 도전에 관련된 **어휘**

0163 lifetime
[láiftàim]

명 **일생, 평생; 수명**

참고 life 명 삶, 인생 / lifelong 형 평생 동안의

It is a once in a **lifetime** opportunity.
그건 **평생**에 단 한 번의 기회이다.

0164 pregnant
[prégnənt]

형 **임신한**

파 pregnancy 명 임신

She is six months **pregnant**.
그녀는 임신 6개월이다.

0165 adolescent
[ædəlésənt]

명 **청소년(보통 12~18세 시기)**

파 adolescence 명 청소년기

Their children are now **adolescents**.
그들의 아이들은 지금 **청소년**이다.

0166 companion
[kəmpǽnjən]

명 **동반자, 벗, 친구**

유 mate, partner, friend 명 친구, 동료, 파트너

My husband is my **companion** for life.
남편은 나의 인생의 **동반자**이다.

0167 mature
[mətʃúər]

형 **성숙한, 다 자란** 동 **성숙해지다, 다 자라다**

반 immature 형 미숙한

We need to be more **mature** to do it.
우리는 그것을 하려면 더 **성숙해질** 필요가 있다.

0168 aspire
[əspáiər]

동 **열망하다, 염원하다**

파 aspiration 명 열망, 포부

She **aspires** to be a doctor.
그녀는 의사가 되기를 **열망한다**.

0169 attempt
[ətémpt]

동 **시도하다** 명 **시도**

숙어 attempt to *do* ~하려고 시도하다

He **attempted** to find a job.
그는 일자리를 찾으려고 **시도했다**.

0170 **pursue**
[pərsú:]

동 추구하다, 추진하다

파 pursuit 명 추구

Always **pursue** your dreams.
언제나 네 꿈을 **추구하라**.

0171 **encourage**
[inkə́:ridʒ]

동 격려[장려]하다; 조장하다

파 courage 명 용기
반 discourage 동 단념시키다, 낙담시키다

She **encouraged** me to study hard.
그녀는 내게 열심히 공부하도록 **격려했다**.

0172 **confidence**
[kánfidəns]

명 자신감, 확신; 신뢰

파 confident 형 확신하는, 자신(감) 있는
숙어 be confident in oneself 자신만만하다

You just need more **confidence** and practice. 기출
넌 더 **자신감**을 갖고 연습하기만 하면 돼.

0173 **hardship**
[há:rdʃip]

명 고난, 역경, 어려움

유 difficulty 명 어려움, 곤란

The 1930s were a period of economic **hardship**.
1930년대는 경제적 **고난**의 시기였다.

0174 **confront**
[kənfrʌ́nt]

동 직면하다, 맞서다

숙어 be confronted with ~에 직면하다

People have their own ways of **confronting** fear.
사람들은 두려움에 **맞서는** 자신만의 방법들을 가지고 있다.

0175 **cope**
[koup]

동 (어려운 상황에) 잘 대처하다, 처리하다

숙어 cope with ~에 대처하다

People should be able to **cope** with stress.
사람들은 스트레스에 잘 **대처할** 수 있어야 한다.

0176 **devote**
[divóut]

동 헌신하다, 바치다; 전념하다

파 devotion 명 헌신
숙어 devoted to ~에 전념하는

He **devoted** all his life to music.
그는 자신의 모든 삶을 음악에 **바쳤다**.

0177　**fate**
[feit]

명 운명, 숙명; 비운

유 destiny 명 운명

Will they suffer the same **fate**?
그들이 같은 **비운**을 겪게 될까?

0178　**frustrate**
[frʌ́strèit]

동 좌절시키다, 실망시키다, 답답하게 만들다

파 frustrated 형 좌절한 / frustrating 형 실망스러운

I'm **frustrated** that the school picnic was cancelled.
학교 소풍이 취소되어 나는 **실망했다**.

0179　**fulfill**
[fulfíl]

동 성취하다, 충족시키다; 완수하다

유 achieve 동 달성하다

His dream of visiting Spain was **fulfilled**.
스페인을 방문하는 그의 꿈이 **성취되었다**.

0180　**accomplish**
[əkámpliʃ]

동 성취하다, 이루다

파 accomplishment 명 성취, 달성

We **accomplished** a lot by working together.
우리는 함께 일해서 많은 것을 **성취했다**.

0181　**attain**
[ətéin]

동 이루다, 달성하다; 획득하다

파 attainable 형 이룰 수 있는, 달성할 수 있는

I will **attain** my goal of becoming a lawyer.
나는 변호사가 되리라는 나의 목표를 **달성할** 것이다.

0182　**funeral**
[fjúːnərəl]

명 장례식

참고 funeral car 영구차

Many people attended her **funeral**.
많은 사람들이 그녀의 **장례식**에 참석했다.

중학교 **필수 어휘**

0183　**motive**
[móutiv]

명 동기, 이유

파 motivate 동 동기를 부여하다

What is the **motive** for the decision?
그 결정의 **동기**는 무엇입니까?

0184 **packet**
[pǽkit]

명 (작은) 봉지, 봉투, 통[곽]

참고 pay packet 월급 봉투

I bought a **packet** of cookies.
나는 쿠키 한 **봉지**를 샀다.

0185 **attract**
[ətrǽkt]

동 끌다, 끌어당기다, 유인하다

파 attractive 형 매력적인 / attraction 명 끌림; 명소

Flowers **attract** bees.
꽃은 벌을 유인한다.

0186 **responsible**
[rispánsəbl]

형 책임이 있는; 책임감 있는

파 responsibility 명 책임
반 irresponsible 형 무책임한
숙어 be responsible for ~에 책임이 있다

Claire is **responsible** for the car accident.
Claire가 그 자동차 사고에 **책임이 있다**.

0187 **exclude**
[iksklúːd]

동 제외하다, 배제하다

파 exclusion 명 제외, 배제
반 include 동 포함하다

Why did she **exclude** him from the meeting?
그녀는 왜 모임에서 그를 **배제시켰나요**?

더 알아두기* ex-에는 '바깥으로, 밖으로'의 의미가 있어요.
- **expose** 동 노출하다, 드러내다
- **express** 동 표현하다, 나타내다
- **explore** 동 탐험하다
- **export** 동 수출하다

0188 **angle**
[ǽŋgl]

명 각도; 관점

유 point of view 관점
참고 '삼각형'이라는 의미의 triangle은 '3'을 뜻하는 tri-와 angle 이 합쳐진 단어예요.

at a 90 degree **angle** 교과서
90도 각도로

Look at the situation from a different **angle**.
다른 **관점**에서 상황을 보아라.

0189 **clause**
[klɔːz]

명 〈문법〉 절; (법률, 조약 등의) 조항

A **clause** is a larger unit than a phrase.
절은 구보다 더 큰 단위이다.

 # 학교 시험에 나오는 영어 속담

살아오는 과정을 인생이라고 하고, 그 속에서 접하는 많은 일을 도전이라고 할 수 있겠죠? 인생과 도전 중에는 많은 일이 일어날 테고, 그 과정이나 결과와 관련된 많은 속담들이 있어요. 그 중 대표적인 속담들을 함께 공부해 봅시다.

Every cloud has a silver lining.
모든 구름에는 은빛 안감이 있다. (쥐구멍에도 볕들 날이 있다.)

Great talents mature late.
우수한 재능은 늦게 성숙한다. (대기만성(大器晩成))

Fate works in a strange way.
운명은 낯선 길로 간다. (원하는 대로 되지 않는 것이 운명이다.)

There is no success without hardship.
고난이 없으면 성공도 없다.

Confidence is hard to gain but easy to lose.
신뢰는 얻기는 어렵지만 잃기는 쉽다.

Today's word

silver lining 한 가닥 희망

silver lining을 직역하면 '은빛 안감'이라는 뜻인데, 보통 silver lining이라고 하면 비가 내리고 난 후 구름 사이에서 은빛으로 쏟아져 나오는 빛줄기를 의미해요. 모든 먹구름이 반대쪽에는 밝은 부분을 갖고 있는 것처럼 silver lining은 안 좋은 상황에서도 '한 가닥 희망'이 있다는 의미로 쓰인답니다.

A 영어는 우리말로, 우리말은 영어로 옮겨 쓰세요.

01 encourage ___________

02 fulfill ___________

03 adolescent ___________

04 attain ___________

05 confidence ___________

06 accomplish ___________

07 companion ___________

08 열망하다 ___________

09 끌다, 유인하다 ___________

10 동기, 이유 ___________

11 (작은) 봉지, 봉투 ___________

12 책임감 있는 ___________

13 장례식 ___________

14 헌신하다, 바치다 ___________

B 빈칸에 알맞은 단어를 넣어보세요.

01 a(n) ___________ woman 임신한 여성

02 once in a(n) ___________ 일생에 단 한 번

03 Always ___________ your dreams. 언제나 네 꿈을 추구하라.

04 be ___________ on the award-winners list 수상자 목록에서 제외되다

05 Sophie gets more and more ___________. 기출
Sophie는 점점 더 좌절하게 된다.

06 Look at this picture from a different ___________.
다른 각도로 이 그림을 봐.

C 빈칸에 알맞은 단어를 넣어 문장을 완성하세요.

01 I will ______________ to learn something new. 기출
나는 새로운 것을 배우려고 시도할 것이다.

02 An independent ______________ can stand on its own.
독립절은 혼자 쓰일 수 있다.

03 It's hard to ______________ with the pain of losing a loved one.
사랑하는 사람을 잃는 고통에 잘 대처하기는 어렵다.

04 Jack ______________ his fear of water by taking swimming lessons.
Jack은 수영 강좌를 수강함으로써 물에 대한 두려움에 맞섰다.

D 오늘의 테마 다음 속담에 들어갈 알맞은 말을 보기에서 찾아 쓰세요.

| 보기 | confidence | fate | hardship | lining | mature |

01 Great talents ______________ late.

02 Every cloud has a silver ______________.

03 ______________ works in a strange way.

04 There is no success without ______________.

05 ______________ is hard to gain but easy to lose.

PART 2

Daily Life

메가스터디
중학 영단어

DAY 08
학교, 교육

오늘은 학교, 교육에 관련된 어휘들과 비슷한 뜻이지만 다른 뉘앙스를 가진 동사 teach, instruct, educate, tutor에 대해 배웁니다. 오늘 암기할 다음 어휘들을 보고 이미 알고 있는 어휘인지 확인해 보세요.

Word Preview		
0190 **educate**	0204 **counsel**	
0191 **instruction**	0205 **discipline**	
0192 **principal**	0206 **acquire**	
0193 **pupil**	0207 **certificate**	
0194 **junior**	0208 **sociology**	
0195 **semester**	0209 **private**	
0196 **lecture**	0210 **suitable**	
0197 **absent**	0211 **primary**	
0198 **attention**	0212 **scheme**	
0199 **assign**	0213 **fiber**	
0200 **evaluate**	0214 **torch**	
0201 **pronounce**	0215 **mount**	
0202 **scold**	0216 **firm**	
0203 **consult**		

아는 어휘 ＿＿＿＿ 개 / 27

학교 / 교육에 관련된 어휘

0190 educate
[édʒukèit]

동 교육하다

파 education 명 교육

It is a teacher's job to **educate** his or her students.
학생들을 교육하는 것은 선생님의 일이다.

0191 instruction
[instrʌ́kʃən]

명 지시 (사항), 설명; 가르침

파 instruct 동 지시하다; 가르치다

Follow the **instructions** on the question paper.
질문지에 있는 **지시 사항**을 따르세요.

0192 principal
[prínsəpəl]

명 교장 형 주요한, 주된

참고 vice-principal 교감
주의 '원리, 원칙'을 뜻하는 principle과 구별해서 알아두세요.

Hello, students. This is your **principal** Mike Westwood. 기출
학생 여러분 안녕하세요. 저는 **교장** Mike Westwood입니다.

That was my **principal** reason for moving.
그것이 내가 이사하는 **주된** 이유였다.

0193 pupil
[pjúːpəl]

명 학생, 제자; 동공

유 learner 명 학습자

There are 20 **pupils** in my class.
우리 반에는 20명의 **학생들**이 있다.

0194 junior
[dʒúːnjər]

형 아래[후배]의, 하급의
명 주니어; (고등학교의) 2학년, (대학교의) 3학년; 후배

반 senior 형 손위의 명 연장자
참고 freshman 명 신입생 / sophomore 명 대학교 2학년생

He is **junior** to me in the office.
그는 회사에서 나보다 **후배**이다.

0195 semester
[siméstər]

명 학기

참고 term 명 학기((英) 1년을 세 학기로 나눈 것)

The fall **semester** starts in August.
가을 **학기**는 8월에 시작한다.

0196 **lecture**
[léktʃər]

명 강연, 강의 동 강의[강연]하다
파 lecturer 명 강연자

Attend **lectures**, concerts, and other activities. 기출
강연, 콘서트, 그 외의 활동들에 참여하라.

0197 **absent**
[ǽbsənt]

형 결석한, 결근한; 부재의
파 absence 명 결석; 부재
반 present 형 참석한
숙어 be absent from ~에 결석하다

I was **absent** from school because of a cold.
나는 감기로 학교에 **결석했다**.

0198 **attention**
[əténʃʌn]

명 주의, 주목
숙어 pay attention to ~에 주의를 기울이다

You should pay **attention** to the teacher.
너는 선생님께 **주의를** 기울여야 한다.

0199 **assign**
[əsáin]

동 (과제 등을) 부여하다, 배정하다
파 assignment 명 할당; 임무, 과제

I was **assigned** to clean the classroom.
나는 교실 청소를 **맡게** 되었다.

0200 **evaluate**
[ivǽljuèit]

동 평가하다
파 evaluation 명 평가

The teacher **evaluates** the work of the students.
선생님은 학생들의 학업을 **평가한다**.

0201 **pronounce**
[prənáuns]

동 발음하다; 선언하다
파 pronunciation 명 발음

In the word "knife," the "k" is not **pronounced**.
단어 'knife'에서 'k'는 **발음되지** 않는다.

0202 **scold**
[skould]

동 꾸짖다, 혼내다
반 praise 동 칭찬하다

The teacher **scolded** him for being late.
선생님은 지각한 것에 대해 그를 **꾸짖었다**.

0203 consult
[kənsʌ́lt]

동 상담하다, 상의하다

파 consultant 명 상담가, 자문위원

by talking to friends or **consulting** an expert 기출
친구에게 말하거나 전문가에게 **상담함**으로써

0204 counsel
[káunsəl]

명 상담; 조언 동 조언하다

파 counselor 명 상담사, 카운슬러

유 advice 명 조언, 충고

The teacher gave **counsel** to her students in turn.
선생님은 자신의 학생들에게 차례로 **조언**을 했다.

0205 discipline
[dísəplin]

명 훈육, 규율 동 훈계하다; 훈련하다

maintain **discipline** in the classroom
교실에서 **규율**을 지키다

discipline the rude boys 무례한 소년들을 훈계하다

0206 acquire
[əkwáiər]

동 습득하다, 획득하다, 얻다

파 acquisition 명 습득

She **acquired** a knowledge of French.
그녀는 프랑스어에 대한 지식을 **습득했다**.

0207 certificate
[sərtífəkit]

명 증명서; 자격증, 수료증

유 diploma 명 졸업장, 자격증

Every participant will receive a **certificate**! 기출
모든 참가자는 **증명서**를 받을 것입니다!

0208 sociology
[sòusiálədʒi]

명 사회학

파 sociologist 명 사회학자

He majored in **sociology**. 기출 그는 **사회학**을 전공했다.

중학교 **필수 어휘**

0209 private
[práivit]

형 개인(용)의, 사적인

파 privacy 명 사생활

반 public 형 공적인

I refused to talk about my **private** life.
나는 내 **사**생활에 대해 이야기하길 거부했다.

0210 **suitable**
[sjúːtəbl]

형 적절한, 알맞은

유 appropriate 형 적당한, 알맞은

suitable environments for dairy animals 기출
착유 동물들에게 **적절한** 환경

0211 **primary**
[práimeri]

형 주요한, 제1의; 초등학교의

유 main 형 주요한 / elementary 형 초등학교의

My husband's job is our **primary** source of income.
남편의 일이 우리의 **주요** 수입원이다.

This city needs more **primary** schools.
이 도시에는 더 많은 **초등학교가** 필요하다.

0212 **scheme**
[skiːm]

명 계획, 개요

유 plan 명 계획

It describes a **scheme** for making money.
그것은 돈을 벌기 위한 **계획을** 설명한다.

0213 **fiber**
[fáibər]

UK fibre

명 섬유, 섬유질

Wool **fiber** is mainly used to make winter clothes.
울 **섬유는** 주로 겨울옷을 만드는 데 쓰인다.

암기 Tips 식이 '섬유'가 풍부한 미에로 '화이바'로 기억해 볼까요? 식이섬유는 dietary fiber라고 해요.

0214 **torch**
[tɔːrtʃ]

명 횃불; 손전등

They carried **torches** into the cave.
그들은 **횃불을** 들고 동굴 속으로 들어갔다.

0215 **mount**
[maunt]

동 (계단, 말 등에) 오르다; 증가하다, 늘다; 올려놓다

mount a horse 말에 올라타다

As the excitement **mounted**, children became noisier.
흥분이 **고조될수록** 아이들은 더 시끄러워졌다.

He **mounted** the TV on the wall. 그는 TV를 벽에 걸었다.

0216 **firm**
[fəːrm]

형 확고한, 굳은 명 회사

파 firmly 부 확고하게, 강하게

I have a **firm** belief in his ability.
나는 그의 능력에 **확고한** 믿음을 갖고 있다.

He works for a law **firm**.
그는 법률 **회사에서** 일한다.

오늘의 테마   같은 뜻 다른 뉘앙스

동사 teach, instruct, educate, tutor는 모두 '가르치다, 교육하다'라는 의미를 갖고 있는데 상황이나 문맥에 따라 의미가 조금씩 달라요. 어떤 차이가 있는지 한 번 알아볼까요?

teach

*** (수업이나 가르침을 주어) 가르치다**

① He enjoys **teaching** his students about science.
그는 학생들에게 과학을 가르치는 것을 좋아한다.

② He **teaches** music at school.
그는 학교에서 음악을 가르친다.

instruct

*** (기술 등을) 가르치다**

① His friend **instructed** him in English.
그의 친구가 그에게 영어를 가르쳐 주었다.

② He **instructs** boys and girls how to swim.
그는 소년 소녀들에게 수영을 가르친다.

educate

*** (학교에서) 교육하다, 가르치다**

① Parents trust schools to **educate** their children.
부모들은 아이들을 교육하는 학교를 신뢰한다.

② Mary was **educated** at private schools.
Mary는 사립학교에서 교육받았다.

tutor

*** (개인 교사로서) 교습하다**

① My son earned money **tutoring** in the evening.
내 아들은 저녁에 개인 교습을 해서 돈을 벌었다.

② Her parents decided to have her **tutored**.
그녀의 부모님은 그녀에게 개인 교습을 시키기로 결정했다.

A 영어는 우리말로, 우리말은 영어로 옮겨 쓰세요.

01	attention	08	학생, 제자; 동공
02	scold	09	계획, 개요
03	instruction	10	확고한; 회사
04	sociology	11	습득하다, 얻다
05	suitable	12	오르다; 증가하다
06	primary	13	평가하다
07	assign	14	결석한; 부재의

B 빈칸에 알맞은 단어를 넣어보세요.

01 how to ___________ 발음하는 방법

02 my ___________ life 나의 사생활

03 She ___________ her father. 그녀는 아버지와 상의했다.

04 Those bad boys need ___________. 저 나쁜 소년들은 훈육이 필요하다.

05 The boring ___________ made me fall asleep.
강의가 지루해서 나는 잠들었다.

06 The second school ___________ starts in August.
2학기가 8월에 시작된다.

C 빈칸에 알맞은 단어를 넣어 문장을 완성하세요.

01 She received her middle school graduation ______________.
그녀는 중학교 졸업장을 받았다.

02 The ______________ ran across the wet playground. 교과서
교장 선생님은 젖은 운동장을 가로질러 달렸다.

03 Only 1% of teens go to their seniors or ______________ for advice. 기출
십 대의 1%만이 조언을 구하러 선배나 후배들에게 간다.

04 The machine quickly removes the seed from the cotton ___________.
그 기계는 목화 섬유에서 씨를 빠르게 제거해 준다. 기출

D 오늘의 테마 우리말과 일치하도록 괄호 안에 주어진 말을 바르게 배열하세요.

01 아이들에게 도로 안전에 대해 가르치는 데에는 더 많은 노력이 필요하다.
= Greater effort is needed 【instruct, to, children】 about road safety.

02 한 아이는 집에서 개인 교습을 받고 있었지만, 다른 아이들은 개인 교습이 필요 없었다.
= One child was being 【at, tutored, home】, but the others didn't
need tutoring.

03 결국 그는 숲 밖으로 빠져 나왔고 다른 사람들에게 생존 기술을 가르쳤다.
= In the end, he made his way out of the forest and 【others, taught,
skills, survival】. 교과서

04 1900년대에 그는 학교를 세워서 젊은이들을 교육시키는 일을 도왔다.
= In the 1900s, he helped 【young, educate, people】 by building
schools. 교과서

DAY 09
직장 생활

오늘은 직장 생활에 관련된 어휘들과 일자리, 직업을 나타내는 여러 가지 어휘들에 대해 배웁니다. 오늘 암기할 다음 어휘들을 보고 이미 알고 있는 어휘인지 확인해 보세요.

	Word Preview		
0217	career	0231	salary
0218	occupation	0232	wage
0219	corporate	0233	promote
0220	enterprise	0234	incentive
0221	chief	0235	dismiss
0222	chairman	0236	quit
0223	hire	0237	retire
0224	employ	0238	mercy
0225	apply	0239	detach
0226	applicant	0240	affect
0227	department	0241	ban
0228	colleague	0242	deed
0229	experienced	0243	cluster
0230	competent		

아는 어휘 _____ 개 / 27

직장 생활에 관련된 어휘

0217 career
[kəríər]

명 (일생의) 직업; 경력, 이력
You will succeed in your **career**.　교과서
당신은 당신의 **직업**에서 성공할 것이다.

암기 Tips　'커리어 우먼(career woman)'이라는 말로 암기해 보세요.

0218 occupation
[àkjupéiʃən]

명 직업
파 occupy 동 차지하다, 점령하다
occupations that require uniforms　기출
유니폼을 입어야 하는 **직업들**

0219 corporate
[kɔ́ːrpərət]

형 기업의, 회사의
파 corporation 명 기업, 회사
the **corporate** culture in Korean businesses
한국 회사들의 **기업** 문화

0220 enterprise
[éntərpràiz]

명 기업, 회사
유 business, company, corporation 명 기업, 회사
The company has grown into a large-scale **enterprise**.
그 회사는 대규모 **기업**으로 성장했다.

0221 chief
[tʃiːf]

명 장(長), 우두머리　형 최고의; 주요한
참고 chief executive officer(= CEO) 최고 경영자
The **chief** of police has arrived at the crime scene.
경찰**서장**이 범죄 현장에 도착했다.

0222 chairman
[tʃɛ́ərmən]

명 회장, 의장
유 chairperson 명 회장, 의장
I interviewed the **chairman** of the company.
난 그 회사의 **회장**을 인터뷰했다.

0223 hire
[haiər]

동 고용하다
반 fire 동 해고하다
The boss **hired** a new employee.
사장은 새 직원을 **고용했다.**

0224 **employ**
[implɔ́i]

동 고용하다, 채용하다; 이용하다

The firm **employs** twenty workers.
그 회사는 20명의 근로자들을 **고용하고** 있다.

> **더 알아두기** * employ의 여러 가지 파생어
> - **employer** 명 고용주
> - **employee** 명 직원
> - **employment** 명 고용
> - **unemployment** 명 실업
> - **unemployed** 형 실업 상태의

0225 **apply**
[əplái]

동 지원하다, 신청하다; 적용하다

파 application 명 지원(서); 적용, 응용, 응용 프로그램
숙어 apply for ~에 지원하다, ~을 신청하다

Is it too late to **apply**? 기출
지원하기에 너무 늦었나요?

0226 **applicant**
[ǽpləkənt]

명 지원자

파 apply 동 지원하다, 신청하다; 적용하다

Why are you the best **applicant** for this position?
왜 당신이 이 직무에 최적의 **지원자**인가요?

0227 **department**
[dipá:rtmənt]

명 부서, 부문; 매장

the head of the customer service **department**
고객 서비스 **부서**의 부장

0228 **colleague**
[káli:g]

명 동료

유 coworker 명 동료, 협력자

My **colleagues** at work are supporting me.
나의 직장 **동료**들은 나를 지지하고 있다.

0229 **experienced**
[ikspíəriənst]

형 경험이 있는, 숙련된

유 skilled 형 숙련된, 기술이 좋은
반 inexperienced 형 경험이 없는, 미숙한

He is very **experienced** in marketing.
그는 마케팅에 상당히 **경험**이 많다.

0230 **competent**
[kámpitənt]

형 유능한, 능숙한

파 competence 명 능숙함
반 incompetent 형 무능력한

She is a **competent** teacher.
그녀는 **유능한** 선생님이다.

0231 **salary**
[sǽləri]

명 **봉급, 급여, 월급**

유 wage 명 임금, 주급

참고 salary는 직장인의 월급을, wage는 노동 단가에 따른 주급이
나 2주에 한 번 받는 급여를 말할 때 주로 쓰여요.

How much **salary** do you expect?
월급을 얼마나 받고 싶습니까?

0232 **wage**
[weidʒ]

명 **임금, 급료**

참고 the minimum wage 최저임금

He earns a weekly **wage** of $400.
그는 400달러의 주급을 받는다.

0233 **promote**
[prəmóut]

동 **승진시키다; 장려하다, 촉진하다; 홍보하다**

파 promotion 명 승진; 증진; 홍보

She was **promoted** to manager.
그녀는 관리자로 승진했다.

0234 **incentive**
[inséntiv]

명 **유인책, 보상; 장려금, 혜택**

유 encouragement 명 격려, 장려

Money is the best **incentive** for most people.
돈은 대부분의 사람들에게 최고의 **유인책**이다.

0235 **dismiss**
[dismís]

동 **무시하다; 해고하다, 내쫓다**

파 dismissive 형 무시하는, 멸시하는
유 fire 동 해고하다

He was **dismissed** from his job.
그는 직장에서 **해고되었다**.

더 알아두기 * 형용사형을 만드는 접미사 -ive

- expense 명 지출, 비용
- expensive 형 비싼
- effect 명 효과
- effective 형 효과적인

0236 **quit**
[kwit]
(–quit–quit)

동 **그만두다; 포기하다**

유 give up 포기하다

주의 '아주, 꽤'라는 의미의 부사 quite와 헷갈리지 마세요. 또한, '조
용한'이라는 의미의 형용사는 quiet지요? 세 단어의 철자를 꼭
구분해 알아두세요!

He **quit** his job at the gas station
그는 주유소 일을 그만두었다.

0237 **retire**
[ritáiər]

동 은퇴하다, 퇴직하다

파 retirement 명 은퇴, 퇴직

Most people **retire** at 65 in the USA.
미국에서 대부분의 사람들은 65세에 **은퇴한다**.

중학교 **필수 어휘**

0238 **mercy**
[mə́ːrsi]

명 자비

참고 mercy killing 안락사

He showed no **mercy** to his enemies.
그는 적에게 **자비**를 베풀지 않았다.

0239 **detach**
[ditǽtʃ]

동 떼어내다, 분리하다

반 attach 동 붙이다

He **detached** the poster from the wall.
그는 포스터를 벽에서 **떼어냈다**.

0240 **affect**
[əfékt]

동 영향을 미치다

참고 effect 명 영향, 효과; 결과

Television greatly **affects** children's behavior.
텔레비전은 아이들의 행동에 엄청난 **영향을 미친다**.

0241 **ban**
[bæːn]

동 금하다, 금지하다

유 prohibit 동 금지하다

A law **bans** using cell phones while driving.
법은 운전 중 휴대전화 사용을 **금한다**.

0242 **deed**
[diːd]

명 행동, 행위

참고 misdeed 명 악행, 비행

That's my good **deed** for the day.
그것이 그날의 나의 선행이다.

0243 **cluster**
[klʌ́stər]

명 무리, 집단

We could see a **cluster** of stars in the sky.
우리는 하늘의 별 **무리**를 볼 수 있었다.

오늘의 테마

직업을 나타내는 여러 가지 표현

영어에는 직업을 나타내는 단어가 여러 가지가 있는데요, 흔히 생각하는 job 이외에도 많이 쓰이는 중요한 단어들이 있으니 이번 기회에 꼭 알아두세요.

job

* (정기적으로 보수를 받고 하는) **일, 일자리, 직업**

He got a **job** as a waiter.
그는 웨이터 일자리를 구했다.

work

* (생계나 벌이 등을 위한) **일, 직장, 직업**

John is trying to find **work** in a publishing company.
John은 출판사에서 일자리를 찾으려 하고 있다.
숙어 out of work 실직한

career

* (시간이 흐르면서 책임이 커지는) **직업, 경력**

I want to make teaching my **career**.
나는 교직을 직업으로 삼고 싶다.

profession

* (많은 교육이 필요한 전문적인) **직업**

My daughter hopes to enter the medical **profession**.
내 딸은 의료계에 몸담게 되기를 바라고 있다.

occupation

* (고용 유무와 상관없는) **직종, 직업**

Please state your name, address and **occupation**.
이름, 주소, 직업을 말씀히세요.

vocation

* **천직, 소명, 직업**

I feel I've found my true **vocation**.
나는 나의 진정한 천직을 찾은 것 같다.
주의 '방학, 휴가'라는 의미의 vacation과 철자를 구분해서 알아두세요.

A 영어는 우리말로, 우리말은 영어로 옮겨 쓰세요.

01 enterprise ________________

02 competent ________________

03 ban ________________

04 dismiss ________________

05 affect ________________

06 chief ________________

07 corporate ________________

08 유인책, 보상 ________________

09 경험이 있는 ________________

10 행동, 행위 ________________

11 봉급, 급여, 월급 s________________

12 자비 ________________

13 은퇴하다 ________________

14 부서, 부문; 매장 ________________

B 빈칸에 알맞은 단어를 넣어보세요.

01 a(n) ______________ of stars in the sky 하늘의 별 무리

02 e__________ new workers 새 근로자를 고용하다

03 _____________ the chandelier from the ceiling. 천장에서 샹들리에를 떼라.

04 You can _____________ online as well. 기출
온라인으로도 역시 지원하실 수 있습니다.

05 Bill Gates was the _____________ of Microsoft.
Bill Gates는 마이크로소프트사의 회장이었다.

06 All _____________ should sing two songs. 기출
모든 지원자들은 두 곡의 노래를 불러야 한다.

C 빈칸에 알맞은 단어를 넣어 문장을 완성하세요.

01   My ______________ and I work 5 days a week.
나의 동료들과 나는 주5일 근무한다.

02   Some smells tend to ______________ positive emotions. 기출
어떤 냄새들은 긍정적인 감정들을 촉진시키는 경향이 있다.

03   Most people like to h______________ people just like themselves. 기출
대부분의 사람들은 자신들과 비슷한 사람들을 고용하고 싶어 한다.

04   I ______________ my job and decided to take pictures for a living. 교과서
나는 일을 그만두고 생계를 위해 사진을 찍기로 결심했다.

D   오늘의 테마 빈칸에 가장 적절한 말을 보기에서 찾아 쓰세요.

보기	retire	wage	occupations	colleague	work

01   나의 아버지는 2년 동안 실직 상태였다.
= My father was out of ______________ for two years.

02   대한민국의 최저 임금은 얼마입니까?
= What is the minimum ______________ in South Korea?

03   그는 직업[직종]을 바꿔 변호사가 되려고 생각하고 있다.
= He is thinking about changing ______________ and becoming a lawyer.

DAY 10
가사, 가정용품

오늘은 가사 및 가정용품과 관련된 어휘들과 동사 make와 함께 쓰는 짝꿍 표현에 대해 배웁니다. 오늘 암기할 다음 어휘들을 보고 이미 알고 있는 어휘인지 확인해 보세요.

Word Preview

0244	chore	○ ×	0258	pillow	○ ×
0245	tidy	○ ×	0259	blanket	○ ×
0246	bulb	○ ×	0260	sheet	○ ×
0247	couch	○ ×	0261	polish	○ ×
0248	cupboard	○ ×	0262	sew	○ ×
0249	shelf	○ ×	0263	vacuum	○ ×
0250	furniture	○ ×	0264	outline	○ ×
0251	garbage	○ ×	0265	trap	○ ×
0252	leak	○ ×	0266	offend	○ ×
0253	mend	○ ×	0267	intermediate	○ ×
0254	mess	○ ×	0268	moral	○ ×
0255	microwave	○ ×	0269	ought	○ ×
0256	stove	○ ×	0270	marvel	○ ×
0257	refrigerator	○ ×			

아는 어휘 _____ 개 / 27

가사 / 가정용품에 관련된 어휘 

0244 chore
[tʃɔːr]

명 가사, 일과

유 housework 명 가사, 집안일

We share the domestic **chores**.
우리는 집안의 **가사**를 나눠 한다.

0245 tidy
[táidi]

형 단정한, 깔끔한, 정돈된

반 untidy 형 단정치 못한

My room looks **tidy**.
내 방은 **깔끔해** 보인다.

0246 bulb
[bʌlb]

명 전구

참고 light bulb (백열) 전구

The light **bulb** was invented by Thomas Edison.
전구는 토머스 에디슨에 의해서 발명되었다.

0247 couch
[kautʃ]

명 긴 의자, 소파

유 sofa 명 소파
참고 소파에 앉아서 TV만 보는 사람을 couch potato라고 해요.

Let's put the **couch** in the living room.
소파를 거실에 놓자.

0248 cupboard
[kʌ́bərd]

명 찬장, 벽장

유 cabinet 명 장식장, 진열장

The kitchen **cupboard** is full of food.
부엌 **찬장**에 음식이 가득 차 있다.

0249 shelf
[ʃelf]

명 선반, 책꽂이

참고 drawer 명 서랍, 장롱

Put this book on the top **shelf**.
이 책을 맨 위에 있는 **선반**에 두어라.

0250 furniture
[fə́ːrnitʃər]

명 가구

주의 셀 수 없는 명사임에 주의하세요. '가구 한 점'을 말할 때는 a piece of furniture라고 해요.

Ted helped me choose the **furniture** for my house.
Ted는 내가 우리집에 맞는 **가구**를 고르는 것을 도와주었다.

0251 **garbage**
[gáːrbidʒ]

명 쓰레기, 쓰레기통

유 trash, waste 명 쓰레기 / bin 명 쓰레기통

My dog even ate food from the **garbage**. 교과서
내 개는 심지어 **쓰레기** 음식을 먹기도 했다.

0252 **leak**
[liːk]

동 새다; 누설하다

파 leakage 명 샘, 누출, 누수

The roof of my house is **leaking**.
우리 집의 지붕이 새고 있다.

0253 **mend**
[mend]

동 고치다, 수리하다, 수선하다

유 repair 동 수리하다

My father can **mend** any broken machine.
나의 아버지는 어떠한 고장난 기계든지 **고칠** 수 있다.

0254 **mess**
[mes]

명 엉망진창, 어질러짐 동 엉망으로 만들다

파 messy 형 지저분한, 엉망인
참고 make a mess of ~을 망쳐놓다

When I got home, the house was a **mess**!
내가 집에 도착했을 때, 집은 **엉망**이었다!

0255 **microwave**
[máikrəwèiv]

명 전자레인지(= microwave oven)

참고 oven 명 오븐

Put it in the **microwave** to heat it up.
그것을 전자레인지에 넣고 데워라.

0256 **stove**
[stouv]

명 스토브, (요리용) 레인지, 조리기

유 cooker 명 요리 도구; 레인지

Be careful! The **stove** is hot!
조심해! **스토브**가 뜨거워!

0257 **refrigerator**
[rifrídʒərèitər]

명 냉장고

유 fridge 명 냉장고

Do not open the **refrigerator** door too often. 교과서
냉장고 문을 너무 자주 열지 마라.

0258 pillow
[pílou]

명 베개

참고 blanket 명 담요

Bring your own **pillow**. 기출
여러분의 **베개**를 가지고 오세요.

0259 blanket
[blǽŋkit]

명 담요

참고 wet blanket (모임 등에서) 흥을 깨는 사람

She wrapped the baby in a **blanket**.
그녀는 아기를 **담요**로 감쌌다.

0260 sheet
[ʃiːt]

명 (침대) 시트; (종이) 한 장

참고 answer sheet 답안지 / work sheet 연습 문제지

I'll change the **sheets** on the bed.
내가 침대 위의 **시트**를 교체할게.

a **sheet** of paper 종이 한 장

0261 polish
[pálíʃ]

동 닦다, 윤내다; 다듬다

유 rub 동 문지르다

He **polished** his shoes.
그는 자신의 구두를 닦았다.

0262 sew
[sou]
(–sewed–
sewed[sewn])

동 바느질하다, 꿰매다

참고 needle 명 바늘
　　 thread 명 실

Dad **sewed** up a hole in a sock of mine.
아빠가 내 양말에 난 구멍을 꿰매셨다.

더 알아두기 * sew와 비슷하게 생긴 단어들
• **sow** 동 심다, 씨를 뿌리다
• **saw** 명 톱 동 see(보다)의 과거형

0263 vacuum
[vǽkjuəm]

명 진공 동 진공청소기로 청소하다

참고 vacuum cleaner 진공 청소기

I **vacuumed** the living room.
나는 거실을 진공청소기로 청소했다.

0264 outline
[áutlàin]

명 개요, 윤곽 동 개요를 서술하다, 윤곽을 그리다

Make an **outline** before you begin to write.
글을 쓰기 전에 **개요**를 짜라.

0265 trap
[træp]

명 덫, 함정 동 가두다, 덫을 놓다

He set **traps** to catch mice.
그는 쥐를 잡기 위해서 **덫**을 놓았다.

0266 offend
[əfénd]

동 기분을 상하게 하다; 범죄를 저지르다

파 offensive 형 모욕적인; 공격적인

I'm sorry if I **offended** you.
제가 **기분 나쁘게 했다면** 죄송합니다.

0267 intermediate
[ìntərmíːdiət]

형 중간의, 중급의

참고 '초보, 입문'은 beginner 또는 basic, '상급, 고급'은
advanced라고 해요.

I'm taking an **intermediate** level course in English.
나는 **중급** 단계의 영어 강의를 수강 중이다.

0268 moral
[mɔ́(ː)rəl]

형 도덕적인, 윤리의

파 morality 명 도덕성 / morally 부 도덕적으로
반 immoral 형 부도덕한, 비도덕적인

He has high **moral** principles.
그는 높은 **도덕적** 원칙을 갖고 있다.

0269 ought
[ɔːt]

조 ~해야 하다, ~하는 것이 당연하다

참고 보통 뒤에 to부정사를 동반하여 ought to *do*의 형태로 쓰이
고, should보다는 뜻이 강하고 must보다는 약해요.

He **ought** not to talk back to his daddy.
그는 아빠에게 말대꾸를 하면 안 된다.

0270 marvel
[máːrvəl]

명 경이, 기적 동 감탄하다, 놀라워하다

파 marvelous 형 경이로운
숙어 marvel at ~에 놀라다

the **marvels** of nature 자연의 경이로움

 # 동사 make와 함께 쓰는 짝꿍 표현

make는 '손이나 기술로 만들어 내다'라는 뜻을 가지고 있어요. 당연히 집에서 하는 일이나 사람이 하는 일과 연결되어 짝꿍 표현으로 자주 쓰이게 되죠. 어떤 표현들이 make와 짝을 이루는지 한 번 살펴봅시다.

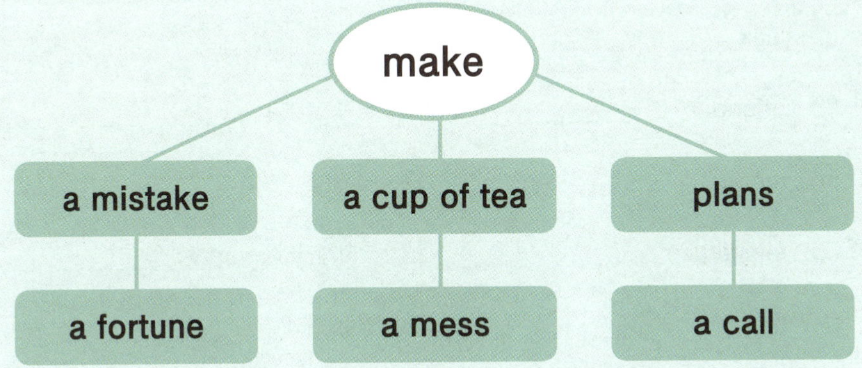

1 make a mistake 실수를 하다
I **made a** huge **mistake**. 내가 큰 실수를 저질렀다.

2 make a cup of tea 차 한 잔을 끓이다
My grandma **makes a cup of tea** every morning.
할머니는 매일 아침 차를 끓이신다.

3 make plans 계획을 짜다
I have already **made plans** for the weekend. 나는 이미 주말 계획을 짰다.

4 make a fortune 많은 돈을 모으다
Amy **made a fortune** by selling houses. Amy는 집들을 팔아서 거액을 모았다.

5 make a mess (방을) 어지르다
Please don't **make a mess** in the kitchen. 주방을 어지럽히지 마세요.

6 make a call 전화를 걸다
Will you **make a call** to my mom at 6:30?
6시 30분에 저희 엄마에게 전화 좀 걸어 주시겠어요?

A 영어는 우리말로, 우리말은 영어로 옮겨 쓰세요.

01 shelf __________ 08 개요, 윤곽 __________

02 leak __________ 09 가구 __________

03 offend __________ 10 닦다, 윤내다 __________

04 moral __________ 11 덫, 함정 __________

05 refrigerator __________ 12 전자레인지 m__________

06 mend __________ 13 경이, 기적 __________

07 chore __________ 14 전구 __________

B 빈칸에 알맞은 단어를 넣어보세요.

01 __________ on a new button 새 단추를 달다[꿰매다]

02 My room looks __________. 내 방은 깔끔해 보인다.

03 He sat on the __________. 그는 소파에 앉았다.

04 It's cold. I want a(n) __________. 날이 추워. 담요가 필요해.

05 The __________ is full of groceries. 찬장은 식료품들로 가득하다.

06 Sound doesn't travel in a(n) __________.
소리는 진공 상태에서 전달되지 않는다.

C 빈칸에 알맞은 단어를 넣어 문장을 완성하세요.

01 I'd like to buy a neck ______________ for my daughter. 기출
제 딸에게 줄 목 베개를 하나 사고 싶은데요.

02 She ______________ to put on a jacket because it's cold.
추우니까 그녀는 재킷을 입어야 한다.

03 He takes out the ______________ and washes the dishes. 교과서
그는 쓰레기를 버리고 설거지를 한다.

04 We offer basic, ______________, and advanced courses.
저희는 기초, 중급 그리고 상급 강좌를 제공합니다.

D 오늘의 테마 보기에 주어진 말과 동사 make를 활용하여 우리말에 맞도록 빈칸에 알맞은 어구를 써 넣으세요.

보기	a mess	a fortune	a call	a mistake

01 One day one of the slaves ______________________ while cooking food. 교과서 어느 날 노예 중 한 명이 요리를 하다가 실수를 저질렀다.

02 He opened a new shop and, in the process, ______________________.
그는 새 가게를 열었고, 그 과정에서 많은 돈을 벌었다. 기출

03 I try to make this room tidy, but you two always ______________________.
난 이 방을 정돈하려고 애쓰는데, 너희 둘은 항상 엉망으로 만드는구나. 교과서

DAY 11
일상, 도구

오늘은 우리의 일상과 도구를 나타내는 어휘들과 다의어 regular의 여러 가지 유의어에 대해 배웁니다. 오늘 암기할 다음 어휘들을 보고 이미 알고 있는 어휘인지 확인해 보세요.

Word Preview

0271	routine	○ ×	0285	envelope	○ ×
0272	regular	○ ×	0286	calculator	○ ×
0273	ordinary	○ ×	0287	thermometer	○ ×
0274	shave	○ ×	0288	screw	○ ×
0275	stuff	○ ×	0289	nail	○ ×
0276	kit	○ ×	0290	saw	○ ×
0277	journal	○ ×	0291	scale	○ ×
0278	nap	○ ×	0292	frequent	○ ×
0279	nightmare	○ ×	0293	entry	○ ×
0280	practical	○ ×	0294	loyal	○ ×
0281	portable	○ ×	0295	scatter	○ ×
0282	cord	○ ×	0296	visible	○ ×
0283	lid	○ ×	0297	barrier	○ ×
0284	string	○ ×			

아는 어휘 _____ 개 / 27

0271 routine
[ruːtíːn]

명 일과　형 일상적인, 반복적인

유 regular 형 규칙적인

참고 daily routine 날마다 하는 일

Exercise is part of my morning **routine**.
운동은 나의 아침 **일과**의 일부이다.

0272 regular
[régjulər]

형 규칙적인, 정기적인; 보통의

파 regularly 부 정기적으로

반 irregular 형 불규칙한

숙어 on a regular basis 정기적으로

Regular exercise will improve your health.
규칙적인 운동은 건강을 향상시킬 것이다.

0273 ordinary
[ɔ́ːrdənèri]

형 보통의, 평범한

유 usual 형 보통의, 평소의

반 extraordinary 형 놀라운, 비범한, 특별한

참고 접두사 extra-는 '~을 넘어선, ~ 범위 밖의'라는 뜻을 나타내요.

It's just an **ordinary** dictionary.
그건 그냥 **보통의** 사전이에요.

0274 shave
[ʃeiv]

동 면도하다, 깎다

참고 shaving foam 면도용 거품

My father **shaves** in the morning.
아버지는 아침에 **면도를 하신다**.

0275 stuff
[stʌf]

명 물건, 것

참고 종류에 상관없이 막연한 물건, 또는 가리키는 물건이 그리 중요하지 않을 때 써요. • stuff like that 뭐 그런 것들

Kids always lose their own **stuff**. 기출
아이들은 항상 자신의 **물건**을 잃어버린다.

0276 kit
[kit]

명 도구 상자, (장비) 세트

참고 '진단 키트', '바느질 키트'라고 할 때 쓰는 단어예요. '구급상자'는 first aid kit라고 해요.

He had a shaving **kit**.
그는 면도 **도구 상자**를 갖고 있었다.

0277 **journal**
[dʒə́:rnəl]

명 일기(장), 일지, 학술 잡지

유 diary 명 일기(장)

참고 '일기를 쓰다'라고 할 때는 keep a journal[diary]라고 하는
데, 일기는 일회성이 아니라 주기적으로 쓰는 것이므로 동사는
keep을 써요.

She kept her **journal** every day.
그녀는 매일 **일기**를 썼다.

0278 **nap**
[næp]

명 낮잠, 선잠 동 낮잠을 자다

참고 sleep 명 잠, 수면 동 (잠을) 자다

숙어 take a nap 낮잠을 자다

The baby is taking a **nap**.
아기가 **낮잠**을 자고 있다.

0279 **nightmare**
[náitmɛ̀ər]

명 악몽; 아주 끔찍한 일

She woke up from a **nightmare**.
그녀는 **악몽**에서 깨어났다

0280 **practical**
[prǽktikəl]

형 실용적인, 실제적인

파 practically 부 사실상, 실제로

반 impractical 형 비실용적인

The shoes look nice, but they're not **practical**.
그 신발은 보기 좋지만, **실용적**이지는 않다.

0281 **portable**
[pɔ́:rtəbl]

형 휴대용의 명 휴대용 기기

유 mobile 형 이동식의

주의 potable(마셔도 되는)과 혼동하지 마세요.

I bought a **portable** fan.
나는 **휴대용** 선풍기를 샀다.

0282 **cord**
[kɔ:rd]

명 코드, 전선; 끈

유 rope 명 끈, 밧줄

Don't touch a damaged electrical **cord**.
손상된 전기 **코드**를 만지지 마라.

0283 **lid**
[lid]

명 뚜껑; 눈꺼풀(= eyelid)

유 cover 명 덮개

He lifted the **lid** of the box.
그는 상자의 **뚜껑**을 열었다.

0284 string
[striŋ]

명 끈, 줄, (악기의) 현

유 cord 명 끈; 코드, 전선

You need 1 meter of **string**. 교과서
너는 1미터의 줄이 필요하다.

0285 envelope
[énvəlòup]

명 봉투

파 envelop 동 싸다, 봉하다

She put the letter in the **envelope**.
그녀는 편지를 봉투에 넣었다.

0286 calculator
[kǽlkjulèitər]

명 계산기

파 calculate 동 계산하다
calculation 명 계산

We are taught to use **calculators** from a young age.
우리는 어릴 때부터 **계산기**를 사용하도록 배운다.

0287 thermometer
[θərmámitər]

명 온도계

참고 thermo-에 '열'이라는 뜻이 있어요.

I carry a small digital **thermometer** with me.
나는 작은 디지털 **온도계**를 갖고 다닌다.

0288 screw
[skru:]

명 나사(못)

참고 nail 명 못

Turn the **screw** to the right to tighten it.
나사를 오른쪽으로 돌려서 꽉 조여라.

0289 nail
[neil]

명 못; 손톱, 발톱

참고 hammer 명 망치, 해머 동 망치로 두드리다

Several days passed and most of the **nails** were gone. 교과서
며칠이 지났고 대부분의 **못**들이 사라졌다.

0290 saw
[sɔ:]
(–sawed–
sawed[sawn])

명 톱 동 톱질하다

Use this **saw** to cut the wood.
나무를 자르는 데 이 **톱**을 써라.

암기 Tips 동사 see의 과거형과 모양이 같네요. '톱을 봤다(saw the saw)'라고 외워볼까요?

0291 scale
[skeil]

명 저울, 눈금; 규모

참고 scale of a ruler 자의 눈금
on a large scale 대규모로

A **scale** is for weighing.
저울은 무게를 재기 위한 것이다.

중학교 **필수 어휘** 

0292 frequent
[frí:kwənt]

형 빈번한, 잦은

파 frequently 부 자주, 빈번히

She was a **frequent** visitor to the museum.
그녀는 박물관의 **빈번한** 방문객이었다.

0293 entry
[éntri]

명 가입, 참가; 출품작; 입장

파 enter 동 들어가다, 입장하다

No **entry** fee.
참가비는 없습니다.

0294 loyal
[lɔ́iəl]

형 충실한, 충성스러운

파 loyalty 명 충실, 충성심
참고 loyal customer 단골 고객

He remained a **loyal** supporter of the team.
그는 그 팀의 **충실한** 지지자로 남았다.

0295 scatter
[skǽtər]

동 흩뿌리다, 흩뜨리다

He **scatters** his toys all around the house.
그는 그의 장난감을 집안 여기저기에 **흩어놓는다**.

0296 visible
[vízəbl]

형 눈에 보이는, 가시적인

반 invisible 형 눈에 보이지 않는

Jupiter is **visible** to the naked eye.
목성은 육안으로 **보인다**.

0297 barrier
[bǽriər]

명 장벽, 장애물

유 obstacle 명 장애, 방해(물)

The police put up **barriers** to control the crowd.
경찰은 군중을 통제하기 위한 **장벽**을 세웠다.

다의어 **regular**의 여러 가지 유의어

regular는 여러 가지 뜻을 가지고 있어서 유의어와 반의어도 여러 가지입니다. 오늘은 regular의 유의어와 반의어에 대해 알아봅시다.

regular

1 형 일정한, 규칙적인

uniform 일정한, 동일한	**orderly** 질서 있는	**unchanging** 변하지 않는

↕

unsteady
변하기 쉬운

2 형 잦은, 주기적인

frequent 잦은	**constant** 계속되는	**periodic** 주기적인, 정기의

↕

occasional
이따금의

3 형 보통의

usual 보통의, 통상의	**normal** 보통의, 정상의	**ordinary** 보통의, 평범한

↕ ↕

unusual
흔치 않은, 색다른　　**extraordinary**
놀라운, 비범한

밑줄 친 낱말과 바꿔 쓸 수 있는 것을 고르세요.

In a caricature, some parts of a character are different or bigger than <u>usual</u>.

① routine　　　② normal　　　③ orderly　　　④ unsteady

Answers ② / 캐리커처에서는 캐릭터의 일부 부분이 <u>보통</u>과 다르거나 더 크다.

A 영어는 우리말로, 우리말은 영어로 옮겨 쓰세요.

01 stuff ____________

02 calculator ____________

03 loyal ____________

04 routine ____________

05 thermometer ____________

06 practical ____________

07 lid ____________

08 면도하다 ____________

09 봉투 ____________

10 코드, 전선   c____________

11 장벽, 장애물 ____________

12 못; 손톱 ____________

13 저울, 눈금 ____________

14 규칙적인; 보통의 ____________

B 빈칸에 알맞은 단어를 넣어보세요.

01 a power ____________ 전기톱

02 Tighten the ____________. 나사들을 조여라.

03 keep a(n) ____________ every day 매일 일기를 쓰다

04 I bought a(n) ____________ fan. 나는 휴대용 선풍기를 샀다.

05 Don't ____________ things around! 물건들을 여기저기 흩뜨리지 마라.

06 The balloon is tied to a long s____________.
풍선이 긴 끈에 묶여 있다.

07 Do you take a(n) ____________ during the daytime? 기출
넌 낮 시간에 낮잠을 자니?

C 빈칸에 알맞은 단어를 넣어 문장을 완성하세요.

01 A(n) ______________ can include up to three colors. 기출
출품작은 세 가지 색상까지만 포함할 수 있습니다.

02 I had a(n) ______________ that a monster was chasing me.
나는 괴물이 나를 쫓아오는 악몽을 꿨다.

03 My house is clearly ______________ from the subway station.
우리 집은 지하철역에서 분명하게 보인다.

04 Keep a first aid ______________ both in your home and in your car.
집과 차 모두에 구급상자를 두어라.

05 Many of the participants are o______________ people like you and me.
많은 참가자들은 당신과 나와 같은 평범한 사람들이다. 교과서

D 오늘의 테마 밑줄 친 낱말과 바꿔 쓸 수 있는 것을 고르세요.

01 You may think creative ideas are difficult and <u>unusual</u>.
① constant　　② regular　　③ unchanging　　④ extraordinary

02 This serious symptom is associated with <u>frequent</u> coughing.
① regular　　② uniform　　③ unsteady　　④ occasional

03 <u>Constant</u> exposure to noise is related to children's academic achievement. 기출
① Orderly　　② Frequent　　③ Practical　　④ Occasional

DAY 12
요리, 식당

오늘은 요리와 식당에 관련된 어휘들과 '단계; 단계를 나아가다'라는 의미를 가진 어원 grad 에 대해 배웁니다. 오늘 암기할 다음 어휘들을 보고 이미 알고 있는 어휘인지 확인해 보세요.

Word Preview

0298	grocery	○ ×	0312	smoked	○ ×
0299	recipe	○ ×	0313	reservation	○ ×
0300	ingredient	○ ×	0314	junk	○ ×
0301	edible	○ ×	0315	beverage	○ ×
0302	wheat	○ ×	0316	appetizer	○ ×
0303	dairy	○ ×	0317	refill	○ ×
0304	raw	○ ×	0318	spill	○ ×
0305	peel	○ ×	0319	temperature	○ ×
0306	blend	○ ×	0320	obtain	○ ×
0307	mixture	○ ×	0321	nature	○ ×
0308	roast	○ ×	0322	settle	○ ×
0309	sprinkle	○ ×	0323	whatever	○ ×
0310	spicy	○ ×	0324	likely	○ ×
0311	crisp	○ ×			

아는 어휘 _____ 개 / 27

0298 **grocery** [gróusəri]

명 식료품(점)

참고 plastic bag 비닐 봉지

the **grocery** store where you shop the most 기출
여러분이 가장 많이 가는 **식료품점**

0299 **recipe** [résəpì:]

명 요리법, 조리법

I saw this **recipe** on the Internet.
나는 이 **요리법**을 인터넷에서 보았다.

더 알아두기* **recipe**의 다른 의미: 비결, 방법
· a **recipe** for success 성공 비결

0300 **ingredient** [ingrí:diənt]

명 (요리) 재료, 요소

유 element 명 요소

She used seasonal **ingredients**. 기출
그녀는 제철 **요리 재료들**을 사용했다.

0301 **edible** [édəbl]

형 먹을 수 있는, 식용의

반 inedible 형 먹을 수 없는, 못 먹는

These berries are **edible**.
이 베리들은 먹을 수 있다.

0302 **wheat** [hwi:t]

명 밀

참고 wheat flour 밀가루

Bread is made from **wheat** flour.
빵은 밀가루로 만들어진다.

0303 **dairy** [dɛ́(:)əri]

형 유제품의, 낙농(업)의 명 유제품 (회사), 낙농장

주의 '일기'라는 의미의 명사 diary와 혼동하지 마세요.

Cheese is a **dairy** product.
치즈는 유제품이다.

0304 **raw** [rɔ:]

형 가공하지 않은, 날것의

유 uncooked 형 조리되지 않은

Keep **raw** meat and **raw** fish in the fridge.
날고기와 날생선은 냉장고에 보관해라.

0305 **peel**
[piːl]

동 ~의 껍질을 벗기다; 벗겨지다　명 껍질

숙어 peel off 벗겨지다, 떨어져 나가다

Would you please **peel** this orange?
이 오렌지 껍질 좀 벗겨줄래?

0306 **blend**
[blend]

동 섞다, 혼합하다

파 blender 명 믹서기, 분쇄기
유 mix 동 섞다, 혼합하다

Blend the flour and eggs together.
밀가루와 달걀을 함께 섞어라.

0307 **mixture**
[míkstʃər]

명 혼합물, 혼합

Dip the string into the **mixture**. 기출
실을 혼합물에 담가라.

0308 **roast**
[roust]

동 (고기 등을) 굽다, 볶다

파 roasted 형 구운

Roast the chicken in the oven for two hours.
닭고기를 오븐에 넣고 2시간 동안 구워라.

0309 **sprinkle**
[spríŋkl]

동 (액체 등을) 뿌리다, 흩뿌리다

파 sprinkler 명 살수기, 스프링클러

I **sprinkled** the strawberries with sugar.
난 딸기에 설탕을 뿌렸다.

0310 **spicy**
[spáisi]

형 양념을 넣은, 매운

파 spice 명 양념, 향신료
유 hot 형 매운

Water! Water! This is too **spicy**!
물 좀 줘! 물! 이건 너무 매워!

0311 **crisp**
[krisp]

형 바삭바삭한(= crispy); (날씨가) 상쾌한

The **crisp** skin of roasted chicken is my favorite.
통닭의 바삭바삭한 껍질은 내가 가장 좋아하는 것이다.

더 알아두기 * crisp의 다른 의미: (소리가) 맑은, 분명한
· the **crisp** sound of the music 음악의 맑은 소리

0312 smoked
[smóukt]

[형] 훈제한

[파] smoke [동] 연기를 피우다 [명] 연기

I like **smoked** bacon.
나는 훈제 베이컨을 좋아한다.

0313 reservation
[rèzərvéiʃən]

[명] 예약

[파] reserve [동] 예약하다; 따로 남겨두다
[숙어] make a reservation 예약을 하다

Can you tell me your **reservation** number? [기출]
예약 번호를 알려주시겠어요?

0314 junk
[dʒʌŋk]

[명] 정크 푸드; 폐물, 고물, 쓰레기

[참고] '인스턴트 식품'이나 '패스트푸드'를 junk food라고 해요.

Junk food is not good for your health.
정크 푸드는 건강에 좋지 않다.

0315 beverage
[bévəridʒ]

[명] 음료, 마실 것

[유] drink [명] 음료, 마실 것

My favorite **beverage** is orange juice.
내가 제일 좋아하는 음료는 오렌지 주스이다.

0316 appetizer
[ǽpətàizər]

[명] 식욕을 돋우는 것, 전채

[참고] dessert [명] 후식, 디저트

Vegetable soup is a good **appetizer**.
야채 수프는 맛있는 전채요리이다.

0317 refill
동: [rifíl]
명: [ríːfil]

[동] 다시 채우다, 리필하다 [명] 리필

[참고] re-에는 '다시'의 의미가 있고 fill은 '채우다'라는 의미예요.

I **refilled** our glasses.
나는 우리의 잔을 **다시 채웠다.**

0318 spill
[spil]

(– spilled[spilt]
 – spilled[spilt])

[동] 쏟아지다, 흘리다, 엎지르다 [명] 엎지른 것

[숙어] spill all over ~에 온통 엎지르다

He slipped and milk **spilled** all over the floor.
그가 미끄러지면서 우유가 바닥에 온통 **쏟아졌다.**

0319 **temperature**
[témpərətʃər]

명 온도, 기온; 체온

숙어 have a temperature 열이 있다

Keep the water **temperature** around 22 degrees. 기출
수온을 22도 정도로 유지해라.

0320 **obtain**
[əbtéin]

동 얻다, 획득하다, 입수하다

유 get, gain, acquire 동 얻다

You may **obtain** information from a friend. 기출
여러분은 친구에게서 정보를 얻을지도 모른다.

0321 **nature**
[néitʃər]

명 본성, 천성, 본질; 자연

파 natural 형 자연의, 천연의
숙어 by nature 본래, 선천적으로
참고 human nature 인간 본성

The books contain wisdom about the **nature** of life.
그 책들은 삶의 **본질**에 관한 지혜를 담고 있다. 기출
Nature is my good friend. 교과서
자연은 나의 좋은 친구이다.

0322 **settle**
[sétl]

동 해결하다, 결정하다; 정착하다

파 settlement 명 해결, 합의; 정착(지)
숙어 settle down 자리 잡다; 전념하다; 진정되다

His family **settled** in Seoul.
그의 가족은 서울에 **정착했다**.

0323 **whatever**
[hwʌtévər]

대 (~한 것은) 무엇이든지 형 어떤 ~이든

We'll go **whatever** the weather.
날씨가 **어떻든** 우린 갈 거야.

0324 **likely**
[láikli]

형 ~할 것 같은, 있을 법한, 가능성이 있는

반 unlikely 형 ~할 것 같지 않은
숙어 be likely to *do* ~할 것 같다, ~할 가능성이 있다

It is **likely** to rain.
비가 올 것 같다.

함께 외우면 좋은 **어원 영단어**

어근 grad에는 '걸어가다(walk)'라는 뜻이 있어서 '단계', '단계를 나아가다', '~로 들어가다'라는 의미를 가진 단어에 많이 쓰여요. grad의 변화형으로는 gred와 gree가 있으니 함께 알아봅시다.

grad
변화형 **gred, gree**
= 걸어가다(walk)

---

grade　grad(e) → 단계 → 등급
명 **등급, 성적, 학년**　동 **등급을 매기다**

get a good **grade** in math
수학에서 좋은 등급[성적]을 받다

---

graduate　grad(u) + ate → 단계를 나아가다
동 **졸업하다**　명 **(대학) 졸업자**

graduate from high school
고등학교를 졸업하다

---

gradual　grad(u) + al → 단계적인
형 **점진적인, 점차적인**

a **gradual** change in temperature
온도의 점진적인 변화

---

ingredient　in + gred(i) + ent
→ 안으로 + 걸어가다 → 안에 들어간 것
명 **재료, 성분**

use only natural **ingredients**
천연 재료만을 사용하다

---

degree　de(= down) + gree → 한 걸음 내려간 단계
명 **정도, 도; 학위**

obtain a master's **degree**
석사 학위를 취득하다

Today's quiz

빈칸에 알맞은 말을 넣어 보세요.

The chef uses only the freshest ___________ in his cooking.

Answers　ingredients / 그 요리사는 자신의 요리에 가장 신선한 <u>재료들</u>만을 사용한다.

A 영어는 우리말로, 우리말은 영어로 옮겨 쓰세요.

01 edible ___________ 08 양념을 넣은, 매운 ___________

02 crisp ___________ 09 굽다, 볶다 ___________

03 blend ___________ 10 음료, 마실 것 ___________

04 settle ___________ 11 ~의 껍질을 벗기다 ___________

05 whatever ___________ 12 쏟아지다, 흐리다 ___________

06 mixture ___________ 13 본성, 천성 ___________

07 recipe ___________ 14 유제품의 ___________

B 빈칸에 알맞은 단어를 넣어보세요.

01 a delicious ___________ 맛있는 전채요리

02 It is ___________ to rain. 비가 올 것 같다.

03 Did you buy the ___________? 식료품들을 샀니?

04 ___________ salt over the meat 고기에 소금을 뿌리다

05 Pour lime juice over ___________ fish. 교과서
라임 즙을 날생선 위에 부어 주세요.

06 She ___________ his glass with red wine.
그녀는 그의 잔을 레드와인으로 다시 채웠다.

C 빈칸에 알맞은 단어를 넣어 문장을 완성하세요.

01 The ______________ of the Earth is going up. 교과서

지구의 온도가 올라가고 있다.

02 He ______________ the information from the Internet.

그는 그 정보를 인터넷에서 얻었다.

03 I'd like to make a(n) ______________ for three people for this Saturday. 기출

이번 토요일에 3명을 예약하고 싶은데요.

04 About 265 gallons of water is needed to produce two pounds of

______________. 기출

2파운드의 밀을 생산하기 위해서 약 265갤런의 물이 필요하다.

D 오늘의 테마 빈칸에 알맞은 단어를 넣어 문장을 완성하세요.

01 We noticed a(n) ______________ change in the temperature.

우리는 기온의 점진적인 변화를 알아차렸다.

02 He ______________ in 1977 with a(n) ______________ in law. 기출

그는 1977년 법학 학위를 받고 졸업했다.

03 I am in the eighth ______________ and my sister is in the third

______________. 교과서 저는 8학년이고 제 여동생은 3학년입니다.

04 Use a seasonal ______________ to create a delicious dish. 기출

맛있는 음식을 만들기 위해선 계절 (요리) 재료를 사용하세요.

DAY 13
쇼핑

오늘은 쇼핑과 관련된 어휘들과 -s가 붙었을 때 뜻이 달라지는 낱말에 대해 배웁니다. 오늘 암기할 다음 어휘들을 보고 이미 알고 있는 어휘인지 확인해 보세요.

Word Preview

0325	salesperson	○ ×	0339	wrap
0326	client	○ ×	0340	claim
0327	goods	○ ×	0341	guarantee
0328	tag	○ ×	0342	exchange
0329	price	○ ×	0343	refund
0330	tax	○ ×	0344	receipt
0331	quality	○ ×	0345	means
0332	worth	○ ×	0346	proceed
0333	expensive	○ ×	0347	select
0334	charge	○ ×	0348	obey
0335	spend	○ ×	0349	behalf
0336	afford	○ ×	0350	cottage
0337	discount	○ ×	0351	unlike
0338	coupon	○ ×		

아는 어휘 _____ 개 / 27

0325 **salesperson**
[séilzpə̀ːrsən]

명 판매원, 점원

유 salesclerk 명 점원, 판매원

She works as a **salesperson**.
그녀는 **점원**으로 일하고 있다.

0326 **client**
[kláiənt]

명 고객, 의뢰인

유 customer 명 손님, 고객

Offer the best service possible to your **clients**.
고객들에게 가능한 최고의 서비스를 제공하세요.

0327 **goods**
[gudz]

명 상품, 물품

유 merchandise 명 상품, 제품
참고 stock 명 재고(품), 저장품

This store sells a variety of **goods**.
이 상점은 다양한 **상품**을 판매한다.

암기 Tips 연예인이나 팬클럽 등과 관련된 굿즈(goods)를 떠올리며 외워봅시다.

0328 **tag**
[tæg]

명 꼬리표, 태그

유 label 명 라벨, 상표

School uniforms have name **tags** on them.
교복에는 이름**표**가 달려 있다.

0329 **price**
[prais]

명 값, 가격, 물가

유 cost 명 값, 비용, 경비

I bought the shirt at a good **price**.
나는 좋은 **가격**에 그 셔츠를 샀다.

0330 **tax**
[tæks]

명 세금 동 세금을 부과하다

유 duty 명 세금, 관세

I pay 30% **tax** on my income.
난 수입에 대해 30%의 **세금**을 낸다.

0331 **quality**
[kwáləti]

명 (품)질; 고급, 양질 형 양질의

참고 quantity 명 양, 수량

This shirt is of good **quality**. 이 셔츠는 품질이 좋다.

0332 **worth**
[wəːrθ]

형 ~의 가치가 있는 명 가치
유 value 명 가치
숙어 be worth -ing ~할 가치가 있다

Those books are **worth** keeping. 기출
그 책들은 소장할 **가치가 있다**.

0333 **expensive**
[ikspénsiv]

형 비싼, 돈이 많이 드는
반 cheap 형 (값이) 싼 / inexpensive 형 비싸지 않은

This coat seems so **expensive**. 기출
이 코트는 아주 **비싸** 보인다.

0334 **charge**
[tʃɑːrdʒ]

동 청구하다; 충전하다 명 요금; 책임
숙어 be in charge of ~을 맡고[책임지고] 있다

How much do you **charge** for the service?
서비스 **요금**은 얼마입니까?

0335 **spend**
[spend]
(－spent－spent)

동 (돈을) 쓰다; (시간을) 보내다
반 save 동 저축하다

More money should be **spent** on education.
더 많은 돈이 교육에 **쓰여야** 한다.

I want to **spend** my vacation at my parents' house.
나는 휴가를 부모님 댁에서 **보내고** 싶다. 기출

0336 **afford**
[əfɔ́ːrd]

동 ~을 살 돈이 있다, ~할 여유가 있다
숙어 afford to *do* ~할 여유가 있다

I cannot **afford** to buy it. 교과서
나는 그것을 살 **여유가** 없다.

0337 **discount**
[dískaunt]

명 할인 동 할인하다
숙어 at a discount 할인하여

You can get a 10% **discount** from the total. 기출
전체 금액에서 10% **할인**을 받으실 수 있어요.

0338 **coupon**
[kjúːpɑn]

명 쿠폰, 할인권

Can I use this discount **coupon**? 기출
이 할인 **쿠폰**을 쓸 수 있나요?

0339 wrap
[ræp]

동 싸다, 포장하다; 두르다　명 랩

숙어 **wrap up** 마무리 짓다, 끝마치다

We agreed not to **wrap** our gifts.　교과서
우리는 선물을 **포장하지** 않는 것에 동의했다.

0340 claim
[kleim]

동 요구하다, 권리를 주장하다　명 요구, 배상 청구(액)

유 demand　동 요구하다　명 요구, 청구

I went to the service center to fill out a **claim** form.
나는 서비스 센터로 가서 **배상 청구서**를 작성했다.　기출

0341 guarantee
[gæ̀rəntíː]

동 보장하다, (제품을) 보증하다　명 보증, 보장

유 assure　동 보장하다

All of our products are fully **guaranteed**.
저희의 모든 제품들은 완전히 (품질) 보증이 됩니다.

0342 exchange
[ikstʃéindʒ]

동 교환하다　명 교환; 환전; 대화

유 trade　동 교환하다

Can I **exchange** this jacket for a bigger one?
이 재킷을 더 큰 걸로 **교환할** 수 있을까요?

0343 refund
명: [ríːfʌnd]
동: [rifʌ́nd]

명 환불　동 환불하다

참고 fund　명 자금

I'd like to get a **refund** on this skirt.
이 스커트를 **환불** 받고 싶은데요.

0344 receipt
[risíːt]
🔊 발음 주의!

명 영수증; 받기, 수령

파 receive　동 받다, 수령하다

Can I have the **receipt**, please?
영수증 좀 주시겠어요?

중학교 **필수 어휘**

0345 means
[miːnz]

명 수단, 방법

숙어 **by no means** 결코 ~이 아닌

E-mail is an effective **means** of communication.
이메일은 효과적인 의사소통 **수단**이다.

0346 **proceed**
[prəsíːd]

동 진행하다, 계속하다; 나아가다

참고 접두사 pro-에는 '앞으로'의 의미가 있어요.

proceed to the next stage
다음 단계로 **진행하다**

0347 **select**
[silékt]

동 고르다, 선택하다

파 selection 명 선택

유 choose 동 고르다, 선택하다

You can **select** only one salad on the menu.
메뉴에서 샐러드를 하나만 **고르실** 수 있습니다.

0348 **obey**
[oubéi]

동 복종하다, 따르다

반 disobey 동 불복종하다

Students are expected to **obey** the school rules.
학생들은 학교 규칙을 **따를** 것으로 기대된다.

0349 **behalf**
[bihǽf]

명 이익; 원조, 편들기, 지지

참고 on behalf of의 형태로 '~을 대표해서, ~을 위해서'라는 의미로 자주 쓰여요.

On **behalf** of our school, I would like to thank you.
우리 학교를 **대표하여** 여러분께 감사를 드립니다.

0350 **cottage**
[kátidʒ]

명 오두막집, 작은 집

유 hut 명 오두막

We're staying in a **cottage** in the forest.
우리는 숲 속의 **오두막집**에 머물고 있다.

0351 **unlike**
[ʌnláik]

전 ~와는 다르게

unlike what we generally believe 기출
우리가 일반적으로 믿는 것과 **달리**

더 알아두기* 부정·반대의 의미를 가진 접두사 un-

• able 형 할 수 있는 ↔ unable 형 할 수 없는
• lock 동 잠그다 ↔ unlock 동 자물쇠를 열다

-s가 붙으면 뜻이 달라지는 낱말

영어에는 -s를 붙여 복수형이 되면 의미가 달라지는 낱말들이 있어요. 한 가지 뜻만 알고 있으면 문장의 의미를 제대로 이해하지 못할 수 있으므로 해당 어휘가 어떤 품사, 어떤 의미로 쓰였는지 문맥을 통해 잘 파악해야 해요.

good
명 선(善) 형 좋은

goods 명 상품
Good advertising will sell these **goods** quickly.
광고를 잘 하면 이 상품들이 빨리 팔릴 거야.

arm
명 팔

arms 명 무기
a nuclear **arms** race
핵무기[핵무장] 경쟁

custom
명 관습

customs 명 세관, 관세
go through passport control and **customs**
여권 검색대와 세관을 통과하다

mean
동 의미하다

means 명 수단, 방법
We need to find some other **means** of transportation.
우린 다른 교통수단을 찾아야 해.

proceed
동 나아가다, 진행하다

proceeds 명 돈, 수익금
All **proceeds** will be donated to charity.
모든 수익금은 자선단체에 기부될 것입니다.

Today's quiz

빈칸에 알맞은 말을 넣어 보세요.

The best ___________ of destroying an enemy is to make him your friend.
기출
적을 멸망시키는 최선의 방법은 그를 친구로 만드는 것이다.

Answers means

A 영어는 우리말로, 우리말은 영어로 옮겨 쓰세요.

01	wrap	__________	08 영수증; 수령	__________
02	client	__________	09 보장하다; 보증	__________
03	select	__________	10 복종하다, 따르다	__________
04	claim	__________	11 교환; 환전	__________
05	quality	__________	12 오두막집	__________
06	behalf	__________	13 꼬리표, 태그	__________
07	tax	__________	14 할인; 할인하다	__________

B 빈칸에 알맞은 단어를 넣어보세요.

01 ask for a(n) __________ 환불을 요청하다

02 no additional __________ 추가 비용 없음

03 It is too __________. 그건 너무 비싸네요.

04 I can't __________ a new smartphone. 나는 새 스마트폰을 살 돈이 없다.

05 The company needs a new __________.
그 회사는 새 판매원을 필요로 한다.

06 __________ Henry, Helen was loud and energetic.
Henry와는 달리 Helen은 시끄럽고 활력이 넘쳤다.

C 빈칸에 알맞은 단어를 넣어 문장을 완성하세요.

01 Can I use this 5 dollar discount ______________? 기출
이 5달러 할인 쿠폰을 사용할 수 있나요?

02 This old coin is only ______________ 100 dollars.
이 오래된 동전은 단지 100달러의 가치가 있다.

03 We bought things at the flea market at low ______________. 교과서
우리는 벼룩시장에서 저렴한 가격으로 물건들을 샀다.

04 The passengers for New York should ______________ to gate 12.
뉴욕으로 가시는 승객 분들은 12번 게이트로 가세요.

D 오늘의 테마 빈칸에 알맞은 말을 보기에서 찾아 쓰세요.

보기	means	proceeds	customs	arms	goods

01 The soldiers are taking up ______________ to defend the city.
군인들이 도시를 방어하기 위해 무기를 들고 있다.

02 We went through ______________ without any difficulty.
우리는 별다른 어려움 없이 세관을 통과했다.

03 Here in America, in most states, people pay a tax when they buy
______________. 교과서
이곳 미국에서는 대부분의 주에서 사람들이 물건을 구입할 때 세금을 낸다.

04 Humans have used camels as a(n) ______________ of transport for
thousands of years. 인간은 수천 년 동안 낙타를 교통수단으로 사용해왔다.

DAY 14
시간, 순서

오늘은 시간과 순서를 나타내는 어휘들과 '가다'의 의미를 갖고 있는 어원 it에 대해 배웁니다.
오늘 암기할 다음 어휘들을 보고 이미 알고 있는 어휘인지 확인해 보세요.

Word Preview

0352	await	○ ×	0366	initial	○ ×
0353	haste	○ ×	0367	interval	○ ×
0354	quarter	○ ×	0368	meantime	○ ×
0355	till	○ ×	0369	nowadays	○ ×
0356	within	○ ×	0370	dawn	○ ×
0357	coincide	○ ×	0371	whether	○ ×
0358	urgent	○ ×	0372	enclose	○ ×
0359	immediate	○ ×	0373	indeed	○ ×
0360	gradual	○ ×	0374	endure	○ ×
0361	permanent	○ ×	0375	fierce	○ ×
0362	era	○ ×	0376	likewise	○ ×
0363	session	○ ×	0377	conceal	○ ×
0364	decade	○ ×	0378	boom	○ ×
0365	due	○ ×			

아는 어휘 _____ 개 / 27

0352 await
[əwéit]

동 기다리다

유 wait for ~을 기다리다

참고 wait는 자동사로 wait for의 형태로 쓰고, await는 타동사로 바로 목적어를 취하는데, 사람보다는 '대상'을 기다릴 때 써요.

He is **awaiting** his punishment.
그는 자신의 처벌을 **기다리고** 있다.

0353 haste
[heist]

명 서두름, 급함

파 hasty 형 서두르는

Haste makes waste.
서두르는 것이 일을 망친다.(급할수록 돌아가라.)

0354 quarter
[kwɔ́:rtər]

명 4분의 1; 15분; 25센트; 쿼터

A **quarter** means one fourth.
1쿼터는 4분의 1을 의미한다.

a **quarter** of an hour 15분

더 알아두기 * quarter의 다른 의미: 1분기(12개월 중의 3개월)
• in the first **quarter** of 2022 2022년의 1분기 때

0355 till
[til]

전 ~까지 접 ~할 때까지(= until)

I have to work **till** eight tonight.
나는 오늘 밤 8시**까지** 일을 해야 한다.

0356 within
[wiðín]

전 (특정 기간) ~ 안에, ~ 이내에

within one week of purchase 기출
구매 후 일주일 **이내에**

0357 coincide
[kòuinsáid]

동 동시에 일어나다, 일치하다

파 coincidence 명 우연의 일치, 동시 발생

If our schedules **coincide**, we'll go to Korea together.
우리의 일정이 **일치하면**, 우리는 한국에 같이 갈 것이다.

0358 urgent
[ə́:rdʒənt]

형 긴급한, 절박한

파 urgently 뷔 긴급하게

I have an **urgent** message for you.
네게 전할 **긴급한** 메시지가 있어.

0359 **immediate**
[imíːdiət]

형 즉각의, 즉시의; 당면한

파 immediately 부 즉시

He wants an **immediate** reply.
그는 **즉각적인** 답변을 원한다.

0360 **gradual**
[grǽdʒuəl]

형 점진적인, 점차적인

파 gradually 부 점차, 서서히

There has been a **gradual** improvement in your English skills.
너의 영어 실력에 **점진적** 향상이 있었다.

0361 **permanent**
[pə́ːrmənənt]

형 영구적인, 영속적인

파 permanently 부 영구적으로
반 temporary 형 일시적인, 임시의

Are you looking for a temporary or **permanent** job?
임시직을 찾습니까, 아니면 **정규직**을 찾습니까?

0362 **era**
[íərə]

명 (역사상의) 시대, 대(代)

유 age 명 시대, 시기

We live in an **era** of globalization.
우리는 세계화 **시대**에 살고 있다.

0363 **session**
[séʃən]

명 기간, 시간

유 period 명 기간, 시기

There will be a question-and-answer **session**.
질의응답 **시간**이 있을 것이다.

0364 **decade**
[dékeid]

명 10년(간)

Prices have risen steadily during the past **decade**.
지난 **10년간** 물가가 꾸준히 올랐다.

0365 **due**
[djuː]

형 ~하기로 되어 있는; 만기의; ~로 인한

숙어 be due to *do* ~하기로 되어 있다
　　due to + 명사(구): ~로 인해[때문에]

The homework is **due** today, isn't it? 기출
숙제가 오늘**까지**야, 그렇지 않니?
The building collapsed **due** to the earthquake.
그 건물은 지진 **때문에** 무너졌다.

0366 initial
[iníʃəl]

형 처음의, 초기의　명 이름의 첫 글자

파 initially 부 처음에
initiate 통 시작하다, 착수하다
반 final 형 마지막의

The disease is in the **initial** stage.
그 병은 **초기** 단계이다.

0367 interval
[íntərvəl]

명 (시간·공간적) 간격, 사이

The class bell rings at 45-minute **intervals**.
수업 종은 45분 **간격**으로 울린다.

더 알아두기* '~ 사이에'라는 의미가 있는 접두사 inter-
- intermediate 형 중간의, 중급의
- interrupt 통 방해하다　　· interaction 명 상호 작용

0368 meantime
[míːntàim]

명 그 사이, 그동안　부 그동안에

유 meanwhile 부 그동안에
숙어 in the meantime 그동안에, 그 사이에

In the **meantime**, lunch will be served in your classrooms. 기출
그동안에는, 점심이 여러분의 교실로 제공될 것입니다.

0369 nowadays
[náuədèiz]

부 요즘에　명 오늘날, 요즘

유 these days 요즘에

People are taller **nowadays**.
요즘에는 사람들이 키가 더 크다.

0370 dawn
[dɔːn]

명 새벽　통 날이 새다

유 daybreak 명 새벽, 동틀 녘

The milkman delivers our milk before **dawn**.
우유 배달원은 **새벽**이 되기 전에 우리 우유를 배달해준다.

중학교 필수 어휘 

0371 whether
[hwéðər]

접 ~인지 어떤지, ~이든 아니든

whether they want to eat or not 기출
그들이 먹고 싶어 하는지 아닌지

0372 **enclose**
[inklóuz]

동 둘러싸다; 동봉하다

유 surround 동 둘러싸다

The prison is **enclosed** by a high wall.
교도소는 높은 담으로 **둘러싸여** 있다.

0373 **indeed**
[indí:d]

부 정말로; 사실은, 실제로

A friend in need is a friend **indeed**.
어려울 때의 친구가 **진짜** 친구이다.

0374 **endure**
[indjúər]

동 참다, 견디다, 인내하다

파 endurance 명 인내, 견딤
유 stand, bear 동 참다, 견디다

I can't **endure** this noise any longer.
나는 더 이상 이 소음을 **참을** 수 없다.

0375 **fierce**
[fiərs]

형 사나운, 격렬한

파 fiercely 부 사납게, 격렬하게

Pit bulls can be **fierce** and dangerous animals.
핏불테리어는 **사납고** 위험한 동물들일 수 있다.

0376 **likewise**
[láikwàiz]

부 마찬가지로, 똑같이

I expected my friends to do **likewise** in that situation.
나는 내 친구들이 그 상황에서 **마찬가지로** (그렇게) 할 것으로 기대했다.

0377 **conceal**
[kənsí:l]

동 감추다, 숨기다

반 reveal 동 드러내다, 밝히다

He was trying hard to **conceal** his anger.
그는 분노를 **감추려고** 애쓰고 있었다.

암기 Tips 화장품 중에 '컨실러(concealer)'를 아나요? 바로 얼굴의 점이나 잡티 등을 '감춰주는' 화장품이랍니다.

0378 **boom**
[bu:m]

명 쿵(하고 울리는 소리); 대유행, 붐, 호황

a loud thunderous **boom**
천둥 같은 큰 소리

Tax cuts sometimes lead to economic **boom**.
세제 감면은 이따금 경제 **호황**으로 이어진다.

함께 외우면 좋은 어원 영단어

어근 it에는 '가다(go)'라는 뜻이 있어서 시작이나 이동을 나타내는 단어에서 많이 보여요. 어떤 단어가 it이라는 어근을 포함하고 있는지 한 번 확인해 볼까요?

it = 가다(go)

exit
ex(= out) + it → 밖으로 나가는 곳
몡 출구, 비상구
There was a fire **exit** on the first floor.
1층에 화재용 출구[비상구]가 있었다.

visit
vis(= see) + it → 보러 가다
동 방문하다
visit relatives in Seoul
서울에 사는 친척을 방문하다

initial
in(= into) + it + ial(형용사형 접미사)
→ 안으로 들어가는
형 처음의
Her **initial** reaction was to accept the offer.
그녀의 첫 반응은 그 제안을 수락하는 것이었다.

initiate
in(= into) + it + iate(동사형 접미사)
→ 안으로 들어가다
동 착수하다, 시작하다
The government will **initiate** a program of educational reform.
정부는 교육 개혁 프로그램에 착수할 것이다.

ambition
amb(= around) + it + ion(명사형 접미사)
→ 돌아다니려고 하는 것
몡 야망
His **ambition** was to become a star player.
그의 야망은 유명 선수가 되는 것이었다.

Today's word

exit [égzit] 비상구

비상구 유도등은 비상구 표시가 식별이 힘들어 큰 사고로 이어졌던 일본의 오사카 센니치 백화점 화재사건 이후에 픽토그램(Pictogram, 누가 보더라도 이해할 수 있는 그림으로 된 언어 체계)으로 만들어졌다고 해요.

A 영어는 우리말로, 우리말은 영어로 옮겨 쓰세요.

01 immediate ________________   08 긴급한, 절박한 ________________

02 era ________________   09 간격, 사이 ________________

03 enclose ________________   10 ~하기로 되어 있는 ________________

04 fierce ________________   11 새벽 ________________

05 gradual ________________   12 정말로; 사실은 ________________

06 within ________________   13 기간, 시간 ________________

07 endure ________________   14 영구적인, 영속적인 ________________

B 빈칸에 알맞은 단어를 넣어보세요.

01 a few ________________ ago 수십 년 전에

02 ________________ makes waste. 서두르는 것이 일을 망친다.

03 a(n) ________________ of an hour 15분

04 The thief ________________ his crime. 그 도둑은 범죄를 숨겼다.

05 They are ________________ their daughter's baby.
그들은 딸의 출산을 기다리고 있다.

06 I don't know ________________ that's true or false.
나는 그것이 진짜인지 거짓인지 모른다.

C 빈칸에 알맞은 단어를 넣어 문장을 완성하세요.

01 Please call a taxi, and in the ______________ I'll get dressed.
택시를 불러 주세요, 그 사이에 저는 옷을 입을게요.

02 Males stay with the group ______________ they become adults. 기출
수컷들은 어른이 될 때까지 그 무리들과 함께 지낸다.

03 Have you heard of the baby ______________ after World War II?
2차 세계 대전 후의 베이비붐에 대해 들어본 적이 있니?

04 My soccer game ______________ with my sister's volleyball game.
내 축구 경기(시간)와 내 여동생의 배구 경기가 겹쳤다.

05 ______________, the map must remove details that would be confusing. 기출 마찬가지로 지도는 혼란스럽게 할 세부 사항을 제거해야 한다.

D 오늘의 테마 영영사전 풀이에 해당하는 단어를 보기에서 찾아 쓰세요.

보기	initiate	ambition	visit	exit	initial

01 ______________ : to go to someone's home and spend time with them

02 ______________ : a strong desire to achieve something in your life

03 ______________ : the gate that you use to leave a public place

04 ______________ : first, or happening at the beginning

05 ______________ : to make something begin

DAY 15
수, 양(1)

오늘은 수와 양을 나타내는 어휘들과 이 어휘들에 관련된 유의어와 반의어들에 대해 배웁니다. 오늘 암기할 다음 어휘들을 보고 이미 알고 있는 어휘인지 확인해 보세요.

Word Preview

0379 slight	0393 million	
0380 rise	0394 billion	
0381 volume	0395 average	
0382 plenty	0396 excess	
0383 abundant	0397 context	
0384 sufficient	0398 supply	
0385 dense	0399 income	
0386 adequate	0400 overlap	
0387 vast	0401 require	
0388 altogether	0402 predict	
0389 approximate	0403 privacy	
0390 half	0404 mammal	
0391 decline	0405 creature	
0392 diminish		

아는 어휘 _____ 개 / 27

0379 slight
[slait]

형 약간의, 미미한, 가벼운

파 slightly 부 약간, 조금

I have a **slight** headache.
나는 **가벼운** 두통이 있어.

0380 rise
[raiz]
(– rose – risen)

동 오르다; 증가하다　명 증가, 상승

유 go up 오르다 / increase 동 증가하다 명 증가
반 fall 동 떨어지다, 줄다 명 낙하; 감소

The price of gas **rose**.
기름값이 **올랐다**.

0381 volume
[vάljuːm]

명 부피, 양; 음량; (책의) 권

유 amount 명 양

the **volume** of this box 이 상자의 **부피**
a huge **volume** of oxygen 교과서　많은 **양**의 산소
turn the **volume** up[down] **음량**을 키우다[줄이다]

0382 plenty
[plénti]

명 많은 양[수]　부 많이, 풍부하게

파 plentiful 형 풍부한, 많은
숙어 plenty of 많은 ~(셀 수 있는 명사와 셀 수 없는 명사에 모두
　　쓸 수 있어요.)

They've always had **plenty** of money.
그들은 항상 **많은** 돈을 갖고 있었다.

0383 abundant
[əbʌ́ndənt]

형 풍부한

파 abundance 명 풍부(함)
　abundantly 부 풍부하게, 많이
유 plentiful 형 풍부한, 많은

They have **abundant** natural gas resources.
그들은 **풍부한** 천연가스 자원을 갖고 있다.

0384 sufficient
[səfíʃənt]

형 충분한

파 sufficiently 부 충분히
반 insufficient 형 불충분한

We can generate a **sufficient** amount of electricity.
우리는 **충분한** 양의 전기를 생산할 수 있다.

0385 **dense**
[dens]

[형] 빽빽한, 조밀한, 밀집한

[파] density [명] 밀도

[참고] population density 인구 밀도

The fog is **dense**, so drive carefully.
안개가 **자욱하니** 조심히 운전해.

0386 **adequate**
[ǽdəkwit]

[형] 충분한, 적합한

[파] adequately [부] 충분히, 적절히

[반] inadequate [형] 불충분한, 부족한

People will require an **adequate** supply of food.
사람들은 **충분한** 식량 공급을 요구할 것이다.

0387 **vast**
[væst]

[형] 거대한, 방대한, 어마어마한

[유] huge [형] 막대한, 엄청난

A **vast** amount of money was spent on the study.
그 연구에 **거액의** 돈이 쓰였다.

0388 **altogether**
[ɔ́ːltəgéðər]

[부] 완전히, 모두 합해서, 모두

[유] entirely [부] 완전히, 아주

There are 30 students in the classroom **altogether**.
교실에는 **전부** 30명의 학생들이 있다.

0389 **approximate**
형: [əpráksəmit]
동: [əpráksəmèit]

[형] 대략의 [동] 가까워지다

[파] approximately [부] 대략

Select an **approximate** departure time.
대략적인 출발 시간을 선택하세요.
The numbers should **approximate** to zero.
그 수치는 0에 **가까워야** 한다.

0390 **half**
[hæf]

🔊 발음 주의!

[복] halves

[명] (절)반, 2분의 1 [형] 절반의

[참고] half an hour 30분

Cut the boiled egg in **half**. 삶은 달걀을 **반으로** 자르세요.
one and a **half** hours 1시간 **반**[30분]

0391 **decline**
[dikláin]

[명] 감소, 하락 [동] 감소하다; 거절하다

[유] decrease [명] 감소 [동] 감소하다

The economy is in **decline**. 경기가 **하락**하고 있다.
She **declined** my offer. 그녀는 내 제안을 **거절했다**.

0392 **diminish**
[dimíniʃ]

동 감소하다, 줄어들다, 약해지다

반 increase 동 증가하다

The population is expected to **diminish** greatly.
인구가 상당히 **감소할** 것으로 예상된다.

0393 **million**
[míljən]

명 100만 형 100만의

파 millionaire 명 백만장자

The album sold over one **million** copies.
그 앨범은 100만 장 넘게 팔렸다.

0394 **billion**
[bíljən]

명 10억 형 10억의

참고 trillion 명 1조

What would you do with half a **billion** dollars?
5억 달러가 있으면 무엇을 할 건가요?

0395 **average**
[ǽvəridʒ]

명 평균(값) 형 평균의 동 평균을 내다

숙어 on average 평균적으로

No one likes to think they're below **average**.
아무도 자신이 **평균** 이하라고 생각하길 좋아하지 않는다.

0396 **excess**
명: [iksés]
형: [ékses]

명 초과, 과잉 형 여분의, 초과한

파 excessive 형 과도한, 지나친

You can't take **excess** baggage on the plane.
비행기에 **초과** 수하물을 가지고 타실 수 없습니다.

중학교 **필수 어휘** 

0397 **context**
[kántekst]

명 문맥, 맥락, 전후 관계

The **context** helps us guess the meaning of an unfamiliar word.
문맥은 우리가 친숙하지 않은 말의 의미를 추측하도록 돕는다.

0398 **supply**
[səplái]

명 공급(량); 물품 동 공급하다

파 supplier 명 공급자

a constant **supply** of funds 꾸준한 자금 **공급**
The dam **supplies** the city with water and power.
그 댐은 도시에 물과 전기를 **공급한다**.

0399 **income**
[ínkʌm]

명 소득, 수입

유 earnings 명 소득, 수입

Her hobby has become her main source of **income**.
그녀의 취미가 주요 소득원이 되었다.

0400 **overlap**
[òuvərlǽp]

동 ~와 겹치다, 포개지다

참고 over(위에) + lap(겹치게 하다)

The tiles on the roof **overlap** each other by a few centimeters.
지붕의 기와가 몇 센티미터씩 서로 **겹쳐져** 있다.

0401 **require**
[rikwáiər]

동 요구하다, 필요로 하다

파 requirement 명 필요, 요건

유 demand 동 요구하다 / need 동 필요로 하다

Reservations are **required**. 기출
예약을 **하셔야** 합니다.

0402 **predict**
[pridíkt]

동 예측하다, 예언하다

파 prediction 명 예측, 예언, 예보

The tsunami could not be **predicted**.
쓰나미는 **예측할** 수가 없었다.

더 알아두기 * '미리, 앞서'라는 의미의 접두사 pre-
- **prevent** 동 예방하다
- **prepare** 동 준비하다
- **previous** 형 이전의, 먼저의
- **preview** 명 시사회, 예고편

0403 **privacy**
[práivəsi]

명 사생활, 프라이버시

파 private 형 사적인, 개인의(↔ public 형 공공의)

People will argue for the right to **privacy**.
사람들은 **사생활**에 대한 권리를 주장할 것이다.

0404 **mammal**
[mǽməl]

명 포유동물, 포유류

Most **mammals** have fur or hair. 기출
대부분의 **포유동물**은 털이 있다.

0405 **creature**
[kríːtʃər]

명 생명체, 동물, 생물

Bacteria are very small **creatures**. 교과서
박테리아는 매우 작은 **생명체**이다.

함께 외우면 좋은 유의어와 반의어

유의어와 반의어들을 함께 외우면 효과적이에요. 특히 반의어는 수능이나 학교 시험의 어휘 문제에 자주 나온답니다. 수, 양, 크기와 관련된 유의어와 반의어들은 어떤 단어들이 있는지 살펴봅시다.

plentiful
형 풍부한, 많은

=

abundant
형 풍부한

↔

scarce
형 드문, 부족한

enough
형 충분한

=

sufficient
형 충분한

↔

deficient
형 모자라는, 부족한

=

adequate
형 충분한, 적합한

↔

inadequate
형 부적당한, 부적절한

thick
형 빽빽한, 두꺼운

=

dense
형 빽빽한, 조밀한

↔

sparse
형 성긴, 드문드문한

huge
형 거대한

=

vast
형 거대한, 방대한

↔

tiny
형 작은, 조그마한

=

enormous
형 막대한, 거대한

Today's quiz

네모 안에서 문맥에 알맞은 말을 골라 보세요.

Food was getting abundant / scarce during the drought.

Answers scarce / 가뭄 동안에 식량이 점점 부족해졌다.

A 영어는 우리말로, 우리말은 영어로 옮겨 쓰세요.

01 volume ___________

02 diminish ___________

03 plenty ___________

04 creature ___________

05 predict ___________

06 excess ___________

07 sufficient ___________

08 충분한, 적합한 ___________ e

09 포유동물 ___________

10 100만 ___________

11 모두 합해서 ___________

12 사생활, 프라이버시 ___________

13 문맥, 맥락 ___________

14 평균(값); 평균의 ___________

B 빈칸에 알맞은 단어를 넣어보세요.

01 ___________ the colors 색깔을 겹치다

02 a(n) ___________ increase 약간의 증가

03 Cut the boiled egg in ___________. 삶은 달걀을 반으로 자르세요.

04 Plants ___________ oxygen to us. 식물은 우리에게 산소를 공급한다.

05 The sea level ___________ very high. 교과서 해수면이 매우 높이 상승한다.

06 Saudi Arabia has a ___________ oil resources.
사우디아라비아에는 석유 자원이 풍부하다.

07 All drivers are ___________ to wear seat belts.
모든 운전자는 안전벨트를 착용해야 한다.

C 빈칸에 알맞은 단어를 넣어 문장을 완성하세요.

01 Mongolia is a(n) ＿＿＿＿＿＿ country in northeast Asia. 기출
몽골은 동북아시아에 있는 광대한 나라다.

02 The ＿＿＿＿＿＿ number of visitors was about 20,000.
대략적인 방문객 수는 약 2만 명이었다.

03 The number of people living in Seoul is in ＿＿＿＿＿＿.
서울에 사는 사람들의 수가 감소하고 있다.

04 ＿＿＿＿＿＿ is usually related to the level of education.
수입은 대개 교육 수준과 관련되어 있다.

D 오늘의 테마 밑줄 친 낱말의 반의어를 고르세요.

01 On my way to work, I saw a <u>huge</u> red ball. 교과서
① tiny ② multiple ③ massive ④ plentiful

02 The explorers cut a path through the <u>dense</u> jungle.
① huge ② thick ③ sparse ④ declining

03 The teacher didn't have <u>sufficient</u> time to answer the questions.
① excess ② abundant ③ enough ④ deficient

04 When he finished art school, jobs were <u>scarce</u> and he couldn't find a job. 기출
① vast ② average ③ abundant ④ inadequate

DAY 16
수, 양(2)

오늘은 수와 양을 나타내는 어휘들과 전치사와 결합된 수량 표현들에 대해 배웁니다. 오늘 암기할 다음 어휘들을 보고 이미 알고 있는 어휘인지 확인해 보세요.

Word Preview

0406	quantity	○ ×	0420	multiple	○ ×
0407	division	○ ×	0421	rate	○ ×
0408	dozen	○ ×	0422	contrast	○ ×
0409	calculate	○ ×	0423	defect	○ ×
0410	estimate	○ ×	0424	despite	○ ×
0411	exceed	○ ×	0425	boost	○ ×
0412	further	○ ×	0426	gender	○ ×
0413	less	○ ×	0427	minor	○ ×
0414	gap	○ ×	0428	survey	○ ×
0415	loss	○ ×	0429	classify	○ ×
0416	lower	○ ×	0430	bang	○ ×
0417	majority	○ ×	0431	arrange	○ ×
0418	measure	○ ×	0432	beam	○ ×
0419	random	○ ×			

아는 어휘 _____ 개 / 27

수 / 양을 나타내는 **어휘(2)**

0406 quantity
[kwántəti]

명 양, 수량

유 amount 명 양(= volume)
참고 quality 명 질, 품질

Add the same **quantity** of sugar.
같은 **양**의 설탕을 넣으세요.

0407 division
[divíʒən]

명 분할, 분배; 나눗셈

파 divide 통 나누다

The board will oversee the fair **division** of profits.
위원회는 공정한 수익 **분배**를 감독할 것이다.

0408 dozen
[dʌ́zən]

명 12개, 1다스

숙어 dozens of 수십 개의, 수많은

Give me a **dozen**, please. 12개 주세요.

0409 calculate
[kǽlkjulèit]

통 계산하다, 산정하다

파 calculation 명 계산 / calculator 명 계산기

We have to **calculate** the total cost of the meal.
우리는 총 식사 비용을 **계산해야** 한다.

0410 estimate
동: [éstəmèit]
명: [éstəmit]

통 추정하다, 어림잡다 명 추정(치), 견적

파 estimation 명 판단, 평가

We **estimate** the cost to be about 1,000 dollars.
우리는 비용을 1,000달러 정도로 **추산한다**.

0411 exceed
[iksíːd]

통 초과하다, 넘어서다

파 excess 명 초과(량) 형 초과한, 여분의

Don't **exceed** the speed limit.
속도 제한을 **넘지** 마세요.

0412 further
[fə́ːrðər]

부 〈정도〉 보다 더, 〈거리〉 더 멀리 형 그 이상의, 추가의

유 farther 부 (거리상) 더 멀리

Students are encouraged to read **further**. 기출
학생들은 더 **많이** 읽도록 장려된다.

0413 **less**
[les]
(little – less – least)

[부] 적게 [형] (양이) 더 적은(little의 비교급)

[파] lessen [동] 줄다, 줄이다
[참고] more or less 얼마간, 다소 / no less than ~에 못지 않게

I need to eat **less** meat and more vegetables.
나는 고기는 덜 먹고 채소는 더 먹어야 한다.

0414 **gap**
[gæp]

[명] 틈, 간격, 차이, 격차

[참고] generation gap 세대 차이

Despite the age **gap**, they became good friends.
나이 **차이**에도 불구하고 그들은 좋은 친구가 되었다.

0415 **loss**
[lɔ(:)s]

[명] 상실, (경제적) 손실, 손해

[반] gain [명] 이익, 이득 / profit [명] 이익, 수익

Imagine the **loss** of self-esteem. 기출
자존감 **상실**을 상상해 보라.

> **더 알아두기** * loss의 다른 의미: 죽음, 사망
> • The troops suffered heavy **losses**. 그 군대는 많은 인명 손실을 입었다.

0416 **lower**
[lóuər]

[동] 낮추다 [형] 보다 낮은(low의 비교급)

This helps you **lower** the level of your stress. 기출
이것은 당신의 스트레스 수치를 **낮추도록** 돕는다.

0417 **majority**
[mədʒɔ́(:)rəti]

[명] (대)다수

[파] major [형] 대다수의, 과반수의; 주요한

The **majority** of patients are women.
대다수의 환자가 여자이다.

0418 **measure**
[méʒər]

[동] 측정하다, 재다 [명] 조치, 방책

[파] measurement [명] 측정; 치수

He is **measuring** his height. 그는 키를 **재고** 있다.
Measures are being taken to reduce crime in the city.
도시의 범죄를 줄이기 위한 **조치들**이 취해지고 있다.

0419 **random**
[rǽndəm]

[형] 닥치는 대로의, 무작위의

[파] randomly [부] 무작위로(= at random)

Ten subjects are chosen at **random**.
10개의 주제가 **무작위로** 선택된다.

0420 multiple
[mʌ́ltəpl]

명 다수의, 여럿의; 복합적인

파 multiply 통 크게 증가하다, 곱하다
유 several 형 여러 가지의(= various)

We made **multiple** copies of the report.
우리는 그 보고서를 **여러** 부 복사했다.

더 알아두기* '다수의, 여러'의 뜻을 가진 접두사 multi-
· **multitask** 통 동시에 여러 가지의 일을 처리하다

0421 rate
[reit]

명 속도; 비율 통 평가하다

유 speed 명 속도 / proportion 명 비율

high **rates** of crime 높은 범죄율 / exchange **rates** 환율
Most people **rate** themselves above average. 기출
대부분의 사람들은 자신을 평균 이상으로 **평가한다**.

더 알아두기* **rate**의 다른 의미: 요금
· This room **rate** doesn't include breakfast.
이 객실 요금에는 조식이 포함되어 있지 않다.

중학교 **필수 어휘** 

0422 contrast
[kántræst]

통 대조하다 명 대조, 대비

숙어 by contrast 반면에, 대조적으로
in contrast 반대로, 그에 반해서

These results **contrast** sharply with other tests.
이 결과들은 다른 실험들과는 뚜렷한 **대조를 이룬다**.

0423 defect
[díːfekt]

명 결점, 결함, 장애

유 fault 명 단점, 흠, 결점

She was born with a hearing **defect**.
그녀는 청각 **장애**를 갖고 태어났다.

0424 despite
[dispáit]

전 ~에도 불구하고

유 in spite of ~에도 불구하고

He ran in the race **despite** an injury.
그는 부상에도 **불구하고** 경기에 뛰었다.

0425 **boost**
[buːst]

동 끌어올리다, 증대시키다

The win **boosted** the team's confidence.
그 승리가 팀의 자신감을 끌어올렸다.

0426 **gender**
[dʒéndər]

명 성(性), 성별

참고 female 여성(의) ↔ male 남성(의)

Can **gender** roles be changed?
성 역할이 바뀔 수 있는가?

0427 **minor**
[máinər]

형 사소한, 중요하지 않은 명 부전공; 미성년자

파 minority 명 소수; 소수 민족

There is just a **minor** problem to overcome.
극복해야 할 그저 **사소한** 문제가 있다.

0428 **survey**
명: [sə́ːrvei]
동: [sərvéi]

명 조사 동 조사하다

유 research 명 조사, 연구 동 조사하다, 연구하다

The **survey** was carried out by students.
그 **조사**는 학생들에 의해 실시되었다.

0429 **classify**
[klǽsəfài]

동 분류하다, 구분하다

유 categorize, sort 동 분류하다

We **classify** our books by subject.
우리는 주제에 따라 책을 **분류한다**.

0430 **bang**
[bæŋ]

명 쾅[탕/쿵] 소리 동 쾅 하고 부딪히다

He **banged** his head on the frame of the door.
그는 문틀에 머리를 쾅 부딪혔다.

0431 **arrange**
[əréindʒ]

동 배열하다, 정리하다; 준비하다

파 arrangement 명 배열, 정리; 준비; 합의, 협정

He **arranged** the chairs in a circle.
그는 의자들을 둥글게 **배열했다**.

0432 **beam**
[biːm]

명 광선; 빛, 빔 동 환하게 웃다

green-**beam** laser pointers 기출
초록**빛** 레이저 포인터
He looked at his son and **beamed** proudly.
그는 아들을 보고 자랑스러운 듯이 **웃었다**.

전치사와 결합된 수량 표현

많고 적음을 나타내는 수량 표현은 다양한 전치사와 결합하여 쓰이는데, 이때 전혀 다른 뜻이 되기도 해요. 숙어처럼 쓰이므로 함께 외워봅시다.

in +

- quantity → **in quantity** 대량으로
- volume → **in volume** 대량으로, 다량으로
- excess of → **in excess of** ~을 초과하여

at +

- a loss → **at a loss** 어쩔 줄 모르는
- random → **at random** 무작위로, 임의로

on +

- average → **on average** 대체로, 평균하여

as +

- a whole → **as a whole** 대체적으로, 전체로서

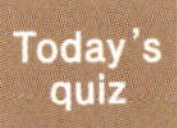

Today's quiz

빈칸에 들어갈 가장 적절한 표현을 위에서 골라 써 보세요.

The winning numbers of the lottery are chosen _______________.

📖 **Answers**　at random / 복권의 당첨 번호는 <u>무작위로</u> 선정된다.

A 영어는 우리말로, 우리말은 영어로 옮겨 쓰세요.

01	estimate	__________	08	대조하다; 대조 __________
02	majority	__________	09	상실, 손실 __________
03	beam	__________	10	틈, 간격 __________
04	defect	__________	11	분류하다, 구분하다 __________
05	exceed	__________	12	성(性), 성별 __________
06	division	__________	13	~에도 불구하고 __________
07	boost	__________	14	계산하다 __________

B 빈칸에 알맞은 단어를 넣어보세요.

01 ______________ a meeting 회의를 준비하다

02 high ____________ of crime 높은 범죄율

03 Are there any ____________ questions? 추가 질문이 더 있나요?

04 A large ____________ of food is on the table.
테이블에 많은 양의 음식이 있다.

05 The following ____________ is about your habits.
다음 조사는 당신의 습관에 관한 것이다.

06 Some smells can ____________ stress levels. 기출
어떤 향들은 스트레스 수치를 낮출 수 있다.

C 빈칸에 알맞은 단어를 넣어 문장을 완성하세요.

01 The hotel offers _______________ choices on its dinner menu.
그 호텔은 저녁 메뉴에 있어 다양한 선택을 제공한다.

02 It was only a(n) _______________ car accident, so nobody got hurt.
그것은 단지 경미한 자동차 사고여서 아무도 다치지 않았다.

03 My mom gave me her recipe for a(n) _______________ cookies. 기출
엄마는 12개의 쿠키를 만들 레시피를 내게 주셨다.

04 The tribe does not have a concept of time that can be _______________ or counted. 기출
그 부족에게는 측정되거나 셀 수 있는 시간이라는 개념이 없다.

D 오늘의 테마 빈칸에 알맞은 말을 보기에서 찾아 쓰세요.

보기	on average	in excess of	in quantity	as a whole

01 It's cheaper to buy goods _______________________.
상품은 다량으로 사는 것이 더 싸다.

02 Annual repairs cost _______________________ $50,000.
연간 수리비가 5만 달러를 초과한다.

03 Language _______________________ is constantly evolving.
언어는 대체적으로 끊임없이 발전하고 있다.

04 The red wolf weighs around 20 kilograms _______________________.
붉은 늑대는 평균적으로 20킬로그램 정도의 무게가 나간다. 기출

오늘은 사물을 표현하고 묘사할 때 쓰이는 어휘들과 '구, 구체'라는 뜻의 어원 sphere와 '돌리다'라는 뜻의 어원 vers에 대해 배웁니다. 오늘 암기할 다음 어휘들을 보고 이미 알고 있는 어휘인지 확인해 보세요.

Word Preview

0433	**purple**	○ ✕	0447	**exotic**	○ ✕
0434	**square**	○ ✕	0448	**empty**	○ ✕
0435	**pentagon**	○ ✕	0449	**particular**	○ ✕
0436	**sphere**	○ ✕	0450	**shallow**	○ ✕
0437	**fragile**	○ ✕	0451	**convenient**	○ ✕
0438	**delicate**	○ ✕	0452	**tone**	○ ✕
0439	**durable**	○ ✕	0453	**bundle**	○ ✕
0440	**spacious**	○ ✕	0454	**smash**	○ ✕
0441	**broad**	○ ✕	0455	**shift**	○ ✕
0442	**narrow**	○ ✕	0456	**vibrate**	○ ✕
0443	**crack**	○ ✕	0457	**illustrate**	○ ✕
0444	**diverse**	○ ✕	0458	**replace**	○ ✕
0445	**elegant**	○ ✕	0459	**identical**	○ ✕
0446	**enormous**	○ ✕			

아는 어휘 ______ 개 / 27

사물을 묘사할 때 쓰는 **어휘**

0433 **purple**
[pə́ːrpl]

혱 **자주색의** 몡 **자주색**

This **purple** T-shirt is my favorite. 교과서
이 **자주색** 티셔츠는 내가 가장 좋아하는 거야.

0434 **square**
[skwεər]

몡 **정사각형; 광장** 혱 **정사각형의**

First, cut the paper into a **square**.
먼저 종이를 **정사각형**으로 잘라라.

암기 Tips square는 '광장'이라는 뜻도 가지고 있어요. Times Square(타임스퀘어)라는 말로 외워볼까요?

0435 **pentagon**
[péntəgàn]

몡 **오각형; 펜타곤(미국 국방부 건물)**

참고 triangle 몡 삼각형
　　 rectangle 몡 직사각형

A **pentagon** has five sides.
오각형은 5개의 면을 가지고 있다.

0436 **sphere**
[sfiər]

몡 **구, 구체; 영역, ~권**

유 globe 몡 지구본, 구, 구체
참고 cube 몡 정육면체

What is the **sphere**-shaped object?
구 모양의 물체는 무엇이니?

0437 **fragile**
[frǽdʒəl]

혱 **깨지기 쉬운, 부서지기 쉬운**

파 fragility 몡 부서지기 쉬움

Glass is a **fragile** material.
유리는 **깨지기 쉬운** 물질이다.

0438 **delicate**
[délikət]

혱 **연약한, 여린, 부서지기 쉬운; 섬세한, 예민한**

유 fragile 혱 부서지기 쉬운 / sensitive 혱 예민한, 민감한

A baby has **delicate** skin.
아기는 **연약한** 피부를 갖고 있다.

0439 **durable**
[djú(ː)ərəbl]

혱 **내구성이 좋은, 질긴**

유 lasting 혱 내구력이 있는, 지속되는

Plastic is more **durable** than wood.
플라스틱은 목재보다 **내구성이 있다.**

0440 **spacious**
[spéiʃəs]

형 널찍한, (공간이) 넓은

파 space 명 공간

Guests are welcomed in a **spacious** lobby.
손님들은 **널찍한** 로비에서 환영받았다.

0441 **broad**
[brɔːd]

형 (폭이) 넓은

유 wide 형 넓은
반 narrow 형 (폭이) 좁은

We walked down a **broad** avenue lined with trees.
우리는 나무가 늘어서 있는 **널따란** 길을 걸었다.

0442 **narrow**
[nǽrou]

형 (폭이) 좁은

반 broad 형 (폭이) 넓은(= wide)

We have to pass through this **narrow** passage.
우리는 이 **좁은** 통로를 통과해야 한다.

0443 **crack**
[krǽk]

명 균열, 틈 동 금이 가게 하다

파 cracked 형 금이 간, 갈라진

I found a **crack** in the wall.
나는 벽에 있는 **균열**을 발견했다.

0444 **diverse**
[daivə́ːrs]

형 다양한, 가지각색의

파 diversity 명 다양(성)
유 various 형 다양한

The media should provide us with **diverse** views.
미디어는 우리에게 **다양한** 의견을 제공해야 한다.

0445 **elegant**
[éləgənt]

형 우아한, 세련된

파 elegantly 부 우아하게
elegance 명 우아, 고상함

The princess was wearing an **elegant** dress.
그 공주는 **우아한** 드레스를 입고 있었다.

0446 **enormous**
[inɔ́ːrməs]

형 거대한, 막대한

유 huge, vast 형 막대한, 거대한, 광대한

An **enormous** tower was built in Seoul.
서울에 **거대한** 타워가 지어졌다.

0447 **exotic**
[igzátik]

- ⟨형⟩ 이국적인, 색다른
- ⟨유⟩ unusual ⟨형⟩ 특이한

You can see **exotic** animals and birds in the zoo.
당신은 그 동물원에서 **이국적인** 동물과 새들을 볼 수 있다.

0448 **empty**
[émpti]

- ⟨형⟩ 비어 있는, 텅 빈; 공허한 ⟨동⟩ 비우다
- ⟨숙어⟩ empty of ~이 없는

The water bottle was **empty**.
물병이 **비어 있었다**.

0449 **particular**
[pərtíkjulər]

- ⟨형⟩ 특정한, 특별한
- ⟨파⟩ particularly ⟨부⟩ 특(별)히(= in particular)

Anything **particular** in mind?
마음에 둔 어떤 **특별한** 것이 있니?

0450 **shallow**
[ʃǽlou]

- ⟨형⟩ 얕은, 얕팍한
- ⟨반⟩ deep ⟨형⟩ 깊은, 심오한

The stream is too **shallow** to swim in.
그 개울은 수영하기에 너무 **얕다**.

0451 **convenient**
[kənvíːnjənt]

- ⟨형⟩ 편리한, 간편한
- ⟨파⟩ convenience ⟨명⟩ 편의, 편리

This machine is simple and **convenient** to use.
이 기계는 단순하고 사용하기 **편리하다**.

중학교 **필수 어휘** 

0452 **tone**
[toun]

- ⟨명⟩ 어조, 말투; 색조
- ⟨유⟩ intonation ⟨명⟩ 억양, 어조

deliver the **tone** of our voice 교과서
우리 목소리의 **어조**를 전달하다

0453 **bundle**
[bʌ́ndl]

- ⟨명⟩ 꾸러미, 묶음
- ⟨유⟩ bunch ⟨명⟩ 다발, 묶음

She tied up the letters in a **bundle**.
그녀는 편지들을 하나의 **꾸러미**로 묶었다.

0454 **smash**
[smæʃ]

图 박살내다, 산산조각 내다, 박살나다

He **smashed** the door with a bat.
그는 야구 방망이로 문을 박살냈다.

0455 **shift**
[ʃift]

图 이동하다; (자세, 태도를) 바꾸다 명 변화, 이동

The river has frequently **shifted** its course. 기출
그 강은 빈번하게 경로를 바꾼다.

> 더 알아두기* **shift**의 다른 의미: 교대 근무, 교대조
> • the night **shift** 야간 근무

0456 **vibrate**
[váibreit]

图 진동하다, 진동시키다

파 vibration 명 진동

Your cell phone has **vibrated** several times.
네 휴대전화가 여러 번 진동했어.

0457 **illustrate**
[íləstrèit]

图 설명하다, 예증하다; (책에) 삽화를 넣다

파 illustrator 명 일러스트레이터, 삽화가

She **illustrated** her lecture with a few examples.
그녀는 몇 개의 예를 들어 자신의 강의를 설명했다.

0458 **replace**
[ripléis]

图 대신[대체]하다, 교체하다

파 replacement 명 교체, 대체
숙어 replace A with B A를 B로 대체하다

I **replaced** the light bulb in the bathroom.
나는 욕실 전구를 교체했다.

0459 **identical**
[aidéntikəl]

형 동일한, 똑같은

참고 identical twins 일란성 쌍둥이

They were wearing **identical** coats.
그들은 똑같은 코트를 입고 있었다.

함께 외우면 좋은 어원 영단어

'구, 구체'라는 뜻의 어원 sphere는 지구나 대기권을 의미하는 단어들에 많이 쓰이고, '돌리다'라는 뜻의 어원 vers는 방향의 전환과 연관된 단어들에 많이 쓰여요. 그럼 어떤 것들이 있는지 한 번 살펴볼까요?

sphere
= 구, 구체, 구역

hemisphere
hemi(= half) + sphere → 반구
몡 (지구의) 반구, (뇌의) 반구
Australia is in the southern **hemisphere**.
호주는 남반구에 위치한다.

atmosphere
atmo(= air) + sphere
→ 공기가 있는 구역
몡 대기; 분위기
The **atmosphere** of Mars cannot support life.
화성의 대기는 생명체를 지탱할 수 없다.

biosphere
bio(= life) + sphere → 생명이 사는 구역
몡 생물권, 생물 생활권
The **biosphere** seems to be recovering.
생물권은 회복되고 있는 것처럼 보인다.

vers
= 돌리다(turn)

diverse
di(= apart) + vers(e)
→ 다른 여러 방향으로 돌아다니는
혱 다양한, 다른
people from **diverse** cultures
다양한 문화권 출신의 사람들

reverse
re(= back) + vers(e) → 뒤로 돌리다
동 뒤집다, 후진하다, 거꾸로 하다
reverse the decision 결정을 뒤집다

adversity
ad(= to) + vers + ity(명사형 접미사)
→ 반대로 돌려서 가는 것
몡 역경, 고난
She showed courage in **adversity**.
그녀는 역경 속에서 용기를 보여 주었다.

A 영어는 우리말로, 우리말은 영어로 옮겨 쓰세요.

01 fragile _____________   08 이국적인, 색다른 _____________

02 crack _____________   09 자주색(의) _____________

03 bundle _____________   10 설명[예증]하다 _____________

04 shift _____________   11 편리한, 간편한 _____________

05 enormous _____________   12 구, 구체 _____________

06 spacious _____________   13 우아한, 세련된 _____________

07 delicate _____________   14 오각형 _____________

B 빈칸에 알맞은 단어를 넣어보세요.

01 a(n) _____________ pond 얕은 연못

02 _____________ the camera batteries 카메라 배터리를 교체하다

03 a(n) _____________ wooden game-board 기출 정사각형의 나무로 된 게임보드

04 I like English in _____________. 나는 특히 영어를 좋아한다.

05 The skin is a(n) _____________ organ. 피부는 연약한 기관이다.

06 Your dictionary is _____________ to mine. 네 사전은 내 것과 똑같다.

07 We ask that you _____________ your lockers. 기출
저희는 여러분에게 사물함을 비워주실 것을 요청드립니다.

C 빈칸에 알맞은 단어를 넣어 문장을 완성하세요.

01 Whenever a bat is struck, it ______________ in response. 교과서
야구 방망이는 때려질 때마다 반응하여 진동한다.

02 Although the fabric is ______________, it will look worn with age.
그 천은 오래가긴 하지만 시간이 지나면서 낡아 보일 것이다.

03 Parts of buildings had fallen and had ______________ several cars. 교과서
건물의 일부분이 떨어져 나가 몇몇 차들을 박살냈다.

04 That bridge is too ______________ for two people to walk side by side. 그 다리는 너무 좁아서 두 사람이 나란히 걸을 수 없다.

D 오늘의 테마 빈칸에 알맞은 단어를 넣어 문장을 완성하세요.

01 The students come from ______________ backgrounds.
학생들은 다양한 배경들을 가진다.

02 When he was faced with ______________, he never gave up.
역경을 마주했을 때, 그는 결코 포기하지 않았다.

03 Penguins live in the coastal regions of the southern ______________.
펭귄은 남반구의 해안 지역에 산다.

04 A few humorous jokes set a relaxed ______________. 기출
몇 가지 웃기는 농담이 편안한 분위기를 조성한다.

PART 3
Leisure & Health

메가스터디
중학 영단어

DAY 18
여행, 여가 생활

오늘은 여행과 여가 생활에 관련된 어휘들과 함께 외우면 도움이 되는 여러 가지 파생어에 대해 배웁니다. 오늘 암기할 다음 어휘들을 보고 이미 알고 있는 어휘인지 확인해 보세요.

	Word Preview		
0460	voyage	0474	sightseeing
0461	cruise	0475	souvenir
0462	confirm	0476	leisure
0463	accommodate	0477	amuse
0464	accompany	0478	photograph
0465	baggage	0479	recreation
0466	cabin	0480	agency
0467	crew	0481	convey
0468	departure	0482	fellow
0469	destination	0483	inform
0470	inn	0484	motivate
0471	reception	0485	steep
0472	scenery	0486	crisis
0473	landscape		

아는 어휘 _____ 개 / 27

0460 **voyage**
[vɔ́iidʒ]

명 (원거리) 항해, 여행, 우주 비행

유 journey 명 여정, 여행
참고 sea voyage 항해

A **voyage** to Mars is not yet possible.
화성으로의 **우주 여행**은 아직 가능하지 않다.

0461 **cruise**
[kruːz]

동 순항하다 명 유람(선); 항해

유 sail 동 항해하다

They were **cruising** along the coast.
그들은 해안을 따라 **순항** 중이었다.

0462 **confirm**
[kənfə́ːrm]

동 확인하다, 입증하다

파 confirmation 명 확인
참고 '따르다, 순응하다'라는 의미의 동사 conform과 구분하여
　　외워두세요.

We would like to **confirm** your hotel booking.
우리는 손님의 호텔 예약을 **확인**하고 싶습니다.

0463 **accommodate**
[əkámədèit]

동 수용하다, ~에게 숙박[공간]을 제공하다

파 accommodation 명 숙박

This hotel can **accommodate** 500 people.
이 호텔은 500명을 **수용**할 수 있다.

0464 **accompany**
[əkʌ́mpəni]

동 동반하다, 동행하다

숙어 be accompanied by[with] ~을 동반[수반]하다

Children under 12 must be **accompanied** by an adult.
12세 미만의 어린이는 어른을 **동반해야** 합니다.

0465 **baggage**
[bǽgidʒ]

명 (여행용) 짐, 수하물

참고 baggage claim 수하물 찾는 곳
주의 영국에서는 luggage라는 단어를 더 많이 쓰며, baggage와
　　luggage 모두 셀 수 없는 명사라는 점에 유의하세요.

His **baggage** was missing. 기출
그의 **짐**이 없어졌다.

0466 cabin
[kǽbin]

(명) (비행기의) 객실, (배의) 선실; 오두막집

(유) hut (명) 오두막

the first class **cabin** 1등석 객실
a **cabin** in the woods 숲속의 오두막집

0467 crew
[kru:]

(명) 승무원 (전원), 선원; 팀, 조

(참고) cabin crew 객실 승무원

Many of the **crew** of the Titanic died in the sinking.
타이태닉호의 많은 **승무원**들이 침몰로 사망했다.

0468 departure
[dipá:rtʃər]

(명) 출발

(파) depart (동) 출발하다
(반) arrival (명) 도착

Flights should be confirmed 48 hours before **departure**.
비행편은 **출발** 48시간 전에 확인하셔야 합니다.

0469 destination
[dèstənéiʃən]

(명) 목적지, 도착지

My **destination** is Haeundae Beach.
나의 **목적지**는 해운대이다.

0470 inn
[in]

(명) 여관

(유) hotel (명) 호텔, 여관

Can you recommend a nice **inn** near here?
여기서 가까운 괜찮은 **여관**을 추천해 주시겠어요?

0471 reception
[risépʃən]

(명) 접수처, 프런트; 환영(회), 축하연

(파) receptionist (명) 접수 담당자
(유) front desk 프런트, 안내 데스크(= reception desk)

Please leave your key at the **reception** desk.
키를 **프런트**에 맡겨 주세요.

0472 scenery
[síːnəri]

(명) 경치, 풍경

(유) view (명) 경치

This area has beautiful mountain **scenery**.
이 지역은 아름다운 산의 **경치**를 갖고 있다.

0473 landscape
[lǽndskèip]

명 풍경, 경치; 풍경화

유 scenery 명 풍경

A **landscape** painting is hanging on the wall.
풍경화가 벽에 걸려 있다.

0474 sightseeing
[sáitsìːiŋ]

명 관광, 유람

유 tour 명 관광
참고 go sightseeing 관광하러 가다

He enjoyed **sightseeing** in Paris.
그는 파리에서의 **관광**을 즐겼다.

0475 souvenir
[sùːvəníər]

명 기념품

참고 souvenir shop 관광 기념품 매장
　　(중·고등 듣기 평가에 자주 나오므로 꼭 암기해 둡시다.)

This cup is a **souvenir** of my trip to New York.
이 컵은 내가 뉴욕 여행에서 사온 **기념품**이야.

0476 leisure
[líːʒər]

명 여가, 자유 시간   형 한가한

유 free 형 자유의, 한가한

I spend my **leisure** time reading books.
나는 독서를 하며 **여가** 시간을 보낸다.

0477 amuse
[əmjúːz]

동 즐겁게 하다

파 amused 형 즐거워하는 / amusing 형 재미있는
　　amusement 명 재미, 즐거움

His funny facial expressions always **amuse** kids.
그의 재미있는 표정은 언제나 아이들을 **즐겁게 한다**.

0478 photograph
[fóutəgræf]

명 사진(= photo)

파 photographer 명 사진사
　　photography 명 사진술

Would you take a **photograph** of us?
저희 **사진**을 좀 찍어주시겠어요?

0479 recreation
[rèkriéiʃən]

명 오락, 레크리에이션, 취미

유 leisure 명 레저, 여가

Families use the space for **recreation**.
가족들은 그 공간을 **오락**용으로 사용한다.

0480 **agency**
[éidʒənsi]

명 대행사, 대리점; (정부의) 기관, 단체

파 agent 명 대리인; (공공 기관의) 직원

참고 travel agency 여행사 / dating agency 결혼 정보 회사

I'll call the travel **agency**.
내가 그 여행사에 전화해 볼게요.

중학교 필수 어휘

0481 **convey**
[kənvéi]

동 전하다, 전달하다; 운반하다

유 communicate 동 전달하다, 전하다

Please **convey** my best wishes to him.
그에게 나의 안부를 **전해** 주세요.

0482 **fellow**
[félou]

명 동료; 사나이; 녀석 형 동료의

참고 fellowship 명 유대감, 동료애

I fought with my **fellow** soldiers.
나는 내 **동료** 병사들과 싸웠다.

0483 **inform**
[infɔ́ːrm]

동 알리다, 통지하다

파 information 명 정보

숙어 inform A of B A에게 B를 알리다

We are sorry to **inform** you that your request is refused.
당신의 요청이 거부되었음을 **알려드리게** 되어 유감입니다.

0484 **motivate**
[móutəvèit]

동 동기를 부여하다

파 motivation 명 동기, 의욕

He is **motivated** by a desire to help people.
그는 사람들을 돕고자 하는 열망에 의해 **동기부여가** 된다.

0485 **steep**
[stiːp]

형 가파른, 비탈진

파 steepen 동 가파르게 하다, 가팔라지다

The stairs are very **steep**. 계단이 무척 **가파르다**.

0486 **crisis**
[kráisis]
복 crises

명 위기, 고비

A virus can trigger a global economic **crisis**.
바이러스가 전 세계적인 경제 **위기를** 일으킬 수 있다.

함께 외우면 좋은 **파생어**

파생어를 함께 외워 두면 한 번에 여러 단어를 외우는 효과가 있어요. 오늘은 우리가 잘 알고 있는 동사 receive, destine, accompany의 파생어를 공부해 봅시다. 뜻이 달라지는 경우도 있으니 유의해야 해요.

receive
명 받다

recep**tion** 몡 접수처, 환영회
the **reception** area 접수 구역

recei**pt** 몡 영수증
credit card **receipts** 신용카드 영수증

destine
몡 예정하다; 운명 짓다

destin**ation** 몡 목적지, 도착지
an ideal travel **destination**
이상적인 여행 목적지

destiny 몡 운명
It was their **destiny** to be together.
함께 하는 것은 그들의 운명이었다.

accompany
몡 동반하다, 동행하다

accompani**ment**
몡 수반되는 것; 반주
a song with guitar **accompaniment**
기타 반주에 맞춰 부르는 노래

accomp**lice**
몡 공범, 공모자
an **accomplice** in the robbery
강도 사건의 공범

Today's quiz

빈칸에 문맥에 알맞은 말을 넣어 보세요.

I'll wait a lifetime because you're my ________.

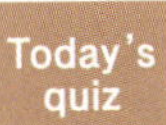 **Answers** destiny / 평생 동안 기다릴 거예요, 당신은 내 운명이니까요.

A 영어는 우리말로, 우리말은 영어로 옮겨 쓰세요.

01 landscape _______________

02 steep _______________

03 cruise _______________

04 recreation _______________

05 amuse _______________

06 leisure _______________

07 sightseeing _______________

08 경치, 풍경 s_______________

09 기념품 _______________

10 동기를 부여하다 _______________

11 위기, 고비 _______________

12 객실, 선실 _______________

13 전하다, 전달하다 _______________

14 수용하다 _______________

B 빈칸에 알맞은 단어를 넣어보세요.

01 _______________ other people 다른 사람들에게 알리다

02 a(n) _______________ from France 프랑스에서 사[가져] 온 기념품

03 the captain and the _______________ 선장과 승무원들

04 I'll call the travel _______________. 내가 그 여행사에 전화해 볼게요.

05 Follow the sign to the _______________ claim.
수하물 찾는 곳으로 가는 표시를 따라가라.

06 Children must be _______________ by their parents. 기출
어린이들은 부모를 동반해야 합니다.

C 빈칸에 알맞은 단어를 넣어 문장을 완성하세요.

01 When you take a(n) ______________ of yourself, it's a selfie. 교과서

당신이 당신 자신의 사진을 찍으면, 그것이 셀피입니다.

02 You should arrive 30 minutes before your ______________ time.

너는 출발 시간 30분 전에 도착해야 해.

03 When your reservation is ______________, we'll send you an e-mail.

귀하의 예약이 확인되면 이메일을 보내드리겠습니다.

04 In 1492, Christopher Columbus made a v______________ across the Atlantic Ocean.

1492년에 크리스토퍼 콜럼버스는 대서양을 가로지르는 항해를 했다.

D 오늘의 테마 괄호 안에 주어진 단어의 형태를 우리말에 맞게 바꿔쓰세요.

01 The ____(receive)____ will be held at a restaurant.

환영회가 식당에서 열릴 예정이다.

02 His parents believed that being a teacher was his ____(destine)____.

그의 부모님은 교사가 되는 것이 그의 운명이라고 믿었다.

03 To get your new toaster, simply bring your ____(receive)____ with you. 기출

새 토스터를 받으려면, 영수증만 챙겨 오시면 됩니다.

04 I got lost and ended up miles away from my intended ____(destine)____.

나는 길을 잃었고, 결국 예정된 목적지에서 몇 마일 떨어진 곳에 도착했다.

DAY 19
일, 행사

오늘은 일과 행사를 표현하는 어휘들과 그 어휘들의 영영풀이를 공부해 봅니다. 오늘 암기할 다음 어휘들을 보고 이미 알고 있는 어휘인지 확인해 보세요.

Word Preview

0487	affair	○ ×		
0488	incident	○ ×		
0489	arise	○ ×		
0490	involve	○ ×		
0491	occasion	○ ×		
0492	celebrate	○ ×		
0493	entertain	○ ×		
0494	feast	○ ×		
0495	clown	○ ×		
0496	informal	○ ×		
0497	annual	○ ×		
0498	applaud	○ ×		
0499	attend	○ ×		
0500	auditorium	○ ×		

0501	presence	○ ×
0502	ceremony	○ ×
0503	detail	○ ×
0504	insert	○ ×
0505	especially	○ ×
0506	merit	○ ×
0507	therefore	○ ×
0508	superior	○ ×
0509	reward	○ ×
0510	policy	○ ×
0511	provide	○ ×
0512	manage	○ ×
0513	instrument	○ ×

아는 어휘 _____ 개 / 27

일 / 행사와 관련된 어휘

0487 **affair**
[əfέər]

명 일, 문제, 사건

유 matter 명 문제, 일, 사건

He has power to control national **affairs**.
그는 국내의 **사안들**을 통제할 권한이 있다.

0488 **incident**
[ínsidənt]

명 일, 사건

유 event 명 사건, 일

Our trip was cancelled because of the tragic **incident**.
그 비극적인 **사건** 때문에 우리 여행은 취소되었다.

0489 **arise**
[əráiz]
(–arose–arisen)

동 생기다, 발생하다, 일어나다

숙어 arise from ~에서 발생하다

Suddenly, a strong wind **arose**.
갑자기 강풍이 **발생했다**.

0490 **involve**
[inválv]

동 수반하다; 관련[참여]시키다

파 involvement 명 관련, 참여

This issue does not **involve** you.
이 사안은 너와 **관련**이 없다.

0491 **occasion**
[əkéiʒən]

명 경우, 때; 행사

파 occasional 형 가끔의, 때때로의
occasionally 부 가끔

What's the **occasion**? 무슨 일이야?

0492 **celebrate**
[séləbrèit]

동 축하하다, 기념하다

파 celebration 명 축하, 기념
참고 anniversary 명 기념일

a party to **celebrate** Mom's birthday
엄마의 생신을 **축하하는** 파티

0493 **entertain**
[èntərtéin]

동 즐겁게 하다; (손님을) 접대하다

파 entertainment 명 오락(물)

The comedian **entertained** everyone in the hall.
그 코미디언은 홀의 모든 사람들을 **즐겁게 했다**.

0494 **feast**
[fiːst]

[명] 향연, 잔치, 연회

[유] festival [명] 축제

The **feast** lasted 3 days. 잔치는 사흘 동안 계속되었다.

0495 **clown**
[klaun]

[명] 어릿광대

[주의] '왕관'이라는 의미의 crown[kraun]과 구분하여 외워두세요.

I dressed like a **clown** with a red nose.
나는 빨간 코의 **어릿광대**처럼 옷을 입었다.

0496 **informal**
[infɔ́ːrməl]

[형] 격식을 차리지 않는, 비공식적인

[반] formal [형] 공식적인

It was an **informal** meeting. 그것은 비공식적인 회의였다.

> [더 알아두기]* 부정·반대의 의미를 가진 접두사 in-
> - **sufficient** [형] 충분한 ↔ **insufficient** [형] 불충분한
> - **adequate** [형] 적당한 ↔ **inadequate** [형] 부적당한
> - **finite** [형] 유한한, 한정된 ↔ **infinite** [형] 무한한

0497 **annual**
[ǽnjuəl]

[형] 매년의, 연 1회의

[파] annually [부] 매년, 1년에 한 번
[유] yearly [형] 해마다 있는, 연례의

The **annual** school festival is held in September.
연례 학교 축제는 9월에 개최된다.

0498 **applaud**
[əplɔ́ːd]

[동] 박수치다, 박수[갈채]를 보내다

[파] applause [명] 박수

We **applaud** him for his hard work.
우리는 그의 노고에 **박수**를 보낸다.

0499 **attend**
[əténd]

[동] 참석하다, 출석하다; 주의를 기울이다

[파] attendance [명] 참석, 출석
   attention [명] 주의, 주목

Only 10 people **attended** the meeting.
10명만이 회의에 **참석**했다.
I **attended** a speech class last semester.
나는 지난 학기에 웅변 수업을 들었다.

> [더 알아두기]* **attend**의 다른 의미: 돌보다, 시중들다
> - The nurse **attends** the patient. 간호사는 환자를 돌본다.

0500 **auditorium**
[ɔ̀ːditɔ́ːriəm]

명 강당, 객석

The musical will be held in the school **auditorium**. 기출
뮤지컬은 학교 **강당**에서 열릴 것이다.

더 알아두기* '듣다'라는 의미가 있는 접두사 audi(o)-
• **audio** 형 녹음의, 음성의　• **audience** 명 청중

0501 **presence**
[prézəns]

명 존재, 있음; 출석

파 present 형 존재하는, 있는; 출석[참석]한

Nobody noticed his **presence** in the room.
아무도 방에서 그의 **존재**를 알아채지 못했다.

0502 **ceremony**
[sérəmòuni]

명 의식, 의례

파 ceremonial 형 의식의, 의식적인

the pictures I took at the entrance **ceremony** 기출
내가 입학식에서 찍은 사진들

0503 **detail**
[díteil]

명 세부사항

숙어 in detail 상세히

You can check the **details**. 기출
세부사항들을 확인해 볼 수 있어요.

중학교 **필수 어휘** 

0504 **insert**
[insə́ːrt]

동 삽입하다, 넣다

He **inserted** the key into the lock.
그는 자물쇠에 열쇠를 **삽입했다**.

0505 **especially**
[ispéʃəli]

부 특히, 특별히

유 particularly 부 특히, 특별히

One thing **especially** bothers me. 기출
한 가지가 **특히** 날 괴롭혀.

0506 **merit**
[mérit]

명 장점, 이점, 가치

유 advantage 명 장점(= strength)

The great **merit** of this model lies in its simplicity.
이 모델의 뛰어난 **장점**은 단순함이다.

0507 **therefore**
[ðɛ́ərfɔ̀ːr]

㊔ 그러므로, 따라서
㊠ thus, so ㊔ 따라서, 그래서

I think, **therefore** I am.
나는 생각한다. 그러므로 나는 존재한다.

0508 **superior**
[sjupíəriər]

㊛ ~보다 뛰어난, 우월한
㊨ inferior ㊛ (~보다) 못한, 열등한

You are **superior** to your classmate.
너는 네 학급 친구보다 뛰어나다.

0509 **reward**
[riwɔ́ːrd]

㊔ 보상, 사례(금) ㊚ 보상하다
㊐ rewarding ㊛ 보람 있는

although **rewards** sound so positive 기출
보상이 매우 긍정적으로 들리겠지만

0510 **policy**
[pɑ́ləsi]

㊔ 정책, 방침

announce a new economic **policy**
새로운 경제 **정책**을 발표하다

0511 **provide**
[prəváid]

㊚ 공급하다, 제공하다
㊐ provision ㊔ 공급, 제공
㊒ provide A with B A에게 B를 제공하다

provide sunlight and heat 기출
햇빛과 열을 공급하다

0512 **manage**
[mǽnidʒ]

㊚ 간신히 해내다; 경영하다, 관리하다
㊐ manager ㊔ 경영자, 지배인, 매니저
㊒ manage to *do* 겨우 ~하다, 어떻게든 ~하다

Finally, I **managed** to light a match. 기출
마침내, 나는 간신히 성냥불을 켰다.

0513 **instrument**
[ínstrəmənt]

㊔ 도구; 악기
㊐ instrumental ㊛ 악기의, 악기에 의한
㊏ musical instrument 악기

learn how to play an **instrument** 교과서
악기를 연주하는 법을 배우다

학교 시험에 나오는 **영영풀이**

오늘 공부한 단어들의 알맞은 영영풀이를 찾아 연결해 보세요.

1 arise
ⓐ the fact of being in a place

2 presence
ⓑ to begin to occur or to exist

3 celebrate
ⓒ a fact or piece of information about something

4 ceremony
ⓓ to do something special for an important occasion

5 detail
ⓔ a formal event that is a part of a social or religious occasion

---

Today's word

exist [igzíst] 존재하다

special [spéʃəl] 특별한

social [sóuʃəl] 사회의, 사회적인

religious [rilídʒəs] 종교의, 종교적인

📋 **Answers** ❶ arise - ⓑ 발생하거나 존재하기 시작하다 ❷ presence - ⓐ 어떤 장소에 있다는 사실 ❸ celebrate - ⓓ 중요한 행사에 대해 특별한 어떤 것을 하다 ❹ ceremony - ⓔ 사회적, 종교적 행사의 일부인 공식적 행사 ❺ detail - ⓒ 어떤 것에 대한 한 가지 사실이나 정보

A 영어는 우리말로, 우리말은 영어로 옮겨 쓰세요.

01	incident	08	참석[출석]하다
02	informal	09	수반하다
03	arise	10	세부사항
04	merit	11	매년의
05	therefore	12	보상, 사례(금)
06	entertain	13	강당, 객석
07	affair	14	경우, 때; 행사

B 빈칸에 알맞은 단어를 넣어보세요.

01 South Korea's foreign ______________ 대한민국의 외교 정책

02 The ______________ lasted 3 days. 잔치는 사흘 동안 계속되었다.

03 Cows ______________ us with milk. 소는 우리에게 우유를 제공한다.

04 Her skills look ______________ to his.
그녀의 기술이 그의 기술보다 뛰어난 것 같다.

05 ______________ coins to play the machine.
기계를 작동하려면 동전을 넣으세요.

06 Do you play any musical ______________?
연주할 줄 아는 악기가 있나요?

C 빈칸에 알맞은 단어를 넣어 문장을 완성하세요.

01 The audience ______________ when the play ended.
청중은 연극이 끝나자 박수를 쳤다.

02 Do you feel ______________ nervous about your test? 교과서
당신의 시험에 대해 특별히 긴장되십니까?

03 Look at this ______________. He's balancing on a big ball. 기출
이 어릿광대 좀 봐. 큰 공 위에서 균형을 잡고 있어.

04 By following the rule, you can ______________ your money better.
규칙을 따름으로써, 너는 네 돈을 더 잘 관리할 수 있다. 교과서

D 오늘의 테마 빈칸에 알맞은 단어를 넣어 문장을 완성하세요.

01 Every culture has its own wedding ______________.
모든 문화는 고유의 결혼식을 갖고 있다.

02 For more ______________ visit the school website.
더 많은 세부사항들을 얻으시려면 학교 웹사이트를 방문하세요.

03 We're having a sale to ______________ our 10th anniversary. 기출
10주년을 기념하기 위해 우리는 할인 판매를 하고 있어요.

04 The test results showed the ______________ of bacteria in the water.
검사 결과 물속에 박테리아가 존재함을 알 수 있었다.

DAY 20
상황 묘사

오늘은 상황들을 묘사할 때 쓰이는 어휘들과 철자가 비슷해 헷갈리기 쉬운 혼동 어휘들에 대해 배웁니다. 오늘 암기할 다음 어휘들을 보고 이미 알고 있는 어휘인지 확인해 보세요.

Word Preview			
0514	super	0528	crucial
0515	wonderful	0529	significant
0516	terrific	0530	strange
0517	ideal	0531	weird
0518	incredible	0532	disappear
0519	typical	0533	squeeze
0520	brief	0534	operate
0521	appropriate	0535	prospect
0522	proper	0536	disadvantage
0523	aspect	0537	swear
0524	comfort	0538	outcome
0525	complex	0539	license
0526	complicated	0540	resist
0527	tense		

아는 어휘 _____ 개 / 27

0514 super
[sjúːpər]

혱 굉장히 멋진, 엄청 좋은; 가장 강력한

That's a **super** idea.
그건 정말 멋진 생각이야.

더 알아두기 * **super**의 다른 의미: 아주, 매우
• It's **super** easy. 교과서 그건 아주 쉬워요.

0515 wonderful
[wʌ́ndərfəl]

혱 훌륭한, 멋진, 아주 좋은

파 wonder 명 경탄, 놀라움

We had a **wonderful** time at the pool.
우리는 풀장에서 **멋진** 시간을 보냈다.

0516 terrific
[tərífik]

혱 아주 멋진, 기막히게 좋은; 무서운

파 terrify 통 무섭게 하다

I found a **terrific** solution to the problem.
난 그 문제에 대한 **아주 멋진** 해결책을 찾았다.

0517 ideal
[aidíːəl]

혱 이상적인, 완벽한 명 이상

파 ideally 부 이상적으로

Hawaii is an **ideal** vacation spot.
하와이는 **이상적인** 휴가지이다.

0518 incredible
[inkrédəbl]

혱 믿어지지 않는, 정말 놀라운

파 incredibly 부 놀랍게도

This is an **incredible** story of survival.
이것은 생존에 관한 **믿어지지 않는** 이야기이다.

0519 typical
[típikəl]

혱 전형석인, 보통의

파 typically 부 보통, 일반적으로

The photos only show a **typical** example.
그 사진들은 **전형적인** 예만을 보여준다.

0520 brief
[briːf]

혱 간단한, 짧은, 간략한

파 briefly 부 간단하게, 짧게

His report was **brief**. 그의 보고서는 **간략했다**.

0521 appropriate
[əpróupriət]

[형] 적절한, 적합한

[반] inappropriate [형] 부적절한
[숙어] be appropriate for ~에 어울리다[적합하다]

Put the most **appropriate** words in the blank.
빈칸에 가장 **적절한** 말을 넣으세요.

0522 proper
[prápər]

[형] 적절한, 알맞은

[파] properly [부] 적절히, 올바르게
[반] improper [형] 부당한, 부적절한

Eat three **proper** meals a day.
하루 세 끼 **적절한** 식사를 하라.

0523 aspect
[æspekt]

[명] 측면, 양상

[유] side [명] 측면, 쪽

What are the positive **aspects** of watching TV?
TV 시청의 긍정적인 **측면**은 무엇인가?

0524 comfort
[kʌ́mfərt]

[명] 안락, 편안함; 위로 [동] 위로하다

[파] comfortable [형] 편안한

for everyone's safety and **comfort** [기출]
모든 이들의 안전과 **편안함**을 위해

0525 complex
[kámpleks]

[형] 복잡한

The human brain is so **complex**.
인간의 뇌는 매우 **복잡하다**.

[더 알아두기]* complex의 다른 의미: 복합 단지
• an apartment **complex** 아파트 단지　　• a sports **complex** 스포츠 복합 건물

0526 complicated
[kámpləkèitid]

[형] 복잡한

[파] complicate [동] 복잡하게 하다
[반] simple [형] 단순한

Don't ask me such **complicated** questions.
나한테 그런 **복잡한** 질문을 하지 마라.

0527 tense
[tens]

[형] 긴장된, 긴장한

[파] tension [명] 긴장(감)

It was a **tense** situation for us. 우리에겐 **긴장된** 상황이었다.

0528 crucial
[krúːʃəl]

형 중대한, 결정적인

파 crucially 부 중대하게, 결정적으로
유 important 형 중요한

That file holds **crucial** information.
그 파일은 매우 **중요한** 정보를 담고 있다.

0529 significant
[signífikənt]

형 중요한, 중대한, 의미 있는

파 significance 명 중요(성)
significantly 부 상당히, 의미 있게

World War II was a **significant** event in human history.
제2차 세계대전은 인류 역사상 **중요한** 사건이었다.

0530 strange
[streindʒ]

형 이상한, 낯선

파 stranger 명 낯선 사람; 이방인
반 familiar 형 익숙한, 낯익은

My car is making a **strange** sound. 기출
내 차에서 **이상한** 소리가 나요.

0531 weird
[wiərd]

형 이상한, 기이한

유 strange, odd 형 이상한, 기묘한

I had a **weird** dream last night.
나는 어젯밤에 **이상한** 꿈을 꾸었다.

0532 disappear
[dìsəpíər]

동 사라지다, 없어지다

반 appear 동 나타나다

My father **disappeared** like magic. 교과서
아버지가 마법처럼 **사라졌다**.

> **더 알아두기** * 부정·반대의 의미를 가진 접두사 **dis-**
> • agree(동의하다) ↔ **disagree**(동의하지 않다)　• advantage(이점) ↔ **disadvantage**(단점)
> • honest(정직한) ↔ **dishonest**(부정직한)　• order(질서, 순서) ↔ **disorder**(무질서, 혼란)

중학교 **필수 어휘** 

0533 squeeze
[skwiːz]

동 쥐어짜다, 꽉 조이다

Squeeze a lemon to get lemon juice.
레몬을 **짜서** 레몬즙을 내라.

0534 **operate**
[ápərèit]

동 작동하다; 운영하다; 수술하다

파 operation 명 작동; 운영; 수술
operator 명 운영자; 작동자

how to **operate** a complex machine 기출
복잡한 기계를 작동시키는 방법

0535 **prospect**
[práspèkt]

명 전망, 가능성, 예상

파 prospective 형 장래의, 유망한

The **prospects** for the immediate future are bright.
아주 가까운 장래에 대한 **전망**이 밝다.

0536 **disadvantage**
[dìsədvǽntidʒ]

명 단점, 불리한 점

파 advantage 명 이점, 유리한 점

disadvantages of traditional teaching methods 기출
전통적인 교수법의 단점들

0537 **swear**
[swɛər]
(– swore – sworn)

동 맹세하다; 욕하다

I **swear** I wasn't there.
맹세하는데 나는 거기에 없었어.
Don't **swear** in front of children.
아이들 앞에서 **욕하지** 마.

0538 **outcome**
[áutkʌm]

명 결과

유 result 명 결과

We cannot predict the **outcomes** of sporting contests.
우리는 스포츠 대회의 **결과**를 예측할 수 없다.

0539 **license**
[láisəns]

명 면허(증), 허가(증)

Can I see your driver's **license**? 기출
당신의 운전 **면허증** 좀 볼 수 있을까요?

0540 **resist**
[rizíst]

동 저항하다, 물리치다; 참다

파 resistant 형 저항[반대]하는
resistance 명 저항, 반항

He tried to **resist** arrest.
그는 체포에 **저항하려** 했다.

오늘의 테마　비슷하게 생겼지만 뜻이 다른 **혼동 어휘**

비슷하게 생긴 것 같은데 의미가 다른 어휘들을 접할 때가 있죠? 헷갈리기 쉬운 이런 혼동 어휘들을 확실하게 외워 둡시다.

terrific
[tərífik]
형 아주 멋진, 훌륭한(= wonderful)
Your test scores were terrific. 네 시험 점수는 훌륭했어.

vs

terrible
[térəbl]
형 끔찍한, 형편없는(= awful)
The coffee was good, but the omelet was terrible.
커피는 맛있었지만, 오믈렛은 형편없었다.

typical
[típikəl]
형 전형적인, 보통의
a typical Chinese restaurant 전형적인 중국 음식점

vs

tropical
[trápikəl]
형 열대의, 열대 지방의
The country has a tropical climate.
그 나라는 열대성 기후를 가지고 있다.

tense
[tens]
형 긴장된, 긴장한
She was very tense as she waited for the exam result.
시험 결과를 기다리면서 그녀는 매우 긴장되었다.

vs

dense
[dens]
형 빽빽한, 밀집한
a path through the dense jungle 빽빽한 정글을 가로지르는 길

proper
[prápər]
형 적절한, 알맞은
Proper nutrition is vital for good health.
적절한 영양 섭취는 양호한 건강 상태를 위해 이주 중요하다.

vs

prosper
[práspər]
동 번영하다, 번창하다
His business will prosper. 그의 사업이 번창할 것이다.

Today's quiz
네모 안에서 문맥에 알맞은 말을 골라 보세요.
The garbage smells really terrible / terrific .

📖 Answers terrible / 쓰레기 냄새가 정말 끔찍하다.

A 영어는 우리말로, 우리말은 영어로 옮겨 쓰세요.

01 appropriate ____________   08 전형적인, 보통의 ____________

02 significant ____________   09 저항하다; 참다 ____________

03 prospect ____________   10 이상적인 ____________

04 complicated ____________   11 중대한, 결정적인 c____________

05 wonderful ____________   12 쥐어짜다 ____________

06 disadvantage ____________   13 사라지다 ____________

07 terrific ____________   14 복잡한 ____________ x

B 빈칸에 알맞은 단어를 넣어보세요.

01 very easy to ____________ 작동시키기가 아주 쉬운

02 His report was ____________. 그의 보고서는 간략했다.

03 You look ____________. Relax! 너 긴장돼 보여. 긴장 풀어!

04 We cannot drive without a(n) ____________.
우리는 면허증 없이 운전할 수 없다.

05 He expected the ____________ to be good.
그는 결과가 좋을 것으로 기대했다.

C 빈칸에 알맞은 단어를 넣어 문장을 완성하세요.

01 All ＿＿＿＿＿＿＿＿ of the issue must be discussed.
그 문제의 모든 측면이 논의되어야 한다.

02 A really w＿＿＿＿＿＿＿ thing happened in my dream.
내 꿈에서 정말 이상한 일이 일어났다.

03 She noticed a s＿＿＿＿＿＿＿ light shining from the kitchen. 기출
그녀는 부엌에서 비치는 이상한 불빛을 알아차렸다.

04 During his short life, he produced many i＿＿＿＿＿＿＿ paintings. 기출
짧은 생애 동안, 그는 많은 정말 놀라운 그림들을 만들어냈다.

05 Clothing doesn't have to be expensive to provide ＿＿＿＿＿＿＿＿
during exercise. 기출
운동하는 동안 편안함을 제공하기 위해 의류가 비쌀 필요는 없다.

D 오늘의 테마 네모 안에서 문맥에 알맞은 말을 고르세요.

01 The park looked terrific / terrible and smelled bad. 교과서

02 That part of the city has a dense / tense population of immigrants.

03 We need to create an atmosphere in which business can proper / prosper .

04 Bananas are tropical / typical fruits, although you can find them all
over the world.

교통, 도로

오늘은 교통과 도로에 관련된 어휘들과 그 중 여러 가지 뜻을 가진 다의어 route, load, transfer에 대해 더 자세히 배워 봅니다. 오늘 암기할 다음 어휘들을 보고 이미 알고 있는 어휘인지 확인해 보세요.

Word Preview

0541	vehicle	○ ×	0555	load	○ ×
0542	automobile	○ ×	0556	transfer	○ ×
0543	route	○ ×	0557	transport	○ ×
0544	avenue	○ ×	0558	anchor	○ ×
0545	pedestrian	○ ×	0559	harbor	○ ×
0546	intersection	○ ×	0560	port	○ ×
0547	lane	○ ×	0561	horrible	○ ×
0548	aircraft	○ ×	0562	visual	○ ×
0549	aboard	○ ×	0563	paragraph	○ ×
0550	via	○ ×	0564	affection	○ ×
0551	passenger	○ ×	0565	deck	○ ×
0552	terminal	○ ×	0566	instance	○ ×
0553	bound	○ ×	0567	otherwise	○ ×
0554	platform	○ ×			

아는 어휘 _____ 개 / 27

0541 vehicle
[víːikl]

명 **차량, 탈것; 수단**

참고 'SUV 차량'이라는 말을 많이 듣죠? 바로 sport utility vehicle(스포츠형 다목적 차량)의 약자랍니다.

He was sitting on a **vehicle.** 기출
그는 **차량**에 앉아 있었다.

Language is the **vehicle** of communication.
언어는 의사소통의 **수단**이다.

0542 automobile
[ɔ̀ːtəməbíːl]

명 **자동차**

참고 auto(자동으로, 스스로) + mobile(움직이는)

Ferraris are expensive **automobiles.**
페라리는 비싼 **자동차**이다.

0543 route
[ruːt]

명 **길, 경로, 노선; 방법**

유 way 명 길, 방법
주의 '뿌리; 근원'을 뜻하는 명사 root[ruːt]와 발음이 같아요.

He found a new **route** to North America.
그는 북아메리카로 가는 새로운 **길**을 발견했다.

0544 avenue
[ǽvənjùː]

명 **(도시의) 거리, ~가(街)**

유 street, way 명 도로, 거리, 길

Let's meet at the hotel on 11th **Avenue.**
11번가에 있는 호텔에서 만납시다.

0545 pedestrian
[pədéstriən]

명 **보행자** 형 **보행자용의**

참고 pedestrian crossing 횡단보도(= crosswalk)

The death rate for **pedestrians** hit by cars is high.
사에 치인 **보행자**들의 사망률이 높다.

0546 intersection
[ìntərsékʃən]

명 **교차로**

파 intersect 통 교차하다, 만나다
참고 접두사 inter-가 '사이에'라는 의미를 가진다는 것 기억하나요? '국제적인, 국가 간의'라는 의미의 international이라는 단어로 다시 한 번 기억하고 넘어갑시다.

Turn right at the next **intersection.**
다음 **교차로**에서 우회전하세요.

0547 **lane**
[lein]

[명] (좁은) 길; 차선; (경기장의) 레인
We walked along a country **lane**.
우리는 시골길을 따라 걸었다.

0548 **aircraft**
[ɛ́ərkræft]
[복] aircraft

[명] 항공기
[참고] aircraft carrier 항공모함 / light aircraft 경비행기
They boarded the **aircraft**.
그들은 항공기에 탑승했다.

0549 **aboard**
[əbɔ́ːrd]

[전] ~에 탑승하여, ~을 타고 [부] 탑승하여, 타서
[참고] go aboard a ship 배에 타다, 승선하다
[주의] '해외로, 해외에'의 의미인 부사 abroad와 철자가 비슷하니 헷갈리지 마세요.
They finally went **aboard** the plane.
그들은 마침내 비행기에 **탑승**했다.

0550 **via**
[váiə]

[전] ~을 거쳐, ~을 경유하여; ~을 통해
[유] through [전] ~을 통해
We fly to London **via** Paris.
우리는 파리를 **거쳐** 런던으로 날아간다.

0551 **passenger**
[pǽsəndʒər]

[명] 승객, 탑승객
Your car has only one **passenger** seat in it.
네 차에는 **승객** 자리가 하나뿐이다.

0552 **terminal**
[tə́ːrmənəl]

[명] 터미널, 종착역 [형] (질병이) 말기의, 불치의
[참고] terminal cancer 말기 암
She waited at the bus **terminal**.
그녀는 버스 **터미널**에서 기다렸다.

0553 **bound**
[baund]

[형] ~행의, ~로 향하는 [동] 튀어 오르다
This bus is **bound** for Seattle.
이 버스는 시애틀 **행**입니다.

[더 알아두기] * **bound**의 다른 의미
① 동사 bind(묶다)의 과거분사형(bind-bound-bound)으로 '묶인, 속박된'의 의미가 있어요.
  • **bound** to *do* ~해야 하는, ~할 의무가 있는
② 명사로서 '경계, 범위'의 뜻도 있어요.
  • within the **bounds** of reason 이성의 범위 내에서

0554 platform
[plǽtfɔ:rm]

명 승강장, 플랫폼

The train will depart from **platform** 3.
기차는 3번 **승강장**에서 출발할 것이다.

더 알아두기 * **platform**의 다른 의미: 연단, 강단
- I slipped as I stepped onto the **platform**. 나는 연단에 올라서다가 미끄러졌다.

0555 load
[loud]

동 (짐을) 싣다 명 짐

반 unload 동 짐을 내리다
참고 overload 동 너무 많이 싣다, 과적하다

He **loaded** boxes onto the truck.
그는 트럭에 상자들을 **실었다**.

0556 transfer
[trǽnsfər]

동 옮기다, 이동하다, 갈아타다 명 환승, 이동

At what station do we **transfer**?
우리 무슨 역에서 **갈아타니**?

더 알아두기 * '다른 쪽으로, 맞은 편으로'의 의미가 있는 접두사 trans-
- **transform** 동 변형하다, 바꾸다   - **transmit** 동 전송하다, 전염시키다   - **translate** 동 번역하다

0557 transport
[trǽnspɔ̀:rt]

동 수송하다, 운송하다

파 transportation 명 수송, 운송
참고 trans(다른 쪽으로) + port(운반하다)

The goods were **transported** overseas.
상품이 해외로 **수송되었다**.

0558 anchor
[ǽŋkər]

명 닻 동 닻으로 고정시키다, 정박하다
참고 뉴스의 '앵커, 사회자'라는 의미도 있어요.

He let down the **anchor** of the ship into the water.
그는 물 속으로 배의 **닻**을 내렸다.

0559 harbor
[hɑ́:rbər]
UK harbour

명 항구

Ships are anchored in the **harbor**.
배들이 **항구**에 정박해 있다.

0560 port
[pɔ:rt]

명 항구

유 harbor 명 항구
참고 leave port 출항하다

The ferry is coming into **port**.
여객선이 입항하고 있다.

0561 **horrible**
[hɔ́:rəbl]

형 끔찍하게 싫은, 섬뜩한

파 horror 명 공포

His singing was **horrible**.
그의 노래는 **끔찍**했다.

0562 **visual**
[víʒuəl]

형 시각의, 시각적인

파 visually 부 시각적으로
visualize 통 눈에 보이게 하다, 시각화하다

Visual aids made the lesson more interesting.
시각 보조 자료들이 그 수업을 더 흥미롭게 만들었다.

0563 **paragraph**
[pǽrəgræf]

명 문단, 단락

참고 passage 명 (책의) 구절

The opening **paragraph** of the essay is important.
에세이의 첫 **문단**은 중요하다.

0564 **affection**
[əfékʃən]

명 애정, 애착

파 affectionate 형 애정 어린

I noticed their display of **affection**.
나는 그들의 **애정** 표현을 알아차렸다.

0565 **deck**
[dek]

명 (배의) 갑판; (버스·배의) 층, 칸

참고 double-decker 2층 버스

She was standing on the **deck** of the ship.
그녀는 배의 **갑판**에 서 있었다.

0566 **instance**
[ínstəns]

명 예, 사례, 경우

숙어 for instance 예를 들어(= for example)

We will do some research in the first **instance**.
우리는 첫 번째 **사례**에서 몇 가지 조사를 할 것이다.

0567 **otherwise**
[ʌ́ðərwàiz]

부 그렇지 않으면; 그 외에는

We have to run. **Otherwise** we'll miss the bus.
뛰어야 해. 그렇지 않으면 우린 버스를 놓칠 거야.

학교 시험에 나오는 **다의어**

route, load, transfer는 교통이나 도로와 관련된 뜻 이외에도 다양한 뜻이 있어요. 세 단어 모두 명사와 동사의 뜻을 가지고 있으니, 아래 예문과 함께 꼭 암기해 두세요.

route

1 명 **길, 경로, 노선**
make up a new **route** 새로운 경로를 만들다

2 명 (일을 달성하는) **방법, 경로**
the **route** to success 성공으로 가는 길[방법]

3 동 (특정 루트를 따라) **보내다**
Satellites **route** data all over the world.
위성은 데이터를 세계 전역으로 보낸다.

load

1 명 **짐, 화물**
donkeys carrying large **loads**
커다란 짐을 나르는 당나귀

2 명 **작업[업무]량**
Teachers' total teaching **loads** have increased these days. 최근 교사들의 전체 업무량이 늘었다.

3 명 **부담, (마음의) 짐**
a heavy **load** to bear 견디기 힘든 큰 부담

4 동 **싣다, 적재하다**
load packages on a truck 짐 꾸러미를 트럭에 싣다

transfer

1 명 **전학(생), 전근(자)**
The school accepts only a few **transfers** each year. 그 학교는 매년 고작 몇 명의 전학생만을 받는다.

2 명 **환승, 갈아타기** 동 **환승하다, 갈아타다**
Getting there means a couple of **transfers** on a bus line. 거기에 가는 것은 몇 번의 버스 노선 환승을 의미한다.

3 동 **전근[전학] 가다**
I asked to **transfer** to the sales department.
나는 영업부로 전근 가기를 요청했다.

A 영어는 우리말로, 우리말은 영어로 옮겨 쓰세요.

01 harbor _______________

02 pedestrian _______________

03 horrible _______________

04 transport _______________

05 otherwise _______________

06 deck _______________

07 visual _______________

08 자동차 a_______________

09 항구 p_______________

10 승강장, 플랫폼 _______________

11 닻; 정박하다 _______________

12 터미널, 종착역 _______________

13 문단, 단락 _______________

14 (좁은) 길; 차선 _______________

B 빈칸에 알맞은 단어를 넣어보세요.

01 Welcome _______________! 탑승을 환영합니다!

02 a boat _______________ for Incheon 인천으로 향하는 배

03 Turn right at the next _______________. 다음 교차로에서 우회전하세요.

04 Reports are coming in _______________ satellite.
위성을 통해 보고가 들어오고 있다.

05 Cars, buses, and trucks are all _______________.
자동차, 버스, 그리고 트럭은 모두 탈것들이다.

06 My mother shows me much _______________.
나의 어머니는 내게 많은 애정을 보여 주신다.

C 빈칸에 알맞은 단어를 넣어 문장을 완성하세요.

01 I saw a car accident on Alington ______________ today. 기출
나는 오늘 Alington 가에서 자동차 사고를 봤다.

02 I've lived in many cities, for ______________, L.A., New York, and Chicago. 나는 여러 도시들, 예를 들어, L.A., 뉴욕, 그리고 시카고에서 살아 보았다.

03 My grandfather flew a(n) ______________ in the U.S. Air Force during World War II. 우리 할아버지는 2차 세계대전 중 미 공군에서 비행기를 조종하셨다.

04 For a comfortable journey for all ______________, please remember the following. 기출 모든 승객들의 편안한 여행을 위해 다음 사항을 기억해 주십시오.

D 오늘의 테마 빈칸에 알맞은 말을 보기에서 찾아 쓰세요. (필요한 경우 어형을 바꿀 것)

보기	route	load	transfer

01 He lifted the ______________ onto his shoulders.
그는 짐을 자신의 어깨 위로 들어 올렸다.

02 He ______________ the luggage into the car and drove off.
그는 짐을 차에 싣고 운전해서 가버렸다.

03 At the museum, we saw old trade ______________ maps. 기출
박물관에서, 우리는 오래된 무역 경로 지도를 보았다.

04 We ______________ to another train, and the ______________ only took a few minutes. 우리는 다른 기차로 갈아탔는데, 환승에 몇 분밖에 걸리지 않았다.

오늘은 방향과 위치를 나타내는 어휘들과 그 중 여러 가지 뜻을 가진 다의어 core, edge, direction에 대해 더 자세히 배워 봅니다. 오늘 암기할 다음 어휘들을 보고 이미 알고 있는 어휘인지 확인해 보세요.

	Word Preview		
0568	direction	0582	forth
0569	position	0583	surround
0570	nearby	0584	millionaire
0571	alongside	0585	revise
0572	remote	0586	stain
0573	apart	0587	regulate
0574	aside	0588	though
0575	beyond	0589	suburb
0576	overhead	0590	superb
0577	beneath	0591	range
0578	core	0592	overall
0579	edge	0593	instinct
0580	internal	0594	fatigue
0581	external		

아는 어휘 _____ 개 / 27

방향 / 위치를 나타내는 어휘

0568 direction
[dirékʃøn]

명 방향; (-s) 지시, 명령

파 direct 통 지시하다; 이끌다; 안내하다; 향하다

숙어 in the direction of ~의 쪽으로

Now, follow the **directions** here. 교과서
이제 여기 있는 **지시**를 따르세요.

0569 position
[pəzíʃøn]

명 위치; 자세; 입장   동 두다, 배치하다

Am I standing in the right **position**?
제가 알맞은 **위치**에 서 있나요?

Hold that **position** for three seconds. 교과서
그 **자세**를 3초간 유지하세요.

0570 nearby
[nìərbái]

형 근처의, 가까이에 있는   부 근처에

참고 '가까이'라는 의미의 부사 near는 시간적, 공간적으로 가깝다고
말할 때 모두 사용되지만, nearby는 물리적 거리가 가까울 때
주로 쓰여요.

The kids were taken to a **nearby** hospital.
아이들은 **가까운** 병원으로 옮겨졌다.

0571 alongside
[əlɔ̀:ŋsáid]

전 ~ 옆에, ~와 나란히   부 옆에, 나란히, 부근에

walk **alongside** the painted wall 교과서
그림이 그려진 벽을 따라 걷다

0572 remote
[rimóut]

형 외딴, 멀리 떨어져 있는; 원격의

유 isolated 형 외딴, 고립된

참고 remote control 리모컨(간혹 remote라고도 씀)

Do you have **remote** controlled airplanes? 기출
원격 조종 (장난감) 비행기 있나요[파시나요]?

0573 apart
[əpá:rt]

부 떨어져서, 따로따로

숙어 apart from ~ 이외에, 별도로(= aside from ~)
　　　tell ~ apart ~을 구별하다
　　　take apart 분해하다

The two towns are two miles **apart**.
그 두 마을은 2마일 **떨어져** 있다.

I took the engine **apart** to see how it worked.
나는 어떻게 작동하는지 보려고 엔진을 **분해했다**.

0574 **aside**
[əsáid]

부 한쪽으로; 별도로

숙어 put aside 치우다, 한쪽에 두다
set aside 별도로 챙겨두다

Put your smartphone **aside**.
네 스마트폰을 **한쪽으로** 치워라.

0575 **beyond**
[bijánd]

전 ~ 너머에; ~을 넘는[넘어서] 부 그 너머에

숙어 beyond control 통제 불능의

From here you can see **beyond** the mountains.
여기에서 너는 산 **너머**를 볼 수 있다.

0576 **overhead**
[òuvərhéd]

부 머리 위로[위에] 형 머리 위의

The sun was shining **overhead**.
태양이 **머리 위에서** 빛나고 있었다.

암기 Tips 말 그대로 over(~을 넘어서)와 head(머리)가 합쳐진 단어예요. 축구에서 '머리 위로' 공을 차는 overhead kick(오버헤드 킥)으로 외워보세요.

0577 **beneath**
[biní:θ]

전 밑에, 아래에

유 underneath 전 ~의 밑에

His feet sank into the snow **beneath** him.
그의 (발) **밑에** 있는 눈 속으로 그의 발이 빠졌다.

0578 **core**
[kɔːr]

명 핵(심), 중심부 형 핵심적인, 중요한

유 center 명 중앙, 중심

Earth's **core** is extremely hot.
지구의 **핵**은 아주 뜨겁다.

0579 **edge**
[edʒ]

명 가장자리, 모서리, 날

the **edge** of a table 테이블 가장자리
That knife has a sharp **edge**. 저 칼은 **날**이 날카롭다.

암기 Tips 삼성의 스마트폰 중에서 화면 '가장자리'를 부드럽게 한 갤럭시 '엣지(edge)'를 떠올려 볼까요?

0580 **internal**
[intə́ːrnəl]

형 내부의, 내적인

유 inner 형 내부의, 안쪽의

The **internal** structure of the earth consists of three main parts, the crust, mantle and core.
지구의 **내부** 구조는 지각, 맨틀, 핵의 세 가지 주요 부분으로 구성된다.

0581 **external** [ikstə́ːrnəl]	혱 외부의, 외적인 뺜 internal 혱 내부의 The **external** walls of the building were painted white. 건물의 **외벽**이 흰색으로 칠해졌다.
0582 **forth** [fɔːrθ]	뷔 앞으로, 밖으로 참고 back and forth 앞뒤로, 왔다갔다 　　　and so forth ~ 등등[따위] The chair rocked back and **forth**. 의자가 **앞뒤로** 흔들렸다.
0583 **surround** [səráund]	동 둘러싸다, 에워싸다 파 surroundings 명 환경 Our school is **surrounded** by a fence. 우리 학교는 담장으로 **둘러싸여** 있다.

중학교 **필수 어휘**

0584 **millionaire** [mìljənɛ́ər]	명 백만장자, 부자 파 million 명 백만 He is a **millionaire** from Texas. 그는 텍사스 출신의 **백만장자**이다.
0585 **revise** [riváiz]	동 수정하다, 개정하다 파 revision 명 수정, 개정 The policy should be **revised**. 그 정책은 **수정되어야** 한다.
0586 **stain** [stein]	명 얼룩 동 얼룩지게 하다 참고 stainless 혱 얼룩지지 않은; 스테인리스의 She was trying to remove a **stain** on her skirt. 그녀는 치마에 있는 **얼룩**을 지우려고 애쓰고 있었다.
0587 **regulate** [régjulèit]	동 규제하다, 통제하다 파 regulation 명 규제, 통제 The rule **regulates** the use of plastic bags. 그 규칙은 비닐 봉지의 사용을 **규제한다**.

0588 **though**
[ðou]

접 ~이지만, ~(임)에도 불구하고
부 〈문장 끝에서〉 그래도, 그러나

유 although 접 ~임에도 불구하고
even though[if] ~에도 불구하고

You still look great, **though.** 기출
그래도 넌 아직도 멋져 보여.

0589 **suburb**
[sʌ́bəːrb]

명 근교, 교외

파 suburban 형 교외의, 변두리의

people who live in the **suburbs** 기출
교외에 사는 사람들

0590 **superb**
[sjuːpə́ːrb]

형 최고의, 매우 훌륭한

유 excellent 형 훌륭한, 우수한

The decision she made was **superb.**
그녀가 내린 결정은 매우 훌륭했다.

0591 **range**
[reindʒ]

명 범위, 폭, 영역 동 (~에서 …까지의) 범위에 이르다

숙어 range from A to B (범위가) A에서 B까지 이르다
a wide range of 광범위한[다양한] ~

to memorize a broad **range** of information 기출
광**범위**한 정보를 암기하다
Dress sizes **range** from small to extra large.
드레스 사이즈 **범위**는 S에서 XL까지**이다.**

0592 **overall**
[òuvərɔ́ːl]

형 전반적인, 종합적인 부 전반적으로

유 in general 일반적으로, 대체로

Overall, I was satisfied with it.
전반적으로 나는 그것에 만족했다.

0593 **instinct**
[ínstiŋkt]

명 본능, 직감

파 instinctive 형 본능적인, 직관의

Trust your **instincts!** 네 **직감**을 믿어라!

0594 **fatigue**
[fətíːg]

명 피로, 피곤 동 피곤하게 하다

유 tiredness 명 피로

He was suffering from **fatigue.**
그는 **피로**에 시달리고 있었다.

학교 시험에 나오는 **다의어**

core, edge, direction과 같은 단어는 방향이나 위치와 관련된 뜻 이외에도 다양한 뜻이 있어요. 아래 예문과 함께 여러 가지 뜻을 꼭 외워 두세요.

core

1 명 **핵심**

the **core** of the argument 그 주장의 핵심

2 명 **(사물의) 중심부**

the **core** of the galaxy 은하의 중심부

3 형 **핵심적인**

The company's **core** business is lending money.
그 회사의 핵심 사업은 대부업이다.

edge

1 명 **가장자리**

We sat at the water's **edge**. 우리는 물가에 앉았다.

2 명 **(칼 등의) 날**

a razor's **edge** 면도날

3 명 **위기**

a species on the **edge** of extinction
멸종 위기에 처한 종

4 명 **우위, 우세**

a military **edge** over the enemy
적에 대한 군사적 우위

direction

1 명 **방향**

The wind changed **direction**. 바람이 방향을 바꿨다.

2 명 **(-s) 지시, 명령**

You have to learn to follow **directions**.
너는 지시를 따르는 법을 배워야 한다.

3 명 **지휘, 통솔**

Twenty employees work under her **direction**.
20명이 직원이 그녀의 지휘 하에서 일한다.

A 영어는 우리말로, 우리말은 영어로 옮겨 쓰세요.

01 aside ___________

02 regulate ___________

03 superb ___________

04 surround ___________

05 fatigue ___________

06 overall ___________

07 alongside ___________

08 근교, 교외 ___________

09 백만장자, 부자 ___________

10 ~ 너머에 ___________

11 머리 위로[위에] ___________

12 ~(임)에도 불구하고 ___________

13 외부의, 외적인 ___________

14 떨어져서, 따로따로 ___________

B 빈칸에 알맞은 단어를 넣어보세요.

01 ___________ she is young 비록 그녀가 어리지만

02 ___________ the big waves 큰 파도 밑으로

03 a natural ___________ for food 먹이에 대한 타고난 본능

04 The chair rocked back and ___________. 의자가 앞뒤로 흔들렸다.

05 May I ask your price ___________? 기출 가격 범위를 여쭤 봐도 될까요?

06 I ___________ my paper before turning it in.
나는 서류를 제출하기 전에 수정했다.

07 The spilled tomato juice ___________ my shirt.
엎질러진 토마토 주스가 내 셔츠를 얼룩지게 했다.

C 빈칸에 알맞은 단어를 넣어 문장을 완성하세요.

01 You can do this exercise in a lying ____________.
이 운동은 누운 자세로 할 수 있다.

02 There is a park ____________, but dogs are not allowed. 기출
근처에 공원이 있지만, 개는 들어갈 수 없습니다.

03 His house is in a(n) ____________ area far from the town.
그의 집은 마을에서 멀리 떨어진 외딴 곳에 있다.

04 He seemed fine, but doctors detected ____________ bleeding.
그는 괜찮아 보였지만 의사들은 내부 출혈을 감지했다.

D 오늘의 테마 밑줄 친 단어의 뜻을 보기에서 찾아 번호를 쓰세요.

보기	core	① 핵심 ② 중심부 ③ 핵심적인
	edge	④ 가장자리 ⑤ (칼 등의) 날 ⑥ 위기 ⑦ 우위, 우세
	direction	⑧ 방향 ⑨ 지시, 명령 ⑩ 지휘, 통솔

01 Lack of money is the <u>core</u> of the problem.

02 The sands go on and on in every <u>direction</u>. 교과서

03 Carefully read the <u>directions</u> before you begin the test.

04 The company still holds an <u>edge</u> over its competitors.

05 Make four holes equal distances apart in the <u>edge</u> of the cloth. 기출

DAY 23
건물, 건축

오늘은 건물 및 건축과 관련된 어휘들과 그 어휘들의 영영풀이를 공부해 봅니다. 오늘 암기할 다음 어휘들을 보고 이미 알고 있는 어휘인지 확인해 보세요.

	Word Preview	

0595	construct	○ ×	0609	steel	○ ×
0596	architect	○ ×	0610	pipe	○ ×
0597	structure	○ ×	0611	wire	○ ×
0598	framework	○ ×	0612	brick	○ ×
0599	entrance	○ ×	0613	widespread	○ ×
0600	lobby	○ ×	0614	found	○ ×
0601	hall	○ ×	0615	impact	○ ×
0602	lounge	○ ×	0616	grant	○ ×
0603	fountain	○ ×	0617	include	○ ×
0604	passage	○ ×	0618	format	○ ×
0605	aisle	○ ×	0619	release	○ ×
0606	ceiling	○ ×	0620	strength	○ ×
0607	column	○ ×	0621	fade	○ ×
0608	garage	○ ×			

아는 어휘 _____ 개 / 27

0595 construct
[kənstrʌ́kt]

동 건설하다; 구성하다

파 construction 명 건설, 건축
constructive 형 건설적인

They **construct** a bridge over the river.
그들은 강 위로 다리를 건설한다.

0596 architect
[ɑ́ːrkitèkt]

명 건축가

파 architecture 명 건축 (양식), 건축학, 건축술

He is a well-known **architect**.
그는 유명한 **건축가**이다.

0597 structure
[strʌ́ktʃər]

명 구조, 구성 동 구조화하다

파 structural 형 구조적인, 구조의
참고 social structure 사회 구조

The **structure** of the building is complex.
건물의 **구조**가 복잡하다.

0598 framework
[fréimwə̀ːrk]

명 뼈대, 토대, 틀

The building has a steel **framework**.
그 건물은 강철 **구조**이다.

0599 entrance
[éntrəns]

명 입구; 입장, 등장

반 exit 명 출구

At the **entrance** of the museum, we saw a statue.
박물관 **입구**에서 우리는 동상을 보았다. 교과서

0600 lobby
[lábi]

명 로비 동 (정치적) 로비를 하다

참고 hotel lobby 호텔 로비

Shall we meet in the **lobby**?
로비에서 만날까요?

0601 hall
[hɔːl]

명 홀, 강당; 현관

참고 hallway 명 복도
city hall 시청

Paintings will be displayed in the main **hall**. 기출
그림들은 주 **강당**에 전시될 것이다.

0602 **lounge**
[laundʒ]

명 휴게실, 라운지

The **lounge** is often crowded. 기출
휴게실은 종종 붐빈다.

0603 **fountain**
[fáuntən]

명 분수(대), 샘; 원천

참고 fountain pen 만년필

Children are playing in front of the **fountain**.
아이들이 분수대 앞에서 놀고 있다.

0604 **passage**
[pǽsidʒ]

명 통로, 복도

The bathroom is at the end of the **passage**.
화장실은 복도 끝에 있다.

더 알아두기 * **passage**의 다른 의미: (글의) 구절, 한 단락
• according to the **passage** above 위의 단락에 따르면

0605 **aisle**
[ail]
🔊 발음 주의!

명 통로, 복도

유 passage 명 통로, 복도
참고 aisle seat 통로 쪽 좌석

Don't run in the **aisles**.
통로에서 뛰지 마라.

0606 **ceiling**
[síːliŋ]

명 천장

반 floor 명 마루, 바닥
참고 glass ceiling 유리 천장(눈에 보이지 않는 장벽)

The rooms have high **ceilings**.
그 방들은 천장이 높다.

0607 **column**
[káləm]

명 기둥; 칼럼; (숫자 등의) 세로 열

참고 newspaper column 신문 칼럼

Those **columns** hold up the building.
그 기둥들이 건물을 지탱한다.

0608 **garage**
[gərάːʒ]

명 차고; 자동차 정비소

참고 북미에서 개인이 자신의 집 차고에서 중고 물품들을 싸게 파는
벼룩 시장을 여는 것을 garage sale(차고 세일)이라고 하며,
yard sale이라고도 해요.

He put the car in the **garage**.
그는 차고에 차를 댔다.

0609 **steel**
[sti:l]

명 강철, 철강

참고 stainless steel 스테인리스, 녹슬지 않는 강철

My father works for a **steel** company.
아버지는 **철강**회사에서 일하신다.

0610 **pipe**
[paip]

명 파이프, 관, 배관

유 tube 명 관, 통

examine the **pipe** and find the leak 기출
파이프를 조사해서 새는 곳을 찾다

0611 **wire**
[waiər]

명 철사; 전선 동 전선을 연결하다

파 wireless 형 무선의

유 cable 명 케이블, 전선

The **wire** fence separates the wild animals from people.
철사로 된 담장은 야생 동물을 사람들과 분리시킨다.

0612 **brick**
[brik]

명 벽돌

My house is built of **brick**.
우리집은 **벽돌**로 지어졌다.

중학교 **필수 어휘**

0613 **widespread**
[wáidsprèd]

형 광범위한, 널리 퍼진

유 broad 형 광범위한

참고 wide는 '널리; 광범위한'의 의미이고, spread는 '퍼지다, 퍼뜨리다'의 의미예요.

The hurricane caused **widespread** damage.
허리케인은 **광범위한** 피해를 야기했다.

0614 **found**
[faund]
(– founded – founded)

동 설립하다, 세우다

파 foundation 명 설립, 기초

유 establish 동 설립하다

주의 '발견하다, 찾다'라는 의미의 동사 find의 변화형(-found-found)과 구분하여 알아두도록 해요.

My school was **founded** in 1980.
우리 학교는 1980년에 **설립되었다**.

0615 **impact**
명: [ímpækt]
동: [impǽkt]

명 **영향; 충격** 동 **큰 영향을 주다**

유 effect 명 영향, 효과

숙어 have an impact on ~에 영향을 주다

impacts of noise on academic achievement 기출
소음이 학업 성취에 미치는 **영향**

0616 **grant**
[grænt]

동 **부여하다; (남의 의견을) 인정하다** 명 **지원금**

숙어 take it for granted (that) 당연히 ~일 거라고 믿다

They were **granted** a 10-day vacation.
그들은 10일 휴가를 **받았다.**

The university gets a government **grant**.
그 대학은 정부 **지원금을** 받는다.

0617 **include**
[inklú:d]

동 **포함하다, 포함시키다**

파 inclusion 명 포함

반 exclude 동 제외[배제]하다

The tour **includes** all meals.
그 여행에는 모든 식사(비용)가 **포함되어 있습니다.**

0618 **format**
[fɔ́:rmæt]

명 **형식, 구성, 포맷**

Documents must be submitted in paper **format**.
서류는 종이 **형식으로** 제출해야 한다.

0619 **release**
[rilí:s]

동 **풀어주다; 개봉[발매]하다** 명 **석방; 공개**

유 free 동 석방하다, 풀어주다

the water **released** from the dam 기출
댐에서 **방류된** 물

When was the song **released**? 기출
그 노래는 언제 **발매되었니?**

0620 **strength**
[streŋkθ]

명 **힘, 강도; 강점, 장점**

파 strong 형 강한, 튼튼한 / strengthen 동 강화하다

반 weakness 명 약점, 약함

I'm trying to build up my physical **strength**.
나는 체력을 기르려고 노력하고 있다.

0621 **fade**
[feid]

동 **희미해지다, 서서히 사라지다, (색이) 바래다**

My red shirt has **faded** a lot since I bought it two years ago.
내 빨간 셔츠는 내가 2년 전에 그것을 산 이후로 많이 **바랬다.**

오늘의 테마   학교 시험에 나오는 **영영풀이**

영영풀이를 보고 오늘 배운 단어와 서로 연결해 보세요. 그리고 사다리타기를 통해 맞게 연결했는지 확인해 보세요.

1. something such as a door that is used for entering a place
2. a long, narrow space that connects one place to another
3. the basic structure that supports something such as a building
4. the inner surface at the top of a room
5. a small, hard block of baked clay used for building walls

- ceiling
- brick
- passage
- framework
- entrance

Today's word		
narrow [nǽrou] 좁은		connect [kənékt] 연결하다
support [səpɔ́ːrt] 지지하다, 지탱하다		surface [sə́ːrfis] 표면

📋 **Answers** ❶ 어떤 곳에 들어가는 데 사용되는 문과 같은 것 - entrance(입구) ❷ 한 곳에서 다른 곳으로 연결되는 길고 좁은 공간 - passage(통로, 복도) ❸ 건물과 같은 어떤 것을 지지하는 기본 구조 - framework(뼈대) ❹ 방의 꼭대기 부분의 안쪽 면 - ceiling(천장) ❺ 벽을 쌓는 데 사용되는 작고 단단한 구운 진흙 덩어리 - brick(벽돌)

A 영어는 우리말로, 우리말은 영어로 옮겨 쓰세요.

01	aisle	____________	08	관, 배관 ____________
02	wire	____________	09	힘, 강도; 강점 ____________
03	grant	____________	10	포함하다 ____________
04	release	____________	11	강철, 철강 ____________
05	construct	____________	12	차고 ____________
06	impact	____________	13	희미해지다 ____________
07	column	____________	14	형식, 구성, 포맷 ____________

B 빈칸에 알맞은 단어를 넣어보세요.

01 ____________ a company 회사를 설립하다

02 the ____________ use of chemicals 화학물질의 광범위한 사용

03 Don't run in the ____________. 강당에서 뛰지 마라.

04 Shall we meet in the ____________? 로비에서 만날까요?

05 Our building has a sky ____________.
우리 건물은 스카이라운지가 있다.

06 Water is spraying out of the ____________.
분수에서 물이 뿜어져 나오고 있다.

C 빈칸에 알맞은 단어를 넣어 문장을 완성하세요.

01 They are studying the brain s______________ of birds.
그들은 새의 뇌 구조를 연구하고 있다.

02 They escaped through a secret underground p______________.
그들은 비밀 지하 통로를 통해 탈출했다.

03 I'm sure you'll become a good ______________ in the future. 기출
난 네가 훗날 훌륭한 건축가가 되리라 확신해.

04 Honey, aren't we supposed to clean our ______________ today? 기출
여보, 우리 오늘 우리 차고를 청소하기로 하지 않았나요?

D 오늘의 테마 빈칸에 알맞은 단어를 넣어 문장을 완성하세요.

01 The sculpture sits on an iron ______________.
그 조각상은 철제 틀 위에 놓여 있다.

02 Jimmy walked to the rear ______________ used for blacks. 기출
Jimmy는 흑인들이 이용하는 뒤쪽 입구로 걸어갔다.

03 Most of the buildings in the town are made of ______________.
그 마을의 대부분의 건물들은 벽돌로 지어져 있다.

04 The ______________ inside Sagrada Familia shone like the night sky with bright stars. 교과서
사그라다 파밀리아 안의 천장은 밝은 별이 있는 밤하늘처럼 빛났다.

DAY 24
움직임, 동작

오늘은 움직임이나 동작을 나타내는 여러 동사들과 비슷한 의미를 가진 것 같지만 뉘앙스가 다른 grab, grip, grasp, hang on에 대해 배워 봅니다. 오늘 암기할 다음 어휘들을 보고 이미 알고 있는 어휘인지 확인해 보세요.

	Word Preview		
0622	motion	0636	crawl
0623	pose	0637	beat
0624	pause	0638	hop
0625	lick	0639	leap
0626	shut	0640	rush
0627	slam	0641	dash
0628	twist	0642	scramble
0629	grab	0643	capable
0630	grip	0644	engage
0631	crush	0645	major
0632	scratch	0646	obstacle
0633	tickle	0647	define
0634	approach	0648	contrary
0635	tremble		

아는 어휘 _______ 개 / 27

움직임 / 동작과 관련된 어휘

0622 motion
[móuʃən]

몡 움직임, 운동, 동작

파 move 통 움직이다
유 movement 명 움직임

Copy the **motions** that I do. 내가 하는 **동작**을 따라해.

0623 pose
[pouz]

통 포즈를 취하다　몡 자세, 포즈

Do not **pose** with or near wild animals. 교과서
야생 동물과 함께 또는 근처에서 **포즈를 취하지** 마세요.

더 알아두기* **pose**의 다른 의미: (문제 등을) 제기[야기]하다
• **pose** a threat to everyone 모두에게 위협을 야기하다

0624 pause
[pɔːz]

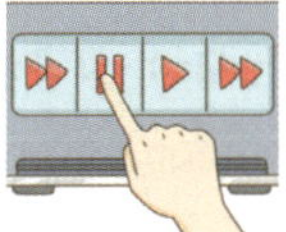

통 잠시 멈추다　몡 중단, 멈춤

유 halt 통 멈추다 명 멈춤, 중단

I **paused** to take photos of the sunset.
나는 일몰 사진을 찍기 위해서 **잠시 멈췄다**.

0625 lick
[lik]

통 핥다, 핥아먹다

참고 tongue 명 혀 통 혀로 핥다

Some babies **lick** their toes.
일부 아기들은 자신의 발가락을 **핥는다**.

0626 shut
[ʃʌt]
(－shut－shut)

통 닫다; (눈을) 감다, (입을) 다물다

유 close 통 닫다; (눈을) 감다
반 open 통 열다

Shut the door after you come in.
들어온 후에는 문을 **닫아라**.

0627 slam
[slæm]

통 쾅 닫다, 세게 놓다[밀다]

유 bang 통 쾅 하고 닫다[닫히다]

Please don't **slam** the door!
문을 쾅 닫지 말아주세요!

0628 twist
[twist]

통 비틀다, 꼬다; (발목 등을) 삐다

숙어 twist one's ankle 발목을 삐다

Twist the cap off the bottle. 병 뚜껑을 **비틀어서** 열어라.

0629 **grab**
[græb]

동 꽉 움켜잡다; (음식을) 간단히[급히] 먹다

유 seize 동 꽉 붙잡다(= grip)

숙어 grab a bite 간단히 먹다, 요기하다

Grab the end of the rope. 밧줄 끝을 꽉 잡아.

0630 **grip**
[grip]

동 꽉 잡다 명 움켜쥠; 쥐는 것

유 hold 동 쥐다; 잡다 명 쥐기

I will teach you how to **grip** a tennis racket.
내가 테니스 라켓 잡는 법을 가르쳐 줄게.

0631 **crush**
[krʌʃ]

동 뭉개다, 으깨다; 밀어 넣다

유 squash 동 으깨다; 밀어 넣다

I'm going to **crush** the red can. 교과서
내가 빨간 깡통을 찌그러뜨릴 거야.

0632 **scratch**
[skrætʃ]

동 긁다, 할퀴다 명 긁힌 자국, 찰과상

I can hear a **scratching** sound from the ceiling.
천장에서 긁는 소리가 들려.

0633 **tickle**
[tíkl]

동 간지럽히다, 간질이다

I **tickled** his feet with a feather.
나는 깃털로 그의 발을 간지럽혔다.

0634 **approach**
[əpróutʃ]

동 다가오다, 접근하다; 접촉하다 명 접근(법)

숙어 approach to ~로의 접근

She heard someone **approaching**.
그녀는 누군가가 다가오는 소리를 들었다.

0635 **tremble**
[trémbl]

동 떨리다, 떨다; 진동하다

유 shake 동 떨다, 떨리다
vibrate 동 진동하다, 울리다

Her voice **trembled** with fear.
그녀의 목소리가 두려움으로 떨렸다.

0636 **crawl**
[krɔːl]

동 기어가다, 포복하다

유 creep 동 기다, 기어가다, 살금살금 움직이다

Small worms **crawl** out of the hole.
작은 벌레들이 구멍에서 기어 나온다.

0637 beat
[biːt]
(– beat – beaten)

동 때리다, 치다; 이기다; (심장이) 뛰다

참고 heartbeat 명 심장 박동

The raindrops are **beating** against the windows.
빗방울이 창문을 때리고 있다.

I could feel my heart **beating** fast. 교과서
나는 내 심장이 빨리 뛰는 것을 느낄 수 있었다.

더 알아두기* **beat**의 다른 의미: 박자, 비트
• music with a fast **beat** 빠른 박자의 음악

0638 hop
[hɑp]

동 깡충깡충 뛰다

I saw a rabbit **hopping** across the road.
나는 토끼가 깡충깡충 뛰어 도로를 건너는 것을 보았다.

더 알아두기* **hop**의 다른 의미: (버스, 기차 등에) 타다
• **hop** onto a bus 버스 위로 뛰어 오르다(버스에 타다)

0639 leap
[liːp]
(– leaped[leapt]
 – leaped[leapt])

동 뛰다, 도약하다 명 도약, 훌쩍 뜀

숙어 take a leap 도약하다
     leap off 뛰어내리다

Look before you **leap**. 기출
뛰기 전에 살펴라.(돌다리도 두드려 보고 건너라.)

0640 rush
[rʌʃ]

동 급히 달려가다, 서두르다 명 돌진, 분주함

참고 rush hour (출퇴근 시의) 교통 혼잡 시간, 러시아워

Why are you in such a **rush**?
넌 왜 그렇게 서두르니?

0641 dash
[dæʃ]

동 돌진하다 명 황급히 달려감, 돌진

유 rush 동 급히 달려가다, 서두르다 명 돌진; 분주함

He **dashed** into the living room and shouted. 기출
그는 거실로 황급히 달려와서 소리쳤다.

0642 scramble
[skræmbl]

동 (힘들게) 기어오르다, 허둥지둥 움직이다; 마구 뒤섞다

참고 달걀을 풀어서 휘휘 저어 익힌 요리인 '스크램블'을 만든다고 할 때 쓰는 단어이기도 해요.

They tried to **scramble** over the wall.
그들은 벽을 기어오르려고 했다.

0643 **capable**
[kéipəbl]

형 능력이 있는, 유능한

파 capability 명 능력
숙어 be capable of ~을 할 수 있다, ~할 능력이 있다

They are **capable** of solving complex problems. 기출
그들은 복잡한 문제들을 해결할 수 있다.

0644 **engage**
[ingéidʒ]

동 관여[참여]시키다; (관심·주의 등을) 끌다; 약혼하다

파 engagement 명 약혼; 약속; 참여, 관여
숙어 be engaged in ~에 관여[참여/종사]하다

She is **engaged** in the project as a counselor.
그녀는 그 프로젝트에 상담가로 **참여**하고 있다.

0645 **major**
[méidʒər]

형 주요한, 중요한 동 전공하다 명 전공

반 minor 형 중요치 않은, 작은 명 부전공
숙어 major in ~을 전공하다

in the **major** cities of Europe 기출 유럽의 **주요** 도시에서
Shirley **majored** in sociology.
Shirley는 사회학을 **전공했다**.

0646 **obstacle**
[ábstəkl]

명 장애물

유 hurdle 명 장애물, 허들

The AI robot may try to push aside the **obstacle**. 기출
AI 로봇은 **장애물**을 밀어내려 노력할 수도 있다.

0647 **define**
[difáin]

동 정의를 내리다; 한정[규정]하다

파 definition 명 정의, 규정
숙어 define A as B A를 B라고 정의하다

Things are not clearly **defined**.
만물은 명확히 **정의되지**는 않는다.

0648 **contrary**
[kántreri]

형 반대되는 명 정반대

유 opposite 형 반대의 명 반대되는 것
숙어 on the contrary 오히려, 반대로
　　 contrary to ~와 반대로

People have **contrary** opinions about the war.
사람들은 그 전쟁에 대해 **반대되는** 견해를 가지고 있다.

비슷한 의미를 가진 동사(구)

grab, grip, grasp, hang on은 모두 무언가를 '잡다(hold)'라는 의미를 갖고 있어요. 대부분 '붙잡다' 혹은 '움켜잡다'라는 뜻이 있어서 서로 맞바꿔 쓰기도 하는데요, 어떤 뉘앙스로 쓰이는지 아래 예문과 함께 익혀 보세요.

grab
(snatch)

* (손을 움직여 재빨리) **붙잡다[움켜잡다], 잡아채다;** (기회를) **잡다**

He tried to **grab** the ball out of his hands.
그는 손으로 공을 붙잡으려고 했다.

the last chance to **grab** the cool products　교과서
좋은 상품을 손에 넣을 마지막 기회

grip
(hold tightly)

* (손에 넣은 상태에서 꽉) **움켜잡다**

You must **grip** the rope more tightly with your hands.
너는 손으로 줄을 더 단단히 잡아야 한다.

grasp
(hold firmly)

* (손이나 손가락으로) **꼭 잡다[움켜잡다]**

The boss **grasped** my hand and shook it warmly.
사장님이 내 손을 꼭 잡고 다정하게 악수를 했다.

hang on
(hold tightly)

* (넘어지지 않기 위해) **꽉 붙잡다**

Hang on, we're going over a big bump here.
꽉 잡아, 여기서 커다란 턱을 넘어갈 거야.

Today's word

grasp [græsp] 꼭 잡다; 완전히 이해하다; 꽉 쥐기; (확실한) 통제, 이해

grasp에는 또 다른 의미가 있는데 바로 '완전히 이해하다, 파악하다'라는 뜻이에요. 내 손 안에 넣을 수 있을 정도로 무언가를 완전하게 이해하고 파악했다는 의미로 이해하면 좋겠죠. 한편 grasp은 명사로도 쓰는데, '꽉 쥐기'라는 뜻 이외에도 손에 넣고 마음대로 할 수 있다는 의미에서 '(확실한) 통제' 또는 '이해'라는 뜻도 있으니까 함께 알아두도록 해요.

A 영어는 우리말로, 우리말은 영어로 옮겨 쓰세요.

01 slam ____________ 08 비틀다, 꼬다 ____________

02 motion ____________ 09 긁다, 할퀴다 ____________

03 tickle ____________ 10 깡충깡충 뛰다 ____________

04 leap ____________ 11 정의를 내리다 ____________

05 scramble ____________ 12 때리다, 치다 ____________

06 contrary ____________ 13 능력이 있는 ____________

07 pause ____________ 14 닫다; (눈을) 감다 ____________

B 빈칸에 알맞은 단어를 넣어보세요.

01 a creative ____________ 창의적인 접근법

02 d____________ out of the room 방에서 황급히 달려 나오다

03 Her voice ____________ with fear. 그녀의 목소리가 두려움으로 떨렸다.

04 There are two ____________ problems. 두 가지 주요한 문제들이 있다.

05 Cultural ____________ are hard to break. 문화 장벽을 깨기는 어렵다.

06 The kid ____________ the nut with his teeth. 그 아이는 이로 견과를 으깨었다.

07 Babies ____________ on their hands and knees.
아기들은 손과 무릎으로 긴다.

C 빈칸에 알맞은 단어를 넣어 문장을 완성하세요.

01 We ______________ for a photograph at the park.
우리는 공원에서 사진을 찍으려고 포즈를 취했다.

02 Just before the monster ______________ me, I woke up in a sweat. 기출
괴물이 나를 붙잡기 직전에, 나는 땀에 젖어서 깼다.

03 The lion came near him and started ______________ his hand. 기출
사자는 그에게 가까이 와서 그의 손을 핥기 시작했다.

04 People who are ______________ in service to others tend to be happier. 기출 다른 사람들에게 봉사하는 일에 종사하는 사람들이 더 행복한 경향이 있다.

D 오늘의 테마 괄호 안에 주어진 말을 이용하여 우리말과 일치하도록 문장을 완성하세요.

01 나는 난간을 꽉 움켜잡았고, 아래를 보지 않으려고 했다. (rail, the, grip)
= I ____________ ____________ ____________ and tried not to look down.

02 나는 그의 팔을 손으로 꼭 잡고 그를 끌고 갔다. (grasp)
= I ____________ his arm firmly and led him away.

03 그는 자신이 하는 일의 중요성을 완전히 이해하지 못했다. (fail, to, grasp)
= He ____________ ____________ ____________ the importance of his work.

04 사다리를 그가 있는 쪽으로 올리세요. 그가 더 이상 꽉 붙잡고 있을 수 없다고 하네요. (hang)
= Get the ladder up to him — he says he can't ____________ ____________ much longer!

운동, 스포츠

오늘은 운동과 스포츠 관련 어휘들과 형용사를 만드는 접미사 -ic, -ive, -ar, -ous에 대해 배웁니다. 오늘 암기할 다음 어휘들을 보고 이미 알고 있는 어휘인지 확인해 보세요.

Word Preview

0649	athlete	○ ×	0663	glory	○ ×
0650	dynamic	○ ×	0664	tackle	○ ×
0651	muscle	○ ×	0665	register	○ ×
0652	pace	○ ×	0666	qualify	○ ×
0653	compete	○ ×	0667	irony	○ ×
0654	rival	○ ×	0668	persuade	○ ×
0655	bounce	○ ×	0669	effective	○ ×
0656	punch	○ ×	0670	formation	○ ×
0657	defender	○ ×	0671	justify	○ ×
0658	versus	○ ×	0672	examine	○ ×
0659	penalty	○ ×	0673	paste	○ ×
0660	margin	○ ×	0674	feature	○ ×
0661	triumph	○ ×	0675	trace	○ ×
0662	trophy	○ ×			

아는 어휘 _____ 개 / 27

0649 athlete
[ǽθliːt]

뗑 운동선수

파 athletic 휑 운동 경기의, 선수의

She is an energetic **athlete** who practices every day.
그녀는 매일 연습하는 활기 있는 **운동선수**이다.

0650 dynamic
[dainǽmik]

휑 **활력이 넘치는, 역동적인**

유 energetic 휑 활기 있는, 활동적인
반 static 휑 정적인, 움직임이 없는

What a **dynamic** world it is!
정말 **역동적인** 세상이다!

0651 muscle
[mʌ́sl]

뗑 근육, 근력

파 muscular 휑 근육의, 근육질의

I work out to increase the **muscles** in my body.
나는 몸의 **근육**을 키우기 위해 운동한다.

0652 pace
[peis]

뗑 속도, 페이스

유 speed 뗑 속도, 스피드

The runner ran at a fast **pace**.
그 주자는 빠른 **속도**로 달렸다.

0653 compete
[kəmpíːt]

동 경쟁하다, 겨루다

파 competition 뗑 시합, 경쟁 / competitor 뗑 경쟁자
competitive 휑 경쟁하는, 경쟁심 강한

Four athletes **competed** in the race.
4명의 선수들이 경주에서 **겨루었다**.

0654 rival
[ráivəl]

뗑 **경쟁 상대, 라이벌**

유 competitor 뗑 경쟁자

He was defeated by a **rival**. 기출
그는 **경쟁 상대**에게 패배했다.

0655 bounce
[bauns]

동 (공이) 튀다, 튀기다; 되튀다

숙어 bounce back 되튀다

The ball **bounced** and flew over the wall.
그 공은 **되튀어서** 벽 너머로 날아갔다.

| 0656 | **punch**
[pʌntʃ] | 동 주먹으로 치다; 구멍을 뚫다 명 주먹으로 치기 |

유 hit 동 치다

She **punched** the sandbag.
그녀는 주먹으로 샌드백을 때렸다.

0657 **defender**
[diféndər]

명 방어자, 수비수; 옹호자

파 defend 동 방어하다, 수비하다 / defense 명 방어, 수비
defensive 형 방어의, 수비의

He is a great **defender** in the outfield.
그는 외야에서 훌륭한 **수비수**이다.

0658 **versus**
[vɔ́ːrsəs]

전 ~ 대(對), ~에 대한

참고 약자로 vs. 또는 v.로도 써요.

The match was Brazil **versus** Spain.
그 시합은 브라질 대 스페인의 경기였다.

0659 **penalty**
[pénəlti]

명 처벌, 벌칙; 〈축구〉 페널티킥

유 punishment 명 처벌
참고 penalty shoot-out 승부차기

We were awarded a **penalty** after a tackle.
태클 이후에 우리는 **페널티킥**을 얻었다.

0660 **margin**
[máːrdʒin]

명 (점수 등의) 차이; 여백, 가장자리; 수익

유 edge 명 가장자리, 모서리

He won the race by a narrow **margin**.
그는 간발의 **차**로 경주에서 승리했다.
Using cheap labor increases profit **margin**.
값싼 노동력을 사용하는 것이 **수익**을 증가시킨다.

0661 **triumph**
[tráiəmf]

명 승리

숙어 in triumph 의기양양하게

The game ended in **triumph** for the home team.
그 경기는 홈팀의 **승리**로 끝났다.

0662 **trophy**
[tróufi]

명 트로피, 우승컵, 전리품

Each of them will be given a **trophy**. 기출
그들 각자에게 **트로피**가 주어질 것이다.

0663 **glory**
[glɔ́:ri]

명 영광, 영예

파 glorious 형 영광스러운
유 honor 명 명예

Anyone who scores the winning goal gets all the **glory.** 결승골을 넣는 사람이 누구든 모든 **영광**을 차지하게 된다.

0664 **tackle**
[tǽkl]

동 (어려운 문제에) 대처하다; 태클하다　명 태클

How should we **tackle** the crisis?
우리는 어떻게 위기에 **대처해야** 할까?

The defender **tackled** his opponent and got the ball.
그 수비수는 상대편에게 **태클해서** 공을 가져왔다.

0665 **register**
[rédʒistər]

동 등록하다, 기록하다

파 registration 명 등록, 기록

I want to **register** for a membership at the gym.
저는 체육관[헬스장] 회원으로 **등록하고** 싶어요.

더 알아두기* 명사형을 만드는 접미사 -ation
• consider 동 고려하다 – **consideration** 명 사려, 숙고 • invite 동 초대하다 – **invitation** 명 초대, 초대장
• observe 동 관찰하다 – **observation** 명 관찰　　• organize 동 조직하다 – **organization** 명 조직

0666 **qualify**
[kwáləfài]

동 자격이 있다, ~에게 자격을 주다

파 qualified 형 자격이 있는 / qualification 명 자격, 자질

Your result will **qualify** you for the race.
네 결과가 너에게 경주에 출전할 **자격을 줄** 것이다.

중학교 **필수 어휘**

0667 **irony**
[áiərəni]

명 반어(법), 모순, 아이러니

파 ironic 형 역설적인

The story is a good example of **irony.**
그 이야기는 **모순**의 좋은 사례이다.

0668 **persuade**
[pərswéid]

동 설득하다, 납득시키다

파 persuasion 명 설득 / persuasive 형 설득력 있는

Persuade them to support your decision.
네 결정을 지지해 달라고 그들을 **설득해 봐.**

0669 **effective**
[iféktiv]

형 효과적인

파 effectively 부 효과적으로
반 ineffective 형 효과없는

Positive expectations are more **effective**. 기출
긍정적 기대가 더 **효과적**이다.

0670 **formation**
[fɔːrméiʃən]

명 형성, 생성; (군대 등의) 대형

파 form 명 형태, 형식 동 형성하다
유 creation 명 생성

What enhances the **formation** of social bonds?
무엇이 사회적 유대의 **형성**을 강화하는가?

0671 **justify**
[dʒʌstəfài]

동 정당화하다

파 justification 명 정당화

He wanted to **justify** his failure.
그는 자신의 실패를 **정당화**하고 싶어 했다.

0672 **examine**
[igzæmin]

동 조사하다, 검사하다, 검토하다

파 examination 명 시험, 조사, 검사

We have to **examine** the question more carefully.
우리는 좀 더 면밀하게 그 문제를 **검토해야** 한다.

0673 **paste**
[peist]

동 (풀로) 붙이다; 〈컴퓨터〉 (문서를 복사해서) 붙이다
명 풀; 반죽

참고 cut and paste 잘라서 붙이다
copy and paste 복사하여 붙이다

A notice was **pasted** to the door.
안내문이 문에 **붙여졌다.**

0674 **feature**
[fíːtʃər]

명 특징; 특집 기사; 생김새 동 특집으로 다루다

the best **feature** of this hotel 이 호텔의 최고의 **특징**
attractive facial **features** 매력적인 얼굴 생김새

0675 **trace**
[treis]

명 흔적, 자취 동 추적하다

유 track 명 자국 동 추적하다

There was no **trace** of her anywhere.
어디에도 그녀의 **흔적**이 없었다.

알아두면 쓸모 있는 **핵심 접미사**

형용사형 접미사 -ic, -ive, -ar, -ous

접미사 -ic, -ive, -ar, -ous는 보통 명사나 동사에 붙어서 '~의 성질을 가진, ~로 가득한'의 뜻을 표현하는데 아래에서 명사(동사)와 형용사를 함께 확인해 봅시다.

athlete 명 운동선수
athletic 형 운동의, 선수의

irony 명 아이러니, 역설
ironic 형 아이러니한, 역설의

economy 명 경제
economic 형 경제의

compete 동 경쟁하다
competitive 형 경쟁의

persuade 동 설득하다
persuasive 형 설득력이 있는

effect 명 효과
effective 형 효과적인

-ic

-ive

-ar

-ous

muscle 명 근육
muscular 형 근육(질)의

line 명 직선
linear 형 직선의, 선형의

family 명 가족
familiar 형 친숙한, 익숙한

glory 명 영광
glorious 형 영광스러운

fury 명 분노
furious 형 몹시 화가 난

envy 명 부러움 동 부러워하다
envious 형 부러워하는

★ 몰랐던 단어에 동그라미하고, 나만의 단어장에 단어와 뜻을 적어보세요.

A 영어는 우리말로, 우리말은 영어로 옮겨 쓰세요.

01 compete _______________

02 triumph _______________

03 penalty _______________

04 irony _______________

05 margin _______________

06 tackle _______________

07 defender _______________

08 (공이) 튀다, 튀기다 _______________

09 트로피, 우승컵 _______________

10 정당화하다 _______________

11 (풀로) 붙이다 _______________

12 영광, 영예 _______________

13 속도, 페이스 _______________

14 경쟁 상대 _______________

B 빈칸에 알맞은 단어를 넣어보세요.

01 interesting _______________ 흥미로운 특징들

02 build up one's _______________ 근육을 키우다

03 _______________ the crime scene 범죄 현장을 조사하다

04 What a(n) _______________ world it is! 정말 역동적인 세상이다!

05 Will our team _______________ for the finals?
우리 팀이 결승전에 진출할 자격을 얻을 것인가?

06 I'm calling to _______________ for the marathon. 기출
마라톤에 등록하려고 전화했습니다.

🔖 Answers 353p

C 빈칸에 알맞은 단어를 넣어 문장을 완성하세요.

01 My friends and I ______________ the ball a few times. 교과서
친구들과 저는 그 공을 주먹으로 몇 번 쳤어요.

02 Almost everything that we do online leaves a(n) ______________. 교과서
우리가 온라인에서 하는 거의 모든 일들은 흔적을 남긴다.

03 The 4-4-2 ______________ is most commonly used in football.
4-4-2 대형은 축구에서 가장 흔하게 사용된다.

04 Think of the most ______________ ways to achieve the team's goals.
팀의 목표를 성취하는 가장 효과적인 방법들을 생각해 보세요. 교과서

D 오늘의 테마 보기에 주어진 단어의 형태를 바꾸어 써서 문장을 완성하세요.

보기	family	persuade	fury	athlete

01 I was late and my boss was ______________ with me.
나는 지각했고 사장은 나에게 몹시 화가 났다.

02 Most of us are ______________ with air pollution. 교과서
우리들 대부분은 대기 오염에 익숙하다.

03 A series of ______________ competitions were set up between them.
그들 사이에 일련의 운동 시합이 마련되었다. 기출

04 We weren't shown any ______________ evidence that he had committed
the crime. 우리는 그가 그 죄를 저질렀다는 어떠한 설득력 있는 증거도 보지 못했다.

DAY 26
건강, 질병, 치료

오늘은 건강과 질병, 병의 치료에 관련된 어휘들과 함께 외우면 도움이 되는 여러 가지 파생어에 대해 배웁니다. 오늘 암기할 다음 어휘들을 보고 이미 알고 있는 어휘인지 확인해 보세요.

Word Preview			
0676 cancer ○ ✕	0690 decay ○ ✕
0677 ache ○ ✕	0691 prescribe ○ ✕
0678 surgery ○ ✕	0692 toxic ○ ✕
0679 organ ○ ✕	0693 overweight ○ ✕
0680 inject ○ ✕	0694 relate ○ ✕
0681 immune ○ ✕	0695 burden ○ ✕
0682 infect ○ ✕	0696 cling ○ ✕
0683 bleed ○ ✕	0697 absorb ○ ✕
0684 clinic ○ ✕	0698 severe ○ ✕
0685 symptom ○ ✕	0699 mediate ○ ✕
0686 digest ○ ✕	0700 circumstance ○ ✕
0687 vomit ○ ✕	0701 generation ○ ✕
0688 dental ○ ✕	0702 indicate ○ ✕
0689 rotten ○ ✕	

아는 어휘 ＿＿＿＿개 / 27

0676 cancer
[kǽnsər]

명 **암, 악성 종양**

참고 lung cancer 폐암 / liver cancer 간암

She has got breast **cancer**.
그녀는 유방**암**에 걸렸다.

0677 ache
[eik]

명 **아픔, 통증** 동 **아프다**

유 pain 명 통증, 고통

I'm **aching** all over.
온몸이 **아파요[쑤셔요]**.

0678 surgery
[sə́:rdʒəri]

명 **(외과) 수술**

파 surgeon 명 외과 의사
유 operation 명 수술
참고 cosmetic[plastic] surgery 성형 수술

Miranda had knee **surgery**.
Miranda는 무릎 **수술**을 받았다.

0679 organ
[ɔ́:rgən]

명 **장기, 기관**

파 organism 명 생명체, 유기체

Your ears, eyes, nose and skin are your sense **organs**.
당신의 귀, 눈, 코, 피부가 감각 **기관**이다.

0680 inject
[indʒékt]

동 **(약물을) 주사하다; 불어 넣다**

파 injection 명 주사, 주입

The patients were **injected** with the vaccine.
환자들에게 백신을 **주사했다**.

0681 immune
[imjú:n]

형 **면역력이 있는, 면역 체계의**

참고 immune system 면역 체계

Some people are **immune** to the virus.
일부 사람들은 그 바이러스에 **면역력이** 있다.

0682 infect
[infékt]

동 **감염시키다, 오염시키다**

파 infection 명 감염 / infectious 형 전염되는, 전염성의

She has been **infected** with the flu.
그녀는 독감에 **감염되었다**.

0683 **bleed**
[bli:d]
(−bled−bled)

동 피를 흘리다

파 blood 명 피, 혈액
참고 scratch 명 상처, 찰과상 / bruise 명 멍
　　sprain 동 (발목 등을) 삐다 명 염좌 / burn 명 화상

Your nose is **bleeding**! 너 코피가 나고 있어!

0684 **clinic**
[klínik]

명 진료소, 진찰실, 병원

파 clinical 형 임상의

Have you been to the medical **clinic**?
병원에 다녀왔어?

0685 **symptom**
[símptəm]

명 (병의) 증상, 증세, 징후

유 sign 명 징후, 조짐

He showed **symptoms** of a cold.
그는 감기 **증세**를 보였다.

0686 **digest**
[daidʒést]

동 소화하다; (내용을) 완전히 이해하다

파 digestion 명 소화

Fatty food is difficult to **digest**.
기름진 음식은 **소화하기**가 어렵다.

0687 **vomit**
[vámit]

동 토하다, 게우다

유 throw up 토하다

I feel like I am going to **vomit**. 나 **토할** 것 같아.

0688 **dental**
[déntəl]

형 이의, 치과의

참고 dental clinic 치과

I decided to go to **dental** school.
나는 **치대**에 가기로 결심했다.

더 알아두기 *
'치과 의사'를 뜻하는 dentist에는 '치과'라는 의미도 있어요. '치과에 가다'라고 할 때 go to the dentist라고 해요.

0689 **rotten**
[rátən]

형 썩은, 상한

파 rot 동 썩다(= decay)
참고 rotten[decayed] tooth 충치(= cavity)

I had a **rotten** tooth pulled out.
나는 **충치**를 뽑았다.

0690 decay
[dikéi]

동 부패[부식]하다, 썩다 명 부패, 부식

유 rot 동 썩다
참고 dental decay 충치

Dead bodies **decay** over time.
시신은 시간이 지남에 따라 **부패한다**.

0691 prescribe
[priskráib]

동 처방하다

파 prescription 명 처방(전)

Doctors **prescribe** medicine for patients.
의사들은 환자에게 약을 **처방한다**.

0692 toxic
[táksik]

형 독성의, 유독한

유 poisonous 형 유독한, 악의 있는

Toxic chemicals cause diseases.
독성 화학물질은 질병을 유발한다.

0693 overweight
[òuvərwéit]

형 과체중의, 비만의

파 weight 명 무게, 체중
반 underweight 형 저체중의

My dog Rocky is **overweight**. 기출
우리 강아지 Rocky는 **과체중**이에요.

중학교 필수 어휘

0694 relate
[riléit]

동 관련짓다, 연관시키다

파 relation 명 관련(성), 관계 / relative 형 상대적인 명 친척
　　relatively 부 비교적
숙어 be related to ~과 관련이 있다

Do you know anyone **related** to him?
그와 **관련된** 사람을 알고 있습니까?

더 알아두기 * relate의 다른 의미: 말하다, 이야기하다
　• **relate** the result of an investigation 조사 결과를 말하다

0695 burden
[bə́:rdən]

명 짐; 부담 동 짐을 지우다

유 load 명 짐, 화물 / worry 명 걱정거리

Smaller classes would ease the **burden** for teachers.
소규모 학급이 선생님들의 **부담**을 덜어줄 것이다.

0696 **cling**
[kliŋ]
(-clung-clung)

동 달라붙다, 매달리다
숙어 cling to ~에 집착하다[매달리다]
He still **clings** to the last hope.
그는 아직 마지막 희망에 **매달린다**.

0697 **absorb**
[əbsɔ́ːrb]

동 흡수하다; 열중시키다
파 absorption 명 흡수; 몰두, 열중
Sponges **absorb** water.
스펀지는 물을 **흡수한다**.
The project has **absorbed** him for several years.
그는 그 프로젝트에 수년간 **몰두했다**.

0698 **severe**
[sivíər]

형 극심한, 심각한; 가혹한
파 severely 부 심각하게
유 serious 형 심각한 / harsh 형 혹독한, 가혹한
Due to the **severe** drought, crops are not able to grow.
극심한 가뭄 때문에 농작물이 자라질 못한다.

0699 **mediate**
[míːdièit]

동 중재하다, 조정하다
파 mediator 명 중재인; 중재기관
A mediator will **mediate** between the two sides.
중재인이 양쪽 사이에서 **중재할** 것이다.

0700 **circumstance**
[sə́ːrkəmstæ̀ns]

명 환경, 상황
숙어 under any circumstances 어떤 상황에서도
consider all the **circumstances** of a case
사건의 모든 **상황들**을 고려하다

0701 **generation**
[dʒènəréiʃən]

명 세대
파 generate 동 만들어 내다
This can cause conflicts between **generations**.
이것은 **세대** 간의 갈등을 유발할 수 있다.

0702 **indicate**
[índəkèit]

동 나타내다, 보여 주다, 가리키다
파 indication 명 지시, 암시
The map **indicates** where the treasure is buried.
그 지도는 보물이 어디 묻혀 있는지를 **보여 준다**.

함께 외우면 좋은 **파생어**

파생어를 함께 외워 두면 한 번에 여러 단어를 함께 외우는 효과가 있어요. 오늘은 우리가 잘 알고 있는 단어 organ과 relate의 파생어를 공부해 봅시다.

organize 동 조직하다, 편성하다
organize students into four groups
학생들을 4모둠으로 조직하다

organization 명 조직, 단체; 구성
There are many non-profit organizations.
많은 비영리 단체들이 있다.

organ 명 장기, 기관

organic 형 유기농의; 장기[기관]의
I only eat organic vegetables.
나는 유기농 채소만 먹는다.

organized 형 조직적인, 체계적인, 정돈된
He's not a very organized person.
그는 그다지 체계적인 사람은 아니다.

relation 명 관계, 관련성
the relation between rain and humidity 비와 습도의 관계

relationship 명 관계, 유대
the UK's special relationship with the US 영국의 미국과의 특별한 관계[유대]

relate 동 관련[결부]시키다

related 형 관련된, 결부된
focus on closely[strongly] related subjects
밀접하게 연관된 주제들에 집중하다

relative 형 상대적인 명 친척
the relative value of two houses
두 집의 상대적인 가치
a distant relative 먼 친척

Today's quiz

네모 안에서 문맥에 알맞은 말을 골라 보세요.

Organized / Organic farming is thought to maintain biodiversity.

Answers　Organic / 유기농법은 생물다양성을 유지시키는 것으로 여겨진다.

A　영어는 우리말로, 우리말은 영어로 옮겨 쓰세요.

01　inject　_______________

02　prescribe　_______________

03　cling　_______________

04　generation　_______________

05　indicate　_______________

06　ache　_______________

07　rotten　_______________

08　감염시키다　_______________

09　진료소, 진찰실　_______________

10　소화하다　_______________

11　면역력이 있는　_______________

12　이의, 치과의　_______________

13　과체중의　_______________

14　(외과) 수술　_______________

B　빈칸에 알맞은 단어를 넣어보세요.

01　_______________ new ideas　새로운 아이디어를 흡수하다

02　_______________ of heart disease　심장병의 증상들

03　consider all the _______________ of a case　사건의 모든 상황들을 고려하다

04　_______________ chemicals cause diseases.　독성 화학물질은 질병을 유발한다.

05　He received a(n) _______________ punishment for his crime.
그는 자신의 범죄에 대해서 심한 벌을 받았다.

06　It is important to detect _______________ in its early stages.
암을 초기 단계에 발견하는 것은 중요하다.

C 빈칸에 알맞은 단어를 넣어 문장을 완성하세요.

01 The _______________ of taxes should fall on the rich, not the poor.
세금의 부담은 가난한 사람들이 아닌 부자들에게 돌아가야 한다.

02 He saw the lion was injured and one of his legs was _______________. 기출
그는 사자가 다쳐서 한 쪽 다리에서 피가 나고 있는 것을 보았다.

03 He found that very few of the people had tooth _______________. 기출
그는 충치가 있는 사람이 거의 없다는 사실을 알았다.

04 The government should _______________ between the workers and the employers. 정부는 근로자와 고용주 사이에서 중재를 해야 한다.

D 오늘의 테마 우리말과 일치하도록 밑줄 친 단어를 알맞게 바꿔 쓰세요.

01 Kim Koo formed the secret <u>organ</u> in 1931. 교과서
김구는 1931년에 비밀 단체를 결성했다.

02 A travel plan will make your trip more <u>organize</u>. 기출
여행 계획은 여러분의 여행을 더 조직적으로 만들어 줄 것이다.

03 There is an important <u>relate</u> between friendships and health. 기출
우정과 건강 사이에는 중요한 관계가 있다.

04 At the family reunion, I saw a <u>relation</u> I hadn't seen in years.
가족 모임에서 나는 오랫동안 못 봤던 친척을 보았다.

DAY 27
사고, 안전

오늘은 갑작스러운 사고와 안전에 관련된 어휘들과 비슷한 뜻이지만 다른 뉘앙스를 가진 동사 crash, clash, crush에 대해 배웁니다. 오늘 암기할 다음 어휘들을 보고 이미 알고 있는 어휘인 지 확인해 보세요.

Word Preview				
0703	wound	○ ×	0717	landslide	○ ×
0704	bandage	○ ×	0718	scene	○ ×
0705	bruise	○ ×	0719	caution	○ ×
0706	bump	○ ×	0720	terrible	○ ×
0707	tumble	○ ×	0721	accidentally	○ ×
0708	suffer	○ ×	0722	clash	○ ×
0709	drown	○ ×	0723	struggle	○ ×
0710	swallow	○ ×	0724	enhance	○ ×
0711	paralyze	○ ×	0725	plain	○ ×
0712	hazard	○ ×	0726	remedy	○ ×
0713	security	○ ×	0727	conform	○ ×
0714	rescue	○ ×	0728	strategy	○ ×
0715	recover	○ ×	0729	establish	○ ×
0716	disaster	○ ×			

아는 어휘 ____개 / 27

사고 / 안전에 관련된 **어휘**

0703 wound
[wuːnd]

명 상처, 부상　동 상처를 입히다
유 injury 명 손상, 부상
참고 '(실 등을) 감다'라는 의미의 동사 wind(-wound-wound)의
과거, 과거분사형[waund]과 철자가 같아요. 🔊 발음 주의!

His **wounds** were serious. 그의 부상은 심각했다.

0704 bandage
[bǽndidʒ]

명 붕대　동 붕대를 감다
참고 put on a bandage 붕대를 감다

He wound a small **bandage** round her finger.
그는 그녀의 손가락에 작은 **붕대**를 감았다.

0705 bruise
[bruːz]

동 멍이 생기다　명 멍
참고 cut 동 (칼 등으로) 베다 명 (베인) 상처, 자상

She fell off her bike and **bruised** her knee.
그녀는 자전거에서 떨어져 무릎에 **멍**이 들었다.

0706 bump
[bʌmp]

동 부딪치다, 충돌하다　명 충돌; (도로의) 융기
숙어 bump into ~에 부딪치다

She **bumped** her head on the shelf.
그녀는 선반에 머리를 부딪쳤다.

0707 tumble
[tʌ́mbl]

동 넘어지다, 굴러 떨어지다
She **tumbled** down the stairs.
그녀는 계단에서 굴러 떨어졌다.

더 알아두기 * tumble의 다른 의미: 빠르게 하락하다
· Stock prices **tumbled** today. 오늘 주가가 폭락했다.

0708 suffer
[sʌ́fər]

동 (고통 등을) 겪다, (부상을) 입다
숙어 suffer from ~로 고통받다

She **suffers** from back pain. 그녀는 요통으로 고생하고 있다.

0709 drown
[draun]

동 익사하다, 물에 빠지다
참고 choke 동 질식하다, 숨이 막히다

A **drowning** man will catch at a straw.
물에 빠진 사람은 지푸라기라도 잡기 마련이다.

0710 **swallow**
[swálou]

동 삼키다; (모욕 등을) 참다[삼키다] 명 제비

참고 swallow a pill 알약을 삼키다

Oh, no! He **swallowed** a coin!
오, 안 돼! 그가 동전을 삼켰어!
One **swallow** doesn't make a summer.
제비 한 마리가 왔다고 여름이 온 것은 아니다.

0711 **paralyze**
[pǽrəlàiz]

UK paralyse

동 마비시키다; 무력하게 만들다

파 paralysis 명 마비

He was **paralyzed** from the waist down.
그는 하반신이 마비되었다.

0712 **hazard**
[hǽzərd]

명 위험 (요소)

파 hazardous 형 위험한

The falling rocks are a **hazard**.
낙석은 위험 요소이다.

0713 **security**
[sikjúərəti]

명 보안, 경비, 안전

파 secure 형 안전한

Could you please leave it in the **security** office? 기출
그것을 경비실에 맡겨 주시겠어요?

0714 **rescue**
[réskju:]

동 구조[구제]하다 명 구조, 구출

파 rescuer 명 구조자
유 save 동 구하다

The firefighter **rescued** a baby from the burning house. 소방관은 불타는 집에서 아기를 구조했다.

0715 **recover**
[rikʌ́vər]

동 회복하다, 되찾다

파 recovery 명 회복, 되찾음

It took him a long time to **recover** from the accident.
그가 사고에서 회복하는 데는 오랜 시간이 걸렸다.

0716 **disaster**
[dizǽstər]

명 재난, 재해, 참사

파 disastrous 형 비참한, 피해가 막심한
유 catastrophe 명 재앙

The earthquake was a terrible **disaster**.
그 지진은 끔찍한 재난이었다.

0717 landslide
[lǽndslàid]

명 산사태

참고 avalanche 명 눈사태

The floods caused a **landslide**.
홍수가 **산사태**를 유발했다.

더 알아두기* **landslide**의 다른 의미: (선거에서) 압도적인 득표[승리]
· win by a **landslide** 압도적인 득표로 이기다

0718 scene
[siːn]

명 (사건 등의) 현장; 장면, 광경

Firefighters arrived at the **scene** of the fire.
소방관들이 화재 **현장**에 도착했다.

암기 Tips 미국 드라마 CSI를 알고 있나요? 바로 Crime Scene Investigation(범죄 현장 수사)의 첫 글자랍니다.

0719 caution
[kɔ́ːʃən]

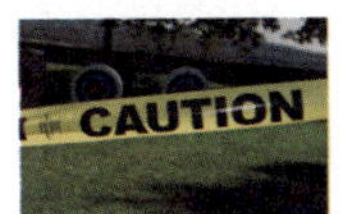

명 주의, 경고 동 ~에게 경고하다

파 cautious 형 조심스러운

There is a **caution** sign on the floor.
바닥에 **경고** 표시가 있다.

0720 terrible
[térəbl]

형 끔찍한, 참혹한, 극심한

파 terribly 부 몹시, 지독히
유 horrible, awful 형 무서운, 끔찍한

I have a **terrible** pain in my neck.
나는 목에 **극심한** 통증이 있다.

0721 accidentally
[æ̀ksidéntəli]

부 우연히, 의도치 않게

파 accidental 형 우연한, 우발적인

She **accidentally** bumped into Sujin. 교과서
그녀는 **의도치 않게** 수진이와 부딪혔다.

중학교 필수 어휘
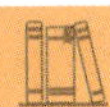

0722 clash
[klæʃ]

명 충돌, 격돌 동 충돌하다, 격돌하다

참고 crash 명 충돌, 추락 동 충돌하다
　　차나 비행기 같은 물체가 큰 소리를 내며 충돌한 경우에는 crash
　　를, 감정적인 의견 충돌 같은 경우에는 clash를 주로 써요.

Violent **clashes** broke out yesterday.
어제 격렬한 **충돌**이 일어났다.

0723 **struggle**
[strʌ́gl]

동 ~하려고 애쓰다, 투쟁하다 명 투쟁, 분투

숙어 struggle with ~에 고심하다

No one is perfect, and everyone **struggles**. 기출
어느 누구도 완벽하지 않고, 모든 사람이 **고군분투한다**.

0724 **enhance**
[inhǽns]

동 향상시키다, 높이다, 강화하다

파 enhancement 명 상승, 향상
유 improve 동 향상시키다

Social activities can **enhance** thinking skills.
사회 활동은 사고력을 **향상시킬** 수 있다.

0725 **plain**
[plein]

형 분명한; 있는 그대로의, 평범한 명 평원

유 obvious 형 분명한

It's quite **plain** that you need help.
네게 도움이 필요하다는 것은 꽤 **분명하다**.
the vast **plains** of Africa 아프리카의 광활한 **평원**

암기 Tips 아무것도 첨가되지 않은 본연의 맛 그대로인 '플레인 요거트(plain yogurt)'로 암기해 볼까요?

0726 **remedy**
[rémədi]

명 해결책; 요법, 치료 동 치료하다, 바로잡다

유 solution 명 해결책

They have finally found a **remedy** for the condition.
그들은 마침내 그 질환에 대한 **해결책**을 찾았다.

0727 **conform**
[kənfɔ́ːrm]

동 따르다, 순응하다; 일치[부합]하다

파 conformity 명 따름, 순응; 일치

We are required to **conform** to social norms.
우리는 사회 규범을 **따르도록** 요구받는다.

0728 **strategy**
[strǽtədʒi]

명 전략, 계획

파 strategic 형 전략적인, 중요한

They use a lot of **strategies** to reduce risk. 기출
그들은 위험을 줄이기 위한 여러 **전략들**을 사용한다.

0729 **establish**
[istǽbliʃ]

동 설립하다, 세우다

파 establishment 명 설립
유 found 동 설립하다

The company was **established** in 1999.
그 회사는 1999년에 **설립되었다**.

 서로 부딪힘을 표현하는 동사

'충돌' 사고와 '추돌' 사고라는 말을 뉴스에서 많이 듣는데요, 무슨 차이가 있을까요? '충돌'은 서로 맞부딪치는 것을 말하고 추돌은 '일방적인 부딪힘'을 뜻해요. 이러한 상황에는 어떤 표현들이 쓰이는지 함께 알아볼까요?

crash

*** 추돌, 추락; 추돌하다, 추락하다**(보통 차나 비행기가 다른 대상에 강하게 부딪치는 경우)

① The car **crashed** into a tree.
차가 나무를 들이받았다.

② The airplane **crashed** to the ground.
비행기가 땅으로 추락했다.

유 collide (두 차량이나 사람이) 충돌하다[부딪치다]
The car and the truck **collided** head-on.
승용차와 트럭이 정면으로 충돌했다.

clash

*** 충돌; 충돌하다**(대립되는 두 힘이 서로 강하게 부딪치는 경우, 의견 충돌)

① Their swords **clashed**.
그들이 칼이 충돌했다[서로 부딪쳤다].

② The two sides have **clashed** many times.
양측은 여러 번 충돌했다.

crush

*** 으스러뜨리다**(강한 한쪽이 다른 대상을 파괴하는 경우)

① The car was **crushed** when it hit a wall.
차가 벽에 부딪히자 으스러졌디.

② His arm was badly **crushed** in the car accident.
차 사고로 그의 팔이 심하게 으스러졌다.

Today's word

head-on 정면으로

sword [sɔːrd] 칼, 검

side [said] 쪽, 측(면)

A 영어는 우리말로, 우리말은 영어로 옮겨 쓰세요.

01 remedy	__________	08 멍이 생기다; 멍	__________
02 recover	__________	09 삼키다; 제비	__________
03 terrible	__________	10 현장; 장면, 광경	__________
04 security	__________	11 주의, 경고	__________
05 landslide	__________	12 향상시키다	__________
06 accidentally	__________	13 익사하다	__________
07 suffer	__________	14 분명한; 평원	__________

B 빈칸에 알맞은 단어를 넣어보세요.

01 ______________ a plant 공장을 설립하다

02 a new marketing ______________ 새로운 마케팅 전략

03 ______________ to solve the problem 문제를 풀려고 애쓰다

04 She ______________ down the stairs. 그녀는 계단에서 굴러 떨어졌다.

05 He ______________ to his family's expectations.
그는 가족의 기대에 부응했다.

06 The nurse wrapped a(n) ______________ around my arm.
간호사가 내 팔에 붕대를 감았다.

C 빈칸에 알맞은 단어를 넣어 문장을 완성하세요.

01 You can't avoid ______________ of opinions in discussions.
토론에서 너는 의견의 충돌을 피할 수 없다.

02 Her legs were ______________ from a terrible car accident.
끔찍한 자동차 사고로 그녀의 다리가 마비되었다.

03 Her mother hugged her tightly and looked at the ______________. 기출
그녀의 어머니는 그녀를 꼭 껴안고 상처를 봤다.

04 Some people have lost their homes due to natural ______________.
어떤 사람들은 자연재해로 집을 잃었다. 기출

D 오늘의 테마 영영사전 풀이에 해당하는 단어를 보기에서 찾아 쓰세요.

| 보기 | rescue | crush | clash | crash | hazard |

01 ______________ : something that is dangerous

02 ______________ : an argument or disagreement between people

03 ______________ : an accident in which a vehicle hits something

04 ______________ : to save someone from a dangerous or unpleasant situation

05 ______________ : to press something very hard so that it is broken or its shape is destroyed

PART 4
Society & Culture

메가스터디
중학 영단어

사회, 사회 문제

오늘은 우리가 살아가는 사회와 사회 문제에 관련된 어휘들과 그 어휘들의 유의어에 대해 더 자세히 배워 봅니다. 오늘 암기할 다음 어휘들을 보고 이미 알고 있는 어휘인지 확인해 보세요.

Word Preview

0730	administer	○ ×	0744	divorce	○ ×
0731	maintain	○ ×	0745	suicide	○ ×
0732	voluntary	○ ×	0746	chaos	○ ×
0733	welfare	○ ×	0747	issue	○ ×
0734	contribute	○ ×	0748	disclose	○ ×
0735	cooperate	○ ×	0749	abandon	○ ×
0736	inhabit	○ ×	0750	collapse	○ ×
0737	dwell	○ ×	0751	improve	○ ×
0738	urban	○ ×	0752	foundation	○ ×
0739	rural	○ ×	0753	dominate	○ ×
0740	identity	○ ×	0754	forecast	○ ×
0741	insure	○ ×	0755	imitate	○ ×
0742	progress	○ ×	0756	faucet	○ ×
0743	poll	○ ×			

아는 어휘 ______ 개 / 27

0730 **administer**
[ədmínistər]

동 관리하다, 운영하다; 집행하다

파 administration 명 관리; 집행
administrative 형 관리의, 행정상의

The courts **administer** the law. 법원은 법을 **집행한다.**

0731 **maintain**
[meintéin]

동 유지하다, 지속하다

파 maintenance 명 유지, 보수

Our duties are to **maintain** public order and security.
우리의 임무는 사회 질서와 안전을 **유지하는** 것이다.

0732 **voluntary**
[váləntèri]

형 자발적인, 자원봉사의

파 voluntarily 부 자발적으로, 자진해서
volunteer 동 자원하다, 자원해서 하다 명 자원봉사자

be involved in a **voluntary** program 기출
자원봉사 프로그램에 참여하다

0733 **welfare**
[wélfɛ̀ər]

명 복지, 복리, 안녕

유 well-being 명 안녕, 웰빙
참고 child welfare 아동 복지 / social welfare 사회 복지

I want to study social **welfare.**
나는 사회 **복지**를 공부하고 싶다.

0734 **contribute**
[kəntríbjuːt]

동 기부하다, 기여하다, 공헌하다

파 contribution 명 기부, 공헌 / contributor 명 기여자, 공헌자
숙어 contribute to ~에 기여[이바지]하다

He **contributed** to world peace.
그는 세계 평화에 **공헌했다.**

0735 **cooperate**
[kouápərèit]

동 협력하다, 협동하다, 협조하다

파 cooperative 형 협동적인 / cooperation 명 협력, 협조

They are willing to **cooperate** with each other.
그들은 기꺼이 서로 **협력한다.**

0736 **inhabit**
[inhǽbit]

동 살다, 거주[서식]하다

파 inhabitant 명 거주자, 서식 동물

Black bears **inhabit** the woods. 흑곰은 숲에 **산다.**

0737 dwell
[dwel]
(–dwelled[dwelt]
–dwelled[dwelt])

동 살다, 거주하다
파 dweller 명 거주자, 주민
유 reside 동 거주하다

They **dwelt** in the forest. 그들은 숲에서 **살았다**.

0738 urban
[ə́:rbən]

형 도시의, 도시에 사는
반 rural 형 시골의, 전원의

Most people live in **urban** areas.
대부분의 사람들이 **도시** 지역에 산다.

0739 rural
[rú(:)ərəl]

형 시골의, 전원의, 지방의
유 country 형 시골의, 지방의

I grew up in a **rural** area.
나는 **시골**에서 자랐다.

0740 identity
[aidéntəti]

명 신원, 신분, 정체성
파 identify 동 (신원을) 확인하다
참고 identity card 신분증(ID 카드)

Clothing also visually functions as an **identity** marker.
옷은 또한 시각적으로 **신분** 표식의 기능을 한다.

0741 insure
[inʃúər]

동 보험에 들다[가입하다], 보증하다
파 insurance 명 보험

The house is **insured** against fire.
그 집은 화재**보험**에 가입되어 있다.

0742 progress
명: [prágres]
동: [prəgrés]

명 진보, 발전, 진전, 진행 동 발전하다
파 progressive 형 진보적인, 점진적인
progression 명 진행, 진전

the **progress** of science 과학의 **진보**

더 알아두기 '앞에, 앞으로'의 의미가 있는 접두사 pro-
· **prologue** 명 서두, 프롤로그
· **proceed** 동 진행하다, 나아가다

0743 poll
[poul]

명 여론 조사; 투표 동 여론 조사하다; 득표하다
유 survey 명 조사
참고 conduct a poll 여론 조사를 실시하다

a public opinion **poll** 기출 여론 조사

0744 divorce
[divɔ́ːrs]

동 이혼하다 명 이혼; 분리, 단절

파 divorced 형 이혼한, 분리된

After seven years, they decided to **divorce**.
7년 후, 그들은 **이혼하기로** 결정했다.

0745 suicide
[sjúːəsàid]

명 자살

참고 -cide는 '죽임, 살해'를 의미해요.
　• insecticide 명 살충제

The **suicide** rate is quite high. 자살률이 꽤 높다.

0746 chaos
[kéiɑ̀s]

명 혼란, 무질서

유 disorder 명 무질서

Snow caused **chaos** throughout the city.
눈이 도시 전역에 **혼란을** 야기했다.

0747 issue
[íʃuː]

명 이슈, 쟁점, 문제 동 발행하다

참고 issue에는 잡지나 신문 같은 정기 간행물의 '호'라는 뜻도 있어요.
　• the July issue 7월 호

raise the **issue** of violent TV programs
폭력적인 TV 프로그램에 대한 **이슈를** 제기하다

0748 disclose
[disklóuz]

동 드러내다, 폭로하다

파 discloser 명 폭로하는 사람
　disclosure 명 폭로, (정보의) 공개
유 reveal, uncover 동 드러내다

She refused to **disclose** her identity.
그녀는 자신의 신원을 **드러내는** 것을 거부했다.

0749 abandon
[əbǽndən]

동 버리다, 버리고 떠나다; 포기하다

파 abandoned 형 버려진, 유기된
유 discard 동 버리다, 포기하다, 폐기하다

many animals that have been **abandoned** 기출
버려진 많은 동물들

0750 collapse
[kəlǽps]

동 무너지다, 붕괴되다 명 붕괴, 몰락

유 fall down 무너지다

The bridge **collapsed** due to a flood.
홍수 때문에 다리가 **무너졌다.**

0751 **improve**
[imprúːv]

[동] **향상시키다, 개선되다, 나아지다**

[파] improvement [명] 향상, 개선

We can **improve** the way we live. 기출
우리는 우리가 사는 방식을 **향상시킬** 수 있다.

0752 **foundation**
[faundéiʃən]

[명] **토대, 기반, 기초**

[파] found [동] 설립하다, 세우다 / foundational [형] 기초적인

We have a solid **foundation** for a relationship.
우리는 관계를 위한 튼튼한 **토대**를 갖고 있다.

암기 Tips 여성들은 메이크업을 하기 전에 '기초' 단계로 얼굴에 '파운데이션'을 발라요.

0753 **dominate**
[dámənèit]

[동] **지배하다, 장악하다; 우세하다**

[파] dominant [형] 우세한, 지배적인
dominance [명] 지배, 우세

His loud voice **dominated** a conversation.
그의 큰 목소리가 대화를 **장악했다.**

0754 **forecast**
[fɔ́ːrkæst]
(−forecast(ed)−forecast(ed))

[동] **예상하다, 예보하다** [명] **예상, 예측**

참고 weather forecaster 기상 예보관
fore-에는 '미리, 앞서'의 의미가 있어요.

Strong wind and heavy rain are **forecasted** in Busan.
부산에는 강풍과 폭우가 **예상됩니다.** 기출

0755 **imitate**
[ímitèit]

[동] **흉내 내다, 모방하다**

[파] imitation [명] 흉내, 모방; 모조품

Art **imitates** life. 교과서
예술은 삶을 **모방한다.**

0756 **faucet**
[fɔ́ːsit]

[명] **수도꼭지**

참고 영국에서는 '수도꼭지'를 tap이라고 해요.

We have a leaky **faucet** in the sink.
싱크대에 **수도꼭지**가 새요.

 # 함께 외우면 좋은 유의어

하나의 단어가 여러 가지 뜻을 가지고 있는 경우, 각각의 뜻에 따라 유의어와 반의어도 다를 수밖에 없겠죠? 한꺼번에 여러 단어를 익힐 수 있는 시간을 가져봅시다.

---

give up
포기하다

=

abandon
동 포기하다　동 버리다

=

desert
동 버리다　명 사막

‖

surrender
동 포기하다, 양도하다

---

advancement
명 진전, 향상

=

progress
명 진전　명 발전

=

development
명 발전, 발달

‖

improvement
명 향상, 개선

---

inhabit
동 살다, 거주하나

=

reside
동 살다, 거주하다　동 (~에) 있다

=

be located
~에 위치해 있다

‖

dwell
동 살다, 거주하다

‖

be situated
~에 위치해 있다

★ 몰랐던 단어에 동그라미하고, 나만의 단어장에 단어와 뜻을 적어보세요.

A 영어는 우리말로, 우리말은 영어로 옮겨 쓰세요.

01	inhabit	________	08	지배[장악]하다	________
02	progress	________	09	예상[예보]하다	________
03	imitate	________	10	살다, 거주하다	d________
04	insure	________	11	신원, 신분	________
05	faucet	________	12	토대, 기반, 기초	________
06	administer	________	13	복지, 복리, 안녕	________
07	urban	________	14	이혼하다; 이혼	________

B 빈칸에 알맞은 단어를 넣어보세요.

01 result in ____________ 혼란을 가져오다

02 ____________ to charity 자선단체에 기부하다

03 I grew up in a(n) ____________ area. 나는 시골에서 자랐다.

04 How can I i____________ my Spanish? 교과서
어떻게 하면 제가 스페인어 실력을 향상시킬 수 있을까요?

05 If we ____________, we can finish this soon.
우리가 협력하면 이 일을 곧 끝낼 수 있다.

06 Have you talked about this ____________ with him? 기출
그와 이 문제에 대해 이야기 나눠봤니?

C 빈칸에 알맞은 단어를 넣어 문장을 완성하세요.

01 I ______________ good relationships with my old friends.
나는 오랜 친구들과 좋은 관계를 유지하고 있다.

02 He does a lot of ______________ work for poor children.
그는 불우한 아이들을 위해 많은 자원봉사 활동을 한다.

03 I started to worry that the building would ______________. 교과서
나는 건물이 무너지지는 않을까 하는 걱정이 들기 시작했다.

04 A recent ______________ shows that over 50% of Koreans support him.
최근 여론조사는 한국인들의 50% 이상이 그를 지지한다는 것을 보여준다.

D 오늘의 테마 밑줄 친 부분과 바꿔 쓸 수 있는 것을 고르세요.

01 We almost <u>gave up</u> on the contest. 기출
① deserted   ② competed   ③ abandoned   ④ defeated

02 She refused to <u>disclose</u> details of the report.
① reveal   ② revise   ③ collapse   ④ abandon

03 My uncle still <u>resides</u> at my grandparents' house.
① insures   ② inhabits   ③ contributes   ④ administers

04 Marks are awarded on the basis of <u>progress</u> and performance.
① identity   ② cooperation   ③ opportunity   ④ improvement

DAY 29
경제

오늘은 경제에 관련된 어휘들과 형용사를 만드는 접미사 -ly에 대해 배웁니다. 오늘 암기할 다음 어휘들을 보고 이미 알고 있는 어휘인지 확인해 보세요.

		Word Preview			
0757	fund	○ ×	0771	soar	○ ×
0758	credit	○ ×	0772	sum	○ ×
0759	property	○ ×	0773	stable	○ ×
0760	asset	○ ×	0774	merchant	○ ×
0761	auction	○ ×	0775	suddenly	○ ×
0762	loan	○ ×	0776	advantage	○ ×
0763	debt	○ ×	0777	desperate	○ ×
0764	poverty	○ ×	0778	commission	○ ×
0765	commerce	○ ×	0779	descend	○ ×
0766	import	○ ×	0780	venture	○ ×
0767	export	○ ×	0781	adapt	○ ×
0768	finance	○ ×	0782	appeal	○ ×
0769	profit	○ ×	0783	besides	○ ×
0770	stock	○ ×			

아는 어휘 _____ 개 / 27

경제와 관련된 어휘

0757 fund
[fʌnd]

명 기금, 자금　동 자금을 제공하다

참고 refund 명 환불(금) 동 환불하다

raise **funds** to help poor people
가난한 사람들을 돕기 위해 **기금**을 조성하다

0758 credit
[krédit]

명 신용, 신뢰, 채권　동 믿다

파 creditor 명 채권자

참고 credit card 신용카드

Here's my **credit** card. 기출
여기 제 **신용**카드요.

0759 property
[prápərti]

명 재산, 자산, 소유물; 부동산; 속성

유 fortune 명 재산 / belongings 명 소유물

His business fell off, and he lost his **property**. 교과서
그의 사업은 기울었고, 그는 **재산**을 잃었다.

0760 asset
[ǽset]

명 자산, 재산; 유리한 점, 이점

유 property 명 재산, 자산 / benefit 명 이익

a bank with billions of dollars in **assets**
자산이 수십억 달러인 은행

0761 auction
[ɔ́ːkʃən]

명 경매　동 경매로 팔다

The car was sold at an **auction** for $5,000.
그 차는 **경매**에서 5,000달러에 팔렸다.

0762 loan
[loun]

명 대출(금); 대여　동 대출하다

참고 get a loan 대출을 받다 ↔ repay a loan 대출을 갚다

He got a **loan** from the bank.
그는 은행에서 **대출**을 받았다.

암기 Tips TV에서 많이 나오는 카드'론' 대출 광고를 떠올리며 loan의 의미를 외워볼까요?

0763 debt
[det]
🔊 발음 주의!

명 빚, 부채

참고 be in debt to ~에게 빚을 지다

She used the cash to pay off personal **debts**.
그녀는 그 현금을 개인적인 **빚**을 갚는 데 사용했다.

0764 **poverty**

[pávərti]

명 가난, 빈곤

파 poor 형 가난한

He lived in **poverty** all his life.
그는 평생 **가난**하게 살았다.

0765 **commerce**

[kámə(:)rs]

명 상업, 교역, 상거래

파 commercial 형 상업의 명 (상업) 광고 (방송)
유 trade 명 교역, 무역

The pandemic led to an increase in online **commerce**.
그 유행병은 온라인 **상거래**의 증가를 가져왔다.

0766 **import**

동: [impɔ́ːrt]
명: [impɔ̀ːrt]

동 수입하다 명 수입(품)

South Korea **imports** lots of goods from China.
남한은 중국으로부터 많은 상품들을 수입한다.

더 알아두기* **port**의 의미: 항구; 나르다, 운반하다
• in → im(안으로) + port(나르다) = **import**(수입하다; 수입)
• ex(밖으로) + port(나르다) = **export**(수출하다; 수출)

0767 **export**

동: [ekspɔ́ːrt]
명: [ékspɔːrt]

동 수출하다 명 수출(품)

반 import 동 수입하다 명 수입

China **exports** goods to many countries.
중국은 여러 나라로 상품을 **수출**한다.

0768 **finance**

[fáinæns]

명 재정, 재무, 금융

파 financial 형 재정적인

The library closed due to a lack of **finance**.
그 도서관은 **재정** 부족으로 문을 닫았다.

0769 **profit**

[práfit]

명 이익, 수익(금)

파 profitable 형 이익이 되는, 유익한

He made a **profit** of $200 on the sale.
그는 그 판매로 200달러의 **수익**을 냈다.

0770 **stock**

[stɑk]

명 재고, 비축물; 주식

유 share 명 주, 주식, 지분
참고 stock price 주가 / stock market 주식 시장

We have a large **stock** of shoes to choose from.
저희는 선택할 수 있는 신발 **재고**가 많습니다.

0771 soar
[sɔːr]

동 (가격 등이) 치솟다, 급등하다

유 skyrocket 동 급상승하다

Stock prices are beginning to **soar**.
주가가 **치솟기** 시작한다.

0772 sum
[sʌm]

명 액수, 합계, 금액　동 합계하다

참고 sum은 '요약하다'라는 의미도 있어서 to sum up(요약하면)
의 형태로도 쓰여요.

He owes me a small **sum** of money.
그는 내게 소액의 돈을 빚졌다.

0773 stable
[stéibl]

형 안정적인, 안정된

파 stabilize 동 안정시키다, 안정되다
반 unstable 형 불안정한

Korea has a **stable** economy.
한국은 경제가 **안정되어** 있다.

0774 merchant
[mə́ːrtʃənt]

명 상인, 무역상

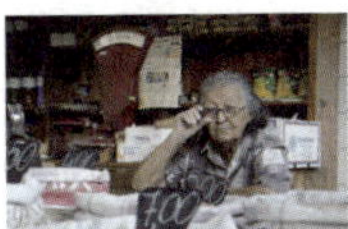

파 merchandise 명 물품, 상품
참고 *The Merchant of Venice* 〈베니스의 상인〉

A **merchant** is a person who buys and sells goods.
상인은 상품을 사고파는 사람이다.

중학교 **필수 어휘** 

0775 suddenly
[sʌ́dnli]

부 갑자기(= all of a sudden)

파 sudden 형 갑작스러운

He **suddenly** had a bright idea. 교과서
그는 **갑자기** 기발한 생각이 났다.

0776 advantage
[ədvǽntidʒ]

명 이점, 장점, 유리한 점

반 disadvantage 명 단점, 불리한 점
숙어 take advantage of ~을 이용하다

His height gives him a clear **advantage**.
그의 키는 그에게 확실한 **장점**이다.

0777 **desperate**
[déspərit]

형 절박한, 필사적인, 절실한

파 despair 명 절망(감) 통 절망하다
desperately 부 필사적으로, 절망적으로

She was **desperate** for someone to help her.
그녀는 자신을 도와줄 누군가가 **절실했다**.

0778 **commission**
[kəmíʃən]

명 위원회; 수수료; 위임, 의뢰 통 의뢰하다

참고 the Securities and Exchange Commission
증권 거래 위원회

The dealer takes a 10% **commission**.
판매원은 10%의 **수수료**를 받는다.

0779 **descend**
[disénd]

통 하강하다, 내려오다

파 descendant 명 자손, 후예
반 ascend 통 오르다, 올라가다

Our plane started to **descend**.
우리 비행기가 **하강하기** 시작했다.

0780 **venture**
[véntʃər]

명 모험; 모험적 사업 통 과감히 ~하다, 모험하다

Nothing **ventured**, nothing gained.
모험하지 않으면, 얻는 것도 없다.(호랑이 굴에 들어가야 호랑이를 잡는다.)

0781 **adapt**
[ədǽpt]

통 적응시키다, ~에 적응하다; 각색하다

파 adaptation 명 적응; 각색
숙어 adapt to ~에 적응하다

He easily **adapted** to high school.
그는 고등학교에 쉽게 **적응했다**.

0782 **appeal**
[əpíːl]

통 호소하다, 간청하다; 항소하다 명 호소, 간청; 매력

파 appealing 형 호소하는; 매력적인
숙어 appeal to ~에 호소하다

She **appealed** to the police for help.
그녀는 경찰에 도움을 **호소했다**.

0783 **besides**
[bisáidz]

부 게다가 전 ~ 외에(도), ~에 더하여

참고 beside 전 ~ 옆에

I don't want to go out; **besides** I'm tired.
나는 나가고 싶지 않아, **게다가** 피곤해.

형용사를 만드는 접미사 -ly

형용사에 -ly가 붙으면 부사가 된다는 것은 다들 알고 있죠? 이외에도 명사에 -ly가 붙으면 형용사가 되기도 하는데요, 어떤 단어들이 있는지 한번 살펴볼까요?

	접미사	
love 사랑		**love**ly 사랑스러운
friend 친구		**friend**ly 친한, 친절한
day 날, 하루		**dai**ly 매일의
year 해, 1년	**+　-ly**	**year**ly 매년의, 연간의
leisure 여가		**leisure**ly 한가한, 느긋한
dead 죽은 상태; 죽은		**dead**ly 치명적인
cost 값, 비용		**cost**ly 값비싼
order 순서, 차례		**order**ly 차례로 된, 정돈된

A 영어는 우리말로, 우리말은 영어로 옮겨 쓰세요.

01 import _______________

02 finance _______________

03 descend _______________

04 adapt _______________

05 debt _______________

06 fund _______________

07 venture _______________

08 신용, 신뢰, 채권 _______________

09 수출하다; 수출 _______________

10 갑자기 _______________

11 이점, 유리한 점 _______________

12 경매 _______________

13 안정적인 _______________

14 게다가; ~ 외에(도) _______________

B 빈칸에 알맞은 단어를 넣어보세요.

01 personal _______________ 개인 소유물

02 The agent was paid a(n) _______________. 그 대리인은 수수료를 지급 받았다.

03 She _______________ to the police for help. 그녀는 경찰에 도움을 호소했다.

04 He got a(n) _______________ from the bank. 그는 은행에서 대출을 받았다.

05 We carry items that are in _______________ at retailers. 기출
우리는 소매상에 재고로 있는 품목들을 취급합니다.

06 The invention of the railroad increased _______________.
철도의 발명은 교역을 증가시켰다.

C 빈칸에 알맞은 단어를 넣어 문장을 완성하세요.

01 _______________ buy goods at a low price and sell them at a higher price. 상인들은 낮은 가격에 상품을 사서 더 높은 가격에 판다.

02 Hunger wasn't the only problem in this area where _______________ was everywhere. 기출
가난이 도처에 있는 이 지역에서 배고픔이 유일한 문제는 아니었다.

03 The _______________ total showed a 20 percent rise compared with the figure from 2019. 총 합계는 2019년의 수치에 비해 20% 상승했음을 보여주었다.

04 Thank you for helping your fellow human beings in their time of _______________ need. 기출
도움을 절실하게 필요로 할 때에 여러분의 동료 사람들을 도와주셔서 감사합니다.

D 오늘의 테마 오늘 배운 접미사를 이용하여 빈칸에 알맞은 단어를 쓰세요.

01 leisure 여가   → _______________ 한가한, 느긋한

02 year 해, 1년   → _______________ 매년의, 연간의

03 dead 죽은 상태   → _______________ 치명적인

04 cost 값, 비용   → _______________ 값비싼

05 order 순서, 차례   → _______________ 차례로 된, 정돈된

06 day 날, 하루   → _______________ 매일의

07 love 사랑   → _______________ 사랑스러운

08 friend 친구   → _______________ 친한, 친절한

DAY 30
정치

오늘은 정치에 관련된 어휘들과 동사와 명사의 뜻을 함께 가지고 있는 어휘들의 유의어를 배워 봅니다. 오늘 암기할 다음 어휘들을 보고 이미 알고 있는 어휘인지 확인해 보세요.

Word Preview

0784	politician	○ ✕	0798	agenda	○ ✕
0785	advocate	○ ✕	0799	neutral	○ ✕
0786	govern	○ ✕	0800	conflict	○ ✕
0787	reform	○ ✕	0801	dispute	○ ✕
0788	democracy	○ ✕	0802	protest	○ ✕
0789	republic	○ ✕	0803	opponent	○ ✕
0790	liberal	○ ✕	0804	corrupt	○ ✕
0791	candidate	○ ✕	0805	criticize	○ ✕
0792	elect	○ ✕	0806	demonstrate	○ ✕
0793	ministry	○ ✕	0807	flesh	○ ✕
0794	committee	○ ✕	0808	inspire	○ ✕
0795	forum	○ ✕	0809	enthusiastic	○ ✕
0796	congress	○ ✕	0810	definite	○ ✕
0797	council	○ ✕			

아는 어휘 _____ 개 / 27

0784 politician
[pəlitíʃən]

명 정치인, 정치가

파 politics 명 정치, 정치적 견해[사상]
political 형 정치적인, 정당의
politically 부 정치적으로

He was a lawyer before becoming a **politician**.
그는 **정치인**이 되기 전에는 변호사였다.

0785 advocate
동: [ǽdvəkèit]
명: [ǽdvəkit]

동 옹호하다, 지지하다 명 옹호자, 지지자

유 support 동 지지하다 / supporter 명 지지자
참고 법정의 '변호사'라는 의미도 있어요.

Activists **advocate** for equal rights for women.
활동가들은 여성들의 평등한 권리를 **옹호한다**.

0786 govern
[gʌ́vərn]

동 통치하다, 다스리다, 지배하다

파 government 명 정부
governor 명 통치자; 주지사
유 rule 동 다스리다, 지배하다

She is fully qualified to **govern** our country.
그녀는 우리나라를 **통치할** 자격이 충분하다.

0787 reform
[rifɔ́ːrm]

동 개혁하다, 개선하다, 교정하다 명 개혁, 개선

참고 re(다시) + form(만들다, 형성하다)
reform the law 법을 개정하다

Does prison **reform** criminals?
감옥은 범죄자들을 **교정하는가**?

0788 democracy
[dimάkrəsi]

명 민주주의 (국가)

파 democratic 형 민주주의의, 민주적인

South Korea has a form of representative **democracy**.
남한은 대의 **민주주의** 형태를 가진다.

0789 republic
[ripʌ́blik]

명 공화국

파 republican 형 공화국의 명 공화주의자
참고 the Republic of Korea 대한민국

The **Republic** of South Africa is the southernmost
country in Africa. 남아프리카**공화국**은 아프리카 최남단 국가이다.

0790 **liberal**
[líbərəl]

형 자유주의의; 진보적인 명 자유주의자

파 liberate 동 해방시키다, 자유롭게 해주다

참고 liberal democracy 자유 민주주의

He has very **liberal** views about the economy.
그는 경제에 대해 매우 **진보적인** 견해를 가지고 있다.

0791 **candidate**
[kǽndidèit]

명 (입)후보자, 출마자; 지원자

참고 presidential candidate 대선 후보

He is one of the leading **candidates** for governor.
그는 유력한 주지사 **입후보자** 중 하나이다.

0792 **elect**
[ilékt]

동 선출하다, 선거하다

파 election 명 선거

Our team **elected** Yu-na as captain.
우리 팀은 유나를 주장으로 **선출했다**.

0793 **ministry**
[mínistri]

명 (정부의) 부처, 내각

참고 the Ministry of Education 교육부

The **Ministry** of Foreign Affairs will have a meeting.
외무부는 회의를 열 것이다.

0794 **committee**
[kəmíti]

명 위원회

the International Olympic **Committee**
국제 올림픽 **위원회**(IOC)

0795 **forum**
[fɔ́:rəm]

명 포럼, 회담, 공개 토론(장)

an international **forum** on climate change
기후변화에 관한 국제 **포럼**[회담]

0796 **congress**
[káŋgrəs]

명 국회, 의회; 회의

파 congressman 명 하원 의원

The deal needs the approval of the U.S. **Congress**.
그 합의는 미 **의회**의 승인이 필요하다.

0797 **council**
[káunsəl]

명 의회, 위원회

유 committee 명 위원회

참고 city council 시 의회 / student council 학생회

the president of the student **council** 교과서
학생회의 회장

0798 agenda
[ədʒéndə]

몡 의제, 안건 목록
참고 set the agenda 의제를 설정하다

What's the **agenda** of tomorrow's meeting?
내일 회의의 **의제**는 무엇입니까?

0799 neutral
[njú:trəl]

몡 중립의
파 neutralize 동 중립화하다

The country remained **neutral** in the war.
그 나라는 전쟁에서 **중립**을 유지했다.

0800 conflict
명: [kánflikt]
동: [kənflíkt]

몡 갈등[충돌], 싸움 동 충돌[반박]하다, 모순되다
유 dispute 몡 논쟁, 갈등
숙어 conflict with ~와 충돌하다, 모순되다

cause a military **conflict** between the two countries
두 나라 간의 군사적 **갈등**을 야기하다

0801 dispute
[dispjú:t]

몡 분쟁, 논쟁 동 반박하다
유 argument 몡 논쟁 / disagreement 몡 불일치
참고 cause a dispute 분쟁을 일으키다

A **dispute** arose between the two parties.
두 정당 간의 **분쟁**이 발생했다.

0802 protest
동: [prətést]
명: [próutèst]

동 항의하다; 이의를 제기하다 몡 항의, 시위
파 protester 몡 시위대, 항의자
유 demonstrate 동 시위하다

Artists **protest** against the war.
예술가들이 반전 **시위를 한다**.

0803 opponent
[əpóunənt]

몡 반대자, 적, 상대
파 oppose 동 ~에 반대하다
유 enemy 몡 적

His **opponent** was stronger than him.
그의 **적**은 그보다 더 강했다.

0804 corrupt
[kərʌ́pt]

몡 부패한 동 부패시키다, 더럽히다
파 corruption 몡 부패, 비리

The party in power tends to be **corrupt**.
집권당은 **부패하는** 경향이 있다.

0805 criticize
[krítisàiz]

동 비평하다, 비판하다, 비난하다

파 criticism 명 비평, 비판

숙어 criticize A for B A를 B에 대해 비난하다

Don't **criticize** your neighbor's behavior. 기출
당신 이웃의 행동을 **비난하지** 마라.

0806 demonstrate
[démənstrèit]

동 보여주다, 증명하다; 시위[데모]하다

파 demonstration 명 설명, 입증; 시위, 데모

The teacher **demonstrated** how to use it.
선생님은 그것을 사용하는 법을 **보여주셨다.**

0807 flesh
[fleʃ]

명 (사람, 동물의) 살, 육체; 피부

주의 '신선한'이라는 의미의 형용사 fresh와 구분하여 알아둡시다.

The lion tore through the **flesh** of the gazelle.
사자는 가젤의 **살을** 갈기갈기 찢었다.

0808 inspire
[inspáiər]

동 고무[격려]하다, 자극하다; 영감을 주다

파 inspiration 명 영감, 자극
inspirational 형 영감을 주는

Our goal is to **inspire** children to do their best.
우리의 목표는 아이들이 최선을 다하도록 **격려하는** 것이다.

0809 enthusiastic
[inθjùːziǽstik]

형 열광적인, 열렬한, 열정적인

파 enthusiasm 명 열광, 열의

They are **enthusiastic** about the project.
그들은 그 프로젝트에 **열광적이다.**

0810 definite
[défənit]

형 확실한, 명확한

파 definitely 부 확실히, 분명히; 〈대답으로〉 물론, 그렇고 말고
define 동 정의하다, 분명히 밝히다
반 indefinite 형 불명확한, 막연한

The answer is a **definite** 'NO!'
대답은 **명확한** '아니오!'이다.

함께 외우면 좋은 유의어

영어에는 동사와 명사의 뜻을 함께 가진 단어들이 많이 있어요. 정치와 관련된 단어인 advocate, protest, conflict와 같은 단어들도 마찬가지인데요. 동사와 명사 각각의 유의어를 함께 공부해 봅시다.

support
동 지지하다, 후원하다
=
advocate
동 옹호하다, 지지하다
명 옹호자, 지지자
=
supporter
명 지지자, 후원자

↕

critic
명 비난자, 비평가

object
동 이의를 제기하다, 반대하다
=
protest
동 항의하다, 이의를 제기하다
명 항의, 시위
=
opposition
명 항의, 반대

=

disagree
동 동의하지 않다

demonstration
명 시위, 데모

dispute
동 다투다, 반박하다
명 다툼, 논쟁
=
conflict
동 충돌하다, 반박하다
명 충돌, 싸움
=
quarrel
동 싸우다, 다투다
명 말다툼, 싸움

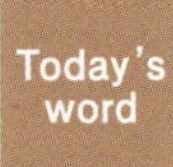

Today's word

demonstration [dèmənstréiʃən] 시위, 데모; 설명, 입증

뭔가에 반대하여 시위한다고 할 때, '데모'한다고 하죠? '데모'라는 말의 유래가 바로 demonstration이에요. 흔히 protest(시위)와 demonstration(시위)은 같은 뜻으로 쓰는데, 차이가 있다면 1인 시위는 demonstration이라고 하지 않는다는 거예요. 1인 시위는 영어로 one-person protest라고 쓴답니다.

A 영어는 우리말로, 우리말은 영어로 옮겨 쓰세요.

01 opponent ___________

02 congress ___________

03 liberal ___________

04 govern ___________

05 corrupt ___________

06 politician ___________

07 ministry ___________

08 민주주의 (국가) ___________

09 분쟁, 논쟁 d___________

10 개혁[개선]하다 ___________

11 보여주다; 시위하다 ___________

12 중립의 ___________

13 살, 육체 ___________

14 선출하다, 선거하다 ___________

B 빈칸에 알맞은 단어를 넣어보세요.

01 follow the ___________ 의제를 따르다

02 the ___________ of South Africa 남아프리카공화국

03 People ___________ his bad behavior. 사람들은 그의 나쁜 행동을 비판했다.

04 I hope my story can ___________ you. 교과서
저는 제 이야기가 여러분에게 영감을 줄 수 있기를 바랍니다.

05 A lot of citizens support ___________ No 1.
많은 시민들이 1번 후보자를 지지한다.

06 The student ___________ meets every Tuesday.
학생회는 화요일마다 모인다.

C 빈칸에 알맞은 단어를 넣어 문장을 완성하세요.

01 It's not ______________ that we will go on a tour.
우리가 여행을 갈지는 확실하지 않다.

02 She was very ______________ about going to the party.
그녀는 파티에 가는 것에 매우 열광했다.

03 We will hold a(n) ______________ on the role of the media.
우리는 미디어의 역할에 관한 포럼[공개 토론]을 개최할 것이다.

04 The finance ______________ decides how much money can be used.
재무 위원회는 얼마나 많은 돈이 쓰일 수 있는지를 결정한다.

05 In the classical fairy tale the c______________ is often permanently resolved. 기출 흔히 고전 동화에서 갈등은 영구적으로 해결된다.

D 오늘의 테마 밑줄 친 낱말과 바꿔 쓸 수 있는 것을 고르세요.

01 They <u>advocate</u> that the income tax rate should be lowered.
① object　　　② support　　　③ criticize　　　④ demonstrate

02 He was so upset by their decision that he resigned in <u>protest</u>.
① support　　　② approval　　　③ committee　　　④ opposition

03 The man <u>disagreed</u> and said, "I think we should keep walking straight." 교과서
① unified　　　② protested　　　③ reformed　　　④ governed

DAY 31

세계

오늘은 더 확장된 사회인 세계에 관련된 어휘들과 '하나'라는 의미의 어원 uni에서 확장되는 어휘들에 대해 배웁니다. 오늘 암기할 다음 어휘들을 보고 이미 알고 있는 어휘인지 확인해 보세요.

	Word Preview		
0811 globalize		0825 declare	
0812 unify		0826 diplomat	
0813 unite		0827 interpret	
0814 abroad		0828 faithful	
0815 overseas		0829 remark	
0816 racial		0830 reveal	
0817 ally		0831 province	
0818 union		0832 although	
0819 ambassador		0833 factor	
0820 embassy		0834 inferior	
0821 continent		0835 possess	
0822 boundary		0836 nevertheless	
0823 citizen		0837 postpone	
0824 civil			

아는 어휘 _____ 개 / 27

0811 globalize
[glóubəlàiz]
UK globalise

동 세계화하다, 세계화되다

파 global 형 세계적인

We strive to **globalize** Korean culture.
우리는 한국 문화를 세계화하려고 노력한다.

0812 unify
[júːnəfài]

동 통일하다, 통합하다

파 unification 명 통일, 통합

A common language **unifies** people.
하나의 공통어는 사람들을 **통합시킨다**.

> **더 알아두기** uni-에는 '하나의, 단일의'라는 의미가 있어요.
> • **uniform** 명 유니폼, 제복 형 획일적인
> • **union** 명 결합, 연합, 노동 조합

0813 unite
[júːnait]

동 통합하다, 단결하다

파 united 형 연합한, 통합된
참고 the United States of America 미합중국(미국)

A good leader **unites** the people.
훌륭한 지도자는 국민들을 **통합시킨다**.

0814 abroad
[əbrɔ́ːd]

부 해외에, 외국으로

숙어 go abroad 해외에 가다

I can't wait to go **abroad**. 기출
빨리 해외에 나가고 싶다.

0815 overseas
형: [óuvərsìːz]
부: [òuvərsíːz]

형 해외의 부 해외로, 해외에서

참고 overseas student 유학생

I've just returned from an **overseas** tour.
나는 **해외** 여행에서 막 돌아왔다.

암기 Tips 바다(sea)를 넘어서(over) 가면 해외라는 사실을 떠올리며 외워보세요.

0816 racial
[réiʃəl]

형 인종(간)의, 인종적인

파 race 명 인종; 경주 / racism 명 인종 차별(주의)

have a **racial** prejudice
인종적 편견을 갖고 있다

| 0817 | **ally** | 명 동맹국 동 동맹을 맺다, 연합하다 |

ally
[ǽlai]

명 동맹국 동 동맹을 맺다, 연합하다

파 alliance 명 동맹, 연합

They are **allied** against the same enemy.
그들은 공동의 적에 대항해 **연합했다**.

union
[júːnjən]

명 연합; (노동) 조합

참고 the European Union 유럽 연합(EU)

Some workers refused to join the **union**.
일부 노동자들은 **노동 조합** 가입을 거부했다.

ambassador
[æmbǽsədər]

명 (나라의) 대사, 대표, 사절

He was appointed as the U.S. **Ambassador** to Korea.
그는 주한 미국 **대사**로 임명되었다.

embassy
[émbəsi]

명 대사관

파 ambassador 명 대사, 대표, 사절

She works in the Chinese **embassy** in the U.S.
그녀는 주미 중국 **대사관**에서 일한다.

continent
[kántənənt]

명 대륙

파 continental 형 대륙(성)의

Asia is the largest **continent** on Earth.
아시아는 지구에서 가장 큰 **대륙**이다.

boundary
[báundəri]

명 경계(선), 분계선

파 bound 명 경계, 범위

The **boundaries** between countries are clear.
나라들 사이의 **경계**가 명확하다.

citizen
[sítizən]

명 시민, 주민

파 citizenship 명 시민권

He is an American **citizen** living in Korea.
그는 한국에 사는 미국 **시민**이다.

civil
[sívəl]

형 시민의; 국내의

파 civilian 명 민간인 / civilization 명 문명
참고 civil servant 공무원

The Spanish **Civil** War broke out in 1936.
스페인 **국내** 전쟁(내전)은 1936년에 발발했다.

0825 **declare**
[diklέər]

동 선언하다, 선포[공표]하다

declare war on Japan
일본에 전쟁을 **선포하다**

> **더 알아두기** * declare의 다른 의미: (세관에) 신고하다
> • Do you have anything to **declare**?
>   세관에 신고할 것이 있으신가요?

0826 **diplomat**
[dípləmæt]

명 외교관

파 diplomatic 형 외교의, 외교적인

His father served as a **diplomat** in several countries.
그의 아버지는 여러 나라에서 **외교관**으로 근무하셨다.

0827 **interpret**
[intə́ːrprit]

동 통역하다, 해석하다

파 interpretation 명 통역; 해석
　 interpreter 명 통역자

I can **interpret** for you as I speak Korean.
내가 한국어를 하니까 네게 **통역을 해** 줄 수 있어.

중학교 **필수 어휘**

0828 **faithful**
[féiθfəl]

형 충실한, 충직한

파 faith 명 믿음, 성실

The dog is **faithful** to its owner.
그 개는 주인에게 **충직하다**.

0829 **remark**
[rimáːrk]

명 발언, 언급, 논평 동 언급하다

유 comment 명 논평, 언급 동 논평하다
숙어 make a remark 말을 하다, 발언하다

She took my **remark** as an insult.
그녀는 내 **말**을 모욕으로 받아들였다.

0830 **reveal**
[rivíːl]

동 드러내다, 폭로하다, 밝히다

유 disclose 동 밝히다, 폭로하다

She **revealed** the fact that he lied.
그녀는 그가 거짓말을 했다는 사실을 **밝혔다**.

0831 **province**
[právins]

명 지방; 〈행정구역〉 주, 도, 성

Montreal is the largest city in the **province** of Quebec.
몬트리올은 퀘백 주에서 가장 큰 도시이다.

0832 **although**
[ɔ:lðóu]

접 (비록) ~일지라도, ~이지만

유 though, even though 비록 ~이지만

although rewards sound so positive
보상이 꽤 긍정적으로 들리기는 하지만

0833 **factor**
[fǽktər]

명 요인, 요소

Various **factors** influence the choices.
다양한 요인들이 선택에 영향을 미친다.

0834 **inferior**
[infí(:)əriər]

형 열등한, 뒤떨어지는

반 superior 형 뛰어난

He always felt **inferior** to his brother.
그는 항상 자신의 형보다 열등하다고 느꼈다.

0835 **possess**
[pəzés]

동 소유하다, 소지하다

파 possession 명 소유, (-s) 재산, 소유물

Voters must **possess** an ID card.
유권자는 신분증을 소지해야 한다.

0836 **nevertheless**
[nèvərðəlés]

부 그럼에도 불구하고, 그렇기는 하지만

유 nonetheless 부 그렇기는 하지만, 그렇더라도

Nevertheless, the arms race went on.
그럼에도 불구하고, 군비 경쟁은 계속되었다.

0837 **postpone**
[pousʈpóun]

동 연기하다, 미루다

유 put off 미루다, 연기하다(= delay)

I heard the test was **postponed**. 기출
시험이 **연기됐**다고 들었어요.

함께 외우면 좋은 어원 영단어

영어 어원 uni는 '하나(one)'라는 뜻이에요. 그래서 '하나 밖에 없는'이라는 의미와 '하나가 된'이라는 의미를 가진 단어들이 uni로 시작하는 경우가 많죠. 어떤 것들이 있는지 확인해 볼까요?

uni
= 하나(one)

unite
un(i) + it → 하나로 만들다
[동] 통합하다, 단결하다
unite the independent nations
독립 국가들을 통합하다
* united [형] 통합된, 연합된

unique
uni + que → 하나 밖에 없는
[형] 고유한, 독특한
a **unique** human property
고유한 인간 속성
* uniqueness [명] 고유함, 독특함

universe
uni + verse(회전하다) → 하나로 회전하는 것
[명] 우주
He studied the theories of how the **universe** began.
그는 우주 생성에 관한 이론들을 연구했다.
* universal [형] 보편적인, 우주의
* university [명] 대학

uniform
uni + form(형태) → 단일의 형태
[명] 교복, 제복, 군복　[형] 획일적인, 균일한
She is wearing a school **uniform**.
그녀는 교복을 입고 있다.
The cookies should be **uniform** in size.
쿠키는 크기가 균일해야 한다.
* uniformity [명] 획일, 균일
* uniformed [형] 교복[제복/군복]을 입은

Today's quiz
빈칸에 알맞은 말을 넣어 보세요.

Soldiers in full ________ with guns are going to attack.

 **Answers**　uniform / 총을 들고 있는 완전 군복을 입은 군인들이 공격하려고 한다.

A 영어는 우리말로, 우리말은 영어로 옮겨 쓰세요.

01 ambassador ______________

02 remark ______________

03 unify ______________

04 declare ______________

05 inferior ______________

06 province ______________

07 overseas ______________

08 통역하다, 해석하다 ______________

09 드러내다, 폭로하다 ______________

10 연기하다, 미루다 ______________

11 동맹국 ______________

12 소유[소지]하다 ______________

13 요인, 요소 ______________

14 세계화하다 ______________

B 빈칸에 알맞은 단어를 넣어보세요.

01 a______________ it was late 비록 늦었지만

02 the Chinese ______________ in the U.S. 주미 중국 대사관

03 I'd like to study a______________. 나는 해외에서 공부하고 싶다.

04 Police officers are ______________ servants. 경찰관들은 공무원이다.

05 ______________ equality is a basic human right.
인종 평등은 기본적인 인권이다.

06 The British ______________ worked in Germany.
그 영국 외교관은 독일에서 일했다.

C 빈칸에 알맞은 단어를 넣어 문장을 완성하세요.

01 The fence serves as the ______________ between the two houses.
그 담장은 두 집들 사이의 경계선 역할을 한다.

02 A habit is a(n) ______________ friend who helps us toward our goal.
습관은 우리가 목표를 향해 가도록 도와주는 충실한 친구이다. [기출]

03 The Amazon runs across the ______________ through seven countries.
아마존은 7개국을 관통해 대륙을 가로질러 흐른다. [교과서]

04 Global ______________ are people who try to understand different cultures. [교과서] 세계 시민이란 다른 문화를 이해하려고 노력하는 사람들이다.

D [오늘의 테마] 빈칸에 알맞은 단어를 넣어 문장을 완성하세요.

01 The blanket is very colorful and ______________. [교과서]
그 담요는 매우 화려하고 독특하다.

02 The office walls and furniture were a(n) ______________ white.
사무실 벽과 가구가 획일적인 흰색이었다.

03 Until the 16th century, the center of the ______________ was Earth.
16세기까지, 우주의 중심은 지구였다. [교과서]

04 The government is calling on all communities to ______________ in the current crisis.
정부는 현재의 위기에서 모든 공동체가 단결하도록 요구하고 있다.

DAY 32
법, 범죄

오늘은 법과 범죄에 관련된 어휘들과 접두사 en-과 접미사 -en을 포함하는 어휘들을 배웁니다. 오늘 암기할 다음 어휘들을 보고 이미 알고 있는 어휘인지 확인해 보세요.

Word Preview		
0838 crime	0852 gang	
0839 legal	0853 threat	
0840 steal	0854 violent	
0841 deceive	0855 abuse	
0842 murder	0856 accuse	
0843 suspect	0857 commit	
0844 suspicious	0858 confess	
0845 proof	0859 copyright	
0846 guilty	0860 forbid	
0847 trial	0861 conscience	
0848 defendant	0862 enrich	
0849 jury	0863 pretend	
0850 convict	0864 complete	
0851 thief		

아는 어휘 ____ 개 / 27

법 / 범죄와 관련된 어휘

0838 crime
[kraim]

⑱ 범죄, 죄

㈜ criminal ⑲ 범죄의, 형사상의 ⑱ 범인

I found your wallet at the **crime** scene.
범죄 현장에서 당신의 지갑을 발견했습니다.

0839 legal
[líːɡəl]

⑲ 법적인, 합법적인

㉫ illegal ⑲ 불법적인

Hangeul Day is a **legal** holiday in Korea.
한글날은 한국의 **법정** 공휴일이다.

> **더 알아두기** * **not**의 의미를 가진 부정·반대의 접두사 il-, ir-
> • logical ⑲ 논리적인 ↔ **illogical** ⑲ 비논리적인
> • regular ⑲ 규칙적인 ↔ **irregular** ⑲ 불규칙적인

0840 steal
[stiːl]
(–stole–stolen)

⑧ 훔치다, 도둑질하다

㈂ rob ⑧ 털다, 훔치다

Somebody **stole** my money!
누군가가 내 돈을 **훔쳐갔어**!

0841 deceive
[disíːv]

⑧ 속이다, 기만하다

㈜ deception ⑱ 속임, 기만, 사기

He **deceived** me and took all my money.
그는 나를 **속였고** 내 돈을 모두 가져갔다.

0842 murder
[mə́ːrdər]

⑱ 살인(죄) ⑧ 살해하다

㈜ murderer ⑱ 살인자

The mother of the **murder** victim was crying.
살인 (시건) 피해자의 어머니가 울고 있었다.

0843 suspect
동: [səspékt]
명: [sʌ́spekt]

⑧ 의심하다 ⑱ 용의자

㈜ suspicion ⑱ 혐의, 의심
㈃ strongly suspect that ~이 아닐까 강하게 의심하다

The police **suspect** that he is the murderer.
경찰은 그가 살인자라고 **의심하고** 있다.

0844 **suspicious**
[səspíʃəs]

형 의심스러운, 수상한

파 suspect 동 의심하다 / suspicion 명 혐의, 의심
숙어 be suspicious of ~을 의심하다

We were **suspicious** of the stranger.
우리는 그 낯선 사람을 수상히 여겼다.

0845 **proof**
[pru:f]

명 증거, 증명　형 막는, 방지하는

파 prove 동 입증하다
참고 waterproof 형 방수가 되는

Is there any **proof** that Jim stole your money?
Jim이 네 돈을 훔쳤다는 어떠한 증거라도 있니?

0846 **guilty**
[gílti]

형 유죄의, 죄책감을 느끼는

파 guilt 명 유죄, 죄책감
반 innocent 형 무죄인
참고 be found guilty 유죄로 판결받다

He was **guilty** of murder.
그는 살인죄를 지었다.

0847 **trial**
[tráiəl]

명 재판, 공판

She is on **trial** for murder.
그녀는 살인죄로 재판을 받고 있다.

더 알아두기* trial의 다른 의미: 시도, 시험[실험]
 • **trial** and error 시행착오

0848 **defendant**
[diféndənt]

명 (재판의) 피고

반 plaintiff 명 원고, 고소인

The **defendant** must attend the trial.
그 피고인은 재판에 참석해야 한다.

0849 **jury**
[dʒú(:)əri]

명 배심원단

The **jury** found the defendant innocent.
배심원단은 피고인을 무죄로 판결했다.

0850 **convict**
동: [kənvíkt]
명: [kánvikt]

동 유죄를 선고하다　명 죄수

파 conviction 명 유죄 선고[판결]

He was **convicted** of robbery.
그는 강도죄로 유죄를 선고받았다.

0851 thief
[θiːf]
복 thieves

명 도둑, 절도범

유 robber 명 강도

Did you see the **thief**'s face? 교과서
도둑의 얼굴을 봤나요?

0852 gang
[gæŋ]

명 패거리, 범죄 집단

He was attacked by a **gang** of youths.
그는 청소년 패거리에게 공격을 당했다.

0853 threat
[θret]

명 위협, 협박

파 threaten 동 위협하다

Some perceive technological development as a **threat**. 기출
일부는 기술 발전을 **위협**으로 인식한다.

0854 violent
[váiələnt]

형 폭력적인

파 violently 부 심하게, 난폭하게
violence 명 폭력
violate 동 위반하다

Violent movies are not good for children.
폭력적인 영화는 아이들에게 좋지 않다.

0855 abuse
명: [əbjúːs]
동: [əbjúːz]

명 남용; 학대 동 남용하다; 학대하다

참고 child abuse 아동 학대
physical abuse 신체적 학대

Isolation may increase drug and alcohol **abuse**.
고립은 약물 및 알코올 **남용**을 증가시킬 수도 있다.

0856 accuse
[əkjúːz]

동 고발하다, 고소하다; 비난하다

숙어 accuse A of B B에 대해 A를 비난하다[고발하다]
참고 the accused 피고인

He has been **accused** of robbery.
그는 강도 혐의로 **고발되었다**.

0857 commit
[kəmít]

동 (나쁜 일을) 저지르다; 전념하다; 약속하다

파 commitment 명 전념; 약속
참고 commit suicide 자살하다

He did not **commit** the crime.
그는 범죄를 **저지르지** 않았다.

0858 **confess**
[kənfés]

동 자백하다, 고백하다, 고해하다

파 confession 명 자백, 고백

The man **confessed** his crime to the police.
그 남자는 경찰에 범죄를 **자백했다**.

0859 **copyright**
[kápiràit]

명 저작권, 판권 형 저작권 보호를 받는

laws that protect **copyright** owners
저작권자들을 보호하는 법

> 더 알아두기 * **right**의 다른 의미: 권리
> • human **rights** 인권　　• **right** to vote 투표권

0860 **forbid**
[fərbíd]
(−forbade−forbidden)

동 금지하다

The museum **forbids** flash photography.
박물관은 플래시 사진 촬영을 **금지한다**.

0861 **conscience**
[kánʃəns]

명 양심, 가책

This issue is a matter of individual **conscience**.
이 문제는 개인의 **양심**의 문제이다.

중학교 **필수 어휘**

0862 **enrich**
[inrítʃ]

동 부유하게[풍부하게] 하다, 질을 높이다

파 rich 형 부유한, 풍부한

Volunteering **enriches** their social network. 기출
자원봉사는 그들의 사회적 관계망을 **풍부하게** 한다.

0863 **pretend**
[priténd]

동 ~인 체하다

숙어 pretend to *do* ~인 체하다

She **pretended** to be her twin sister.
그녀는 자신의 쌍둥이 자매인 **척했다**.

0864 **complete**
[kəmplíːt]

동 완료하다, 완성하다; 작성하다 형 완전한

파 completely 부 완전히

I have to **complete** my science project.
나는 과학 프로젝트를 **완료해야** 한다.

알아두면 쓸모 있는 핵심 접사

접두사 en- / 접미사 -en

접두사 en-과 접미사 -en은 '~하게 하다, ~하게 만들다(make)'라는 의미가 있어요. 주로 명사나 형용사에 붙여서 동사형을 만드는데요, 어떤 단어들이 있는지 한 번 살펴봅시다.

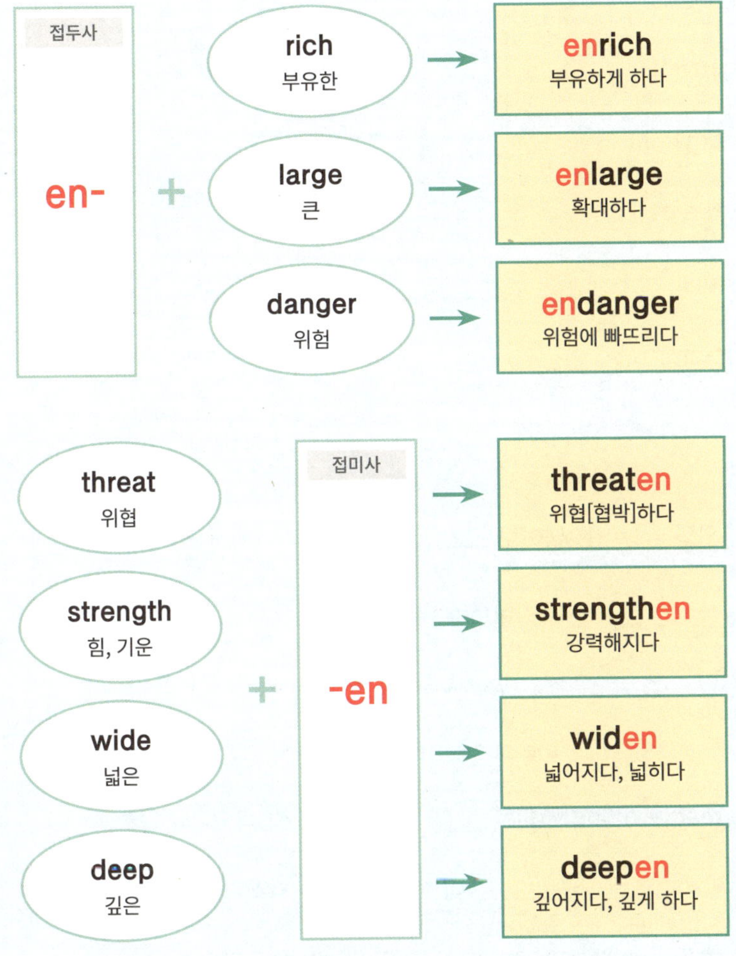

Today's quiz

네모 안에서 문맥에 알맞은 말을 골라 보세요.

Challenging our brain with new activities can strength / strengthen the connections between brain cells.　기출

📖 **Answers** strengthen / 새로운 활동들로 우리의 뇌를 자극하는 것은 뇌세포들 간의 연결을 강화시킬 수 있다.

A   영어는 우리말로, 우리말은 영어로 옮겨 쓰세요.

01   defendant   ____________

02   gang   ____________

03   convict   ____________

04   copyright   ____________

05   violent   ____________

06   steal   ____________

07   commit   ____________

08   재판, 공판   ____________

09   위협, 협박   ____________

10   의심하다; 용의자   ____________

11   금지하다   ____________

12   증거; 막는   ____________

13   자백[고백]하다   ____________

14   법적인, 합법적인   ____________

B   빈칸에 알맞은 단어를 넣어보세요.

01   ____________ members   배심원

02   a(n) ____________ person   수상한 사람

03   ____________ the customer   고객을 속이다

04   a matter of individual ____________   개인의 양심의 문제

05   He was ____________ of murder.   그는 살인죄를 지었다.

06   The man was ____________ of stealing a car.
그 남자는 차를 훔친 혐의로 고발당했다.

07   The ____________ stole the queen's crown last night.
그 도둑은 어젯밤에 여왕의 왕관을 훔쳤다.

C 빈칸에 알맞은 단어를 넣어 문장을 완성하세요.

01 Finally, the spider successfully ______________ the web. 기출

마침내, 거미는 성공적으로 거미줄을 완성했다.

02 People who ______________ animals should be punished severely.

동물을 학대하는 사람들은 엄하게 처벌받아야 한다.

03 ______________ing you are not upset will make things worse later on. 기출

속상하지 않은 척하는 것은 나중에 상황을 더 안 좋게 만들 것이다.

04 Thanks to big data, police can now predict ______________ before it happens. 교과서

빅데이터 덕분에 이제 경찰은 범죄가 일어나기 전에 그것을 예측할 수 있다.

D 오늘의 테마 오늘 배운 접두사와 접미사를 이용하여 빈칸에 알맞은 단어를 쓰세요.

01 rich 부유한 → ______________ 부유하게 하다

02 threat 위협 → ______________ 위협[협박]하다

03 wide 넓은 → ______________ 넓어지다, 넓히다

04 danger 위험 → ______________ 위험에 빠뜨리다

05 strength 힘, 기운 → ______________ 강력해지다

06 large 큰 → ______________ 확대하다

07 deep 깊은 → ______________ 깊어지다, 깊게 하다

08 sure 확실한 → ______________ 확실하게 하다, 보장하다

DAY 33
군대, 전쟁

오늘은 군대와 전쟁에 관련된 어휘들과 행위자나 직업을 나타내는 접미사들에 대해 배웁니다.
오늘 암기할 다음 어휘들을 보고 이미 알고 있는 어휘인지 확인해 보세요.

Word Preview

0865 navy	0879 burst	
0866 troop	0880 cease	
0867 civilian	0881 negotiate	
0868 combat	0882 agent	
0869 territory	0883 potential	
0870 weapon	0884 assist	
0871 nuclear	0885 inspect	
0872 submarine	0886 controversy	
0873 command	0887 domestic	
0874 conquer	0888 circulate	
0875 occupy	0889 disturb	
0876 defeat	0890 brochure	
0877 escort	0891 standard	
0878 explode		

아는 어휘 ______ 개 / 27

군대 / 전쟁과 관련된 어휘

0865 navy
[néivi]

명 해군
참고 '짙은 남색'이라는 의미도 있어요.
　　army 명 육군 / air force 공군

I want to join the U.S. **Navy**.
나는 미 **해군**에 입대하고 싶다.

0866 troop
[tru:p]

명 부대, 병력; 떼, 무리

American **troops** were sent to Afghanistan.
미군 **부대**가 아프가니스탄으로 보내졌다.

0867 civilian
[sivíljən]

명 민간인, 일반인　형 민간(인)의
파 civil 형 시민의, 민간인의
참고 innocent civilians 무고한 시민들

This is a restricted area for **civilians**.
이곳은 **민간인** 통제 구역이다.

0868 combat
명: [kámbæt]
동: [kəmbǽt]

명 전투　동 싸우다
유 battle 명 싸움, 전투　동 싸우다, 다투다
참고 combat with ~와의 싸움

The soldiers are trained for **combat**.
군인들은 **전투**에 대비해 훈련받는다.

0869 territory
[téritɔ̀:ri]

명 영토, 영역
파 territorial 형 영토의

For years the two countries battled over **territory**.
수년 동안 그 두 나라는 **영토**를 놓고 분쟁했다.

0870 weapon
[wépən]

명 무기, 병기
유 arms 명 (군대의) 무기

These **weapons** cannot protect us.
이 **무기**들은 우리를 보호하지 못한다.

0871 nuclear
[njú:kliər]

형 원자력의, 핵무기의
참고 nuclear weapon 핵무기 / nuclear plant 원자력 발전소

A **nuclear** bomb is the most powerful weapon.
핵폭탄은 가장 강력한 무기이다.

0872 submarine
[sʌ̀bmərí:n]

명 잠수함 형 해저의

참고 '~의 아래에'라는 의미의 접두사 sub-와 '바다의, 해양의'라는 의미의 marine이 합쳐진 단어예요. Marine은 '해병대원'이라는 의미도 있어요.

Have you ever seen a **submarine**?
잠수함을 본 적이 있니?

0873 command
[kəmǽnd]

동 명령하다, (군에서) 지휘하다 명 명령

파 commander 명 사령관, 지휘관
유 control 동 지휘하다, 통제하다
　 order 동 명령하다 명 명령

The general **commanded** the troop to march.
장군은 그 부대에 진군을 **명령했다.**

0874 conquer
[káŋkər]

동 정복하다

파 conquest 명 정복 / conqueror 명 정복자

They **conquered** all the territory.
그들은 모든 영토를 **정복했다.**

0875 occupy
[ákjupài]

동 점유하다, 차지하다, 점령하다; 거주하다

파 occupation 명 점령; 직업

The Spanish **occupied** parts of South America.
스페인 사람들은 남미의 일부를 **점령했다.**

0876 defeat
[difí:t]

동 패배시키다, 이기다

유 beat 동 이기다

Napoleon was **defeated** at the battle of Waterloo.
나폴레옹은 워털루 전투에서 **패배했다.**

0877 escort
[iskɔ́:rt]

동 호위하다 명 호위자

참고 under police escort 경찰의 호위 아래

The queen was **escorted** by soldiers.
여왕은 병사들에게 **호위를** 받고 있었다.

0878 explode
[iksplóud]

동 폭발하다, 폭파시키다

파 explosion 명 폭발
　 explosive 형 폭발성의

The vehicle **exploded** in the parking lot.
주차장에서 차량이 **폭발했다.**

0879 burst
[bə:rst]
(−burst−burst)

[동] 파열하다, 터지다　[명] 폭발
[숙어] burst into 갑자기 ~하다
[참고] burst out laughing 폭소하다, 갑자기 웃음을 터뜨리다

She **burst** into tears. 그녀는 갑자기 울음을 터뜨렸다.
create a **burst** of energy 에너지 폭발을 일으키다

0880 cease
[si:s]

[동] 중단하다, 중지하다, 멈추다
[유] stop [동] 멈추다

Cease fire! 사격 중지!
The groups **ceased** to look down on each other. [기출]
그룹들은 서로 얕보기를 **중단했다.**

0881 negotiate
[nigóuʃièit]

[동] 협상하다, 교섭하다
[파] negotiation [명] 협상, 교섭

The government **negotiates** a peace agreement.
정부는 평화 조약을 **협상한다.**

0882 agent
[éidʒənt]

[명] 요원; 대리인, 중개상
[참고] FBI agent　FBI 요원
insurance agent 보험 중개인[설계사]

James Bond was a secret **agent**.
James Bond는 비밀 **요원**이었다.

중학교 **필수 어휘**

0883 potential
[pəténʃəl]

[형] 잠재적인　[명] 가능성, 잠재력
[파] potentially [부] 잠재적으로

All people are **potential** geniuses. [기출]
모든 사람들은 **잠재적인** 천재들이다.

a greater **potential** for success
더 큰 성공 **가능성**

0884 assist
[əsíst]

[동] 돕다; 〈축구〉 어시스트 하다
[파] assistance [명] 돕기, 지원
assistant [명] 조수, 보조자

This feedback **assists** the speaker in many ways. [기출]
이 피드백은 여러 면에서 연사를 **도와준다.**

0885 **inspect**
[inspékt]

동 검사하다, 조사하다

파 inspection 명 검사, 조사

The police **inspected** their office.
경찰은 그들의 사무실을 **조사했다**.

0886 **controversy**
[kántrəvə̀:rsi]

명 논란, 논쟁

파 controversial 형 논쟁을 일으키는

The new law has caused **controversy**.
새로운 법은 **논란**을 불러일으켰다.

0887 **domestic**
[dəméstik]

형 국내의; 가정의; 길들여진

파 domesticate 동 (동물을) 길들이다

We can easily book **domestic** flight tickets.
우리는 **국내선** 항공권을 쉽게 예매할 수 있다.
domestic violence 가정 폭력
domestic animals 가축

0888 **circulate**
[sə́:rkjulèit]

동 순환시키다, 순환하다

파 circulation 명 순환

Ceiling fans **circulate** the air in the room.
천장 선풍기는 방의 공기를 **순환시킨다**.

0889 **disturb**
[distə́:rb]

동 방해하다

파 disturbance 명 방해
유 interrupt 동 방해하다, 가로막다

Do not **disturb**.
방해하지 마세요.

0890 **brochure**
[brouʃúər]

명 팸플릿, 소책자

I'll pick up the movie club's **brochure** for you. 기출
네게 영화 동아리 **팸플릿**을 갖다 줄게.

0891 **standard**
[stǽndərd]

명 수준, 기준 형 표준의, 기준의

파 standardize 동 표준화하다

We want to raise the **standard** of living.
우리는 생활 **수준**을 높이고 싶어 한다.

오늘의 테마

알아두면 쓸모 있는 핵심 접미사

행위자를 나타내는 접미사 -er, -ant, -or, -ian

영어에는 '행위자' 또는 '직업'을 나타내는 접미사가 다양하게 있어요. 어떤 접미사들이 있는지 아래에서 확인해 봅시다.

---

command 동 지휘하다
commander 명 지휘관

own 동 소유하다
owner 명 소유자, 주인

entertain 동 즐겁게 하다
entertainer 명 연예인

---

occupy 동 점유하다, 거주하다
occupant 명 점유자, 거주자

account 명 (회계) 장부, 계좌
accountant 명 회계사

assist 동 돕다
assistant 명 조수

-er　**-ant**
-or　**-ian**

---

negotiate 동 교섭하다
negotiator 명 교섭자

inspect 동 조사하다
inspector 명 조사자

supervise 동 감독[관리]하다
supervisor 명 감독[관리]자

---

civil 형 시민의
civilian 명 시민, 민간인

library 명 도서관
librarian 명 (도서관) 사서

guard 동 보호하다
guardian 명 수호자, 후견인

★ 몰랐던 단어에 동그라미하고, 나만의 단어장에 단어와 뜻을 적어보세요.

A 영어는 우리말로, 우리말은 영어로 옮겨 쓰세요.

01 nuclear _______________

02 defeat _______________

03 domestic _______________

04 explode _______________

05 troop _______________

06 agent _______________

07 combat _______________

08 호위하다; 호위자 _______________

09 중단하다, 멈추다 _______________

10 방해하다 _______________

11 팸플릿, 소책자 _______________

12 잠수함; 해저의 _______________

13 돕다 _______________

14 무기, 병기 _______________

B 빈칸에 알맞은 단어를 넣어보세요.

01 the _______________ of living 생활 수준

02 cause a serious _______________ 심각한 논란을 일으키다

03 Everybody _______________ into laughter. 기출
모든 사람들이 웃음보를 터뜨렸다.

04 o_______________ the enemy's _______________ 적의 영토를 점령하다

05 They have failed to _______________ his salary.
그들은 그의 봉급 협상에 실패했다.

06 She has great _______________ as a musician.
그녀는 음악가로서 훌륭한 잠재력을 가지고 있다.

C 빈칸에 알맞은 단어를 넣어 문장을 완성하세요.

01 Blood _______________ throughout your whole body. 혈액은 전신을 순환한다.

02 Many innocent _______________ were killed during the war.
많은 무고한 시민들이 전쟁 중에 사망했다.

03 After six attempts, he finally _______________ Mt. Everest.
그는 여섯 번의 시도 끝에 마침내 에베레스트 산을 정복했다.

04 The _______________ made its sailors shout, "Bang!" instead of using real bombs. 교과서
해군은 선원들에게 진짜 폭탄을 사용하는 대신에 "쾅!"이라고 소리치게 했다.

D 오늘의 테마 보기에 주어진 단어의 형태를 바꾸어 문장을 완성하세요.

보기	occupy	inspect	library	command

01 Ms. Ahn, the _______________, said, "He doesn't read books." 교과서
도서관 사서인 안선생님은 "그는 책을 읽지 않아요."라고 말했다.

02 The _______________ declared the meat fit for human consumption.
조사관은 그 고기는 인간 소비에 적합하다고 발표했다.

03 The soldiers fired as soon as their _______________ gave the order.
지휘관이 명령을 내리자마자 군인들은 발포했다.

04 The _______________ of the building are unhappy about the rent increase. 건물 거주자들은 임대료 인상에 대해 못마땅해 했다.

DAY 34

역사, 종교

오늘은 역사와 종교에 관련된 어휘들과 발음은 같지만 철자와 뜻은 다른 동음이의어들에 대해 배웁니다. 오늘 암기할 다음 어휘들을 보고 이미 알고 있는 어휘인지 확인해 보세요.

Word Preview

0892	prehistoric	○ ×	0906	holy	○ ×
0893	colony	○ ×	0907	sacred	○ ×
0894	primitive	○ ×	0908	pray	○ ×
0895	remains	○ ×	0909	priest	○ ×
0896	preserve	○ ×	0910	destiny	○ ×
0897	empire	○ ×	0911	sin	○ ×
0898	imperial	○ ×	0912	worship	○ ×
0899	knight	○ ×	0913	cite	○ ×
0900	noble	○ ×	0914	restore	○ ×
0901	pioneer	○ ×	0915	linguistic	○ ×
0902	evolution	○ ×	0916	furthermore	○ ×
0903	religion	○ ×	0917	specific	○ ×
0904	faith	○ ×	0918	prime	○ ×
0905	devil	○ ×			

아는 어휘 ＿＿＿개 / 27

0892 prehistoric
[prìːhistɔ́ːrik]

형 **선사 시대의, 역사 이전의**

파 historic 형 역사적인 / historical 형 역사의, 전통적인
historian 명 역사가, 사학자
유 ancient 형 고대의

Prehistoric cave drawings show early human's creativity. 선사 시대의 동굴 그림은 초기 인류의 창의성을 보여준다.

0893 colony
[káləni]

명 **식민지**

Vietnam was a **colony** of France.
베트남은 프랑스의 **식민지**였다.

더 알아두기* colony의 다른 의미: 집단 거주지, (동식물의) 군집
• form a new **colony** 새로운 군집을 형성하다

0894 primitive
[prímitiv]

형 **원시적인, 미개의**

반 advanced 형 선진의, 진보한

Primitive men lived in caves. 원시인들은 동굴에서 살았다.

0895 remains
[riméinz]

명 **유물, 유적**

파 remain 동 남다, 여전히 ~이다

Remains were found in the town.
그 마을에서 **유물**이 발견되었다.

더 알아두기*
동사 remain은 '여전히 ~이다'의 의미로, 『remain+보어』의 형태로 쓰이고 '여전히 (보어)하다'의 의미를 나타내요.
• **remain** silent 잠자코 있다

0896 preserve
[prizɔ́ːrv]

동 **보존하다, 보호하다**

파 preservation 명 보존, 보호

They **preserve** their traditions. 기출
그들은 자신들의 전통을 **보존한다**.

0897 empire
[émpaiər]

명 **제국**

유 kingdom 명 왕국

It was once the capital of the Angkor **Empire**. 교과서
그곳은 한때 앙코르 **제국**의 수도였다.

0898 **imperial**
[impíəriəl]

형 제국의, 황제의

파 emperor 명 황제, 제왕

Imperial Palace was large and beautiful.
황궁은 크고 아름다웠다.

0899 **knight**
[nait]
🔊 발음 주의!

명 (중세의) 기사

King Arthur and the **knights** of the round table
아서왕과 원탁의 **기사들**

0900 **noble**
[nóubl]

형 귀족의, 고귀한 명 귀족

파 nobility 명 귀족 계급; 고귀함

숙어 of noble birth 귀족 출신의

참고 '새로운, 진기한'이라는 의미의 형용사 novel과 구분하여 알아
두도록 해요.

She married a man of **noble** birth.
그녀는 **귀족** 출신의 남자와 결혼했다.

0901 **pioneer**
[pàiəníər]

명 개척자, 선구자 동 개척하다, 선도하다

파 pioneering 형 개척적인, 선구적인

His ancestors were **pioneers** in California.
그의 조상들은 캘리포니아의 **개척자**였다.

0902 **evolution**
[èvəlú:ʃən]

명 진화; 발전

파 evolve 동 진화하다; 발전하다
evolutionary 형 진화적인; 점진적인

We have to study the process of biological **evolution**.
우리는 생물학적 **진화** 과정을 연구해야 한다.

0903 **religion**
[rilídʒən]

명 종교

파 religious 형 종교의, 종교적인

People of different **religions** live in harmony.
여러 **종교**를 가진 사람들이 조화롭게 산다.

0904 **faith**
[feiθ]

명 믿음, 신념, 신앙

파 faithful 형 신의 있는, 충실한

유 belief 명 믿음, 신앙

I have **faith** in you.
나는 너를 믿어.

0905 devil
[dévəl]

명 악마

참고 evil 형 사악한, 악랄한 명 악

She seemed to be possessed by the **devil**.
그녀는 **악마**에게 홀린 것 같았다.

0906 holy
[hóuli]

형 신성한, 성스러운

유 sacred 형 신성한, 성스러운
참고 the Holy Bible 성경

Jerusalem is known as a **holy** city.
예루살렘은 **신성한** 도시로 알려져 있다.

0907 sacred
[séikrid]

형 신성한, 성스러운

유 holy 형 신성한, 경건한

The temple is a **sacred** place. 그 사원은 **신성한** 장소이다.

0908 pray
[prei]

동 기도하다, 기원하다

파 prayer 명 기도, 기도문

I will **pray** for you. 너를 위해 **기도할게**.

0909 priest
[priːst]

명 사제, 신부, 성직자

참고 minister 명 목사, 성직자

The **priest** prayed for the homeless.
그 **사제**는 집 없는 이들을 위해 기도했다.

0910 destiny
[déstəni]

명 운명, 숙명

유 fate 명 운명, 숙명

It is man's **destiny** to suffer.
고통을 겪는 것은 인간의 **운명**이다.

0911 sin
[sin]

명 (종교상의) 죄

참고 crime 명 (법률적) 범죄

God has forgiven all my **sins**.
하느님은 내 모든 **죄**를 용서하셨다.

0912 worship
[wə́ːrʃip]

동 예배를 드리다, 숭배하다 명 예배

파 worshipper 명 예배자, 숭배자

We **worship** at this church.
우리는 이 교회에서 **예배를 드린다**.

0913 cite
[sait]

동 언급하다; 인용하다

유 mention 동 언급하다
quote 동 인용하다

Cite the sources when writing a research paper.
보고서를 쓸 때는 출처를 언급해라.
cite a poem by Shakespeare
셰익스피어의 시를 인용하다

0914 restore
[ristɔ́:r]

동 회복하다, 되찾다, 복구하다

파 restoration 명 복원, 복구, 회복

The police **restored** order in the city.
경찰은 도시의 질서를 회복시켰다.

0915 linguistic
[liŋgwístik]

형 언어의, 언어적인

파 linguistics 명 언어학 / linguist 명 언어학자

She is talented in her **linguistic** abilities.
그녀는 언어 능력에 재능이 있다.

0916 furthermore
[fə́:rðərmɔ̀:r]

부 게다가, 더욱

유 moreover 부 게다가, 더욱이

Furthermore, there is no evidence of robbery.
게다가, 강도의 증거도 없다.

0917 specific
[spisífik]

형 구체적인, 특정한, 명확한

파 specifically 부 명확하게

Make goals **specific** and realistic. 기출
목표를 구체적이고 현실적으로 세워라.

0918 prime
[praim]

형 주요한, 주된, 제1급의

참고 the Prime Minister 수상, 총리

The police see him as the **prime** suspect.
경찰은 그를 주요[유력한] 용의자로 본다.

 # 함께 외우면 좋은 동음이의어

발음은 같지만, 철자도 다르고 뜻도 다른 단어들이 있지요? 영어로는 homonym이라고 하는데, 어떤 것들이 있는지 살펴볼까요?

---

knight
[nait]
명 (중세의) 기사
There was a picture of a **knight** in armor in the gallery.
그 미술관에는 갑옷을 입은 기사의 그림이 있었다.

night
[nait]
명 밤, 야간
It gets cold at **night**. 밤에는 추워진다.

---

pray
[prei]
동 기도하다, 기원하다
He knelt down and **prayed**. 그는 무릎을 꿇고 기도했다.

prey
[prei]
명 먹이, 희생자
He was seen as easy **prey** for dishonest salesmen.
그는 부정직한 판매자의 쉬운 희생자로 보였다.

---

lesson
[lésn]
명 수업, 교훈
Her **lesson** was useful. 그녀의 수업은 유용했다.

lessen
[lésn]
동 줄다, 줄이다
Exercise can **lessen** the pain. 운동이 통증을 줄여줄 수 있다.

---

cite
[sait]
동 인용하다; 언급하다
The lawyer **cited** two similar cases.
변호사는 두 가지 비슷한 사건을 인용했다.

site
[sait]
명 장소, 현장
The **site** of the battle was horrible. 전투 현장은 참혹했다.

sight
[sait]
명 시력, 봄
She is losing her **sight**. 그녀는 시력을 잃어가고 있다.

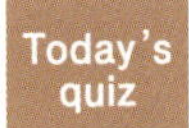

Today's quiz

네모 안에서 문맥에 알맞은 말을 골라 보세요.

She regained sight / site in her left eye.

📖 **Answers** sight / 그녀는 왼쪽 눈의 <u>시력</u>을 되찾았다.

A 영어는 우리말로, 우리말은 영어로 옮겨 쓰세요.

01 restore _______________

02 remains _______________

03 sacred _______________

04 linguistic _______________

05 prime _______________

06 imperial _______________

07 primitive _______________

08 선사 시대의 _______________

09 사제, 신부 _______________

10 악마 _______________

11 언급하다; 인용하다 _______________

12 게다가, 더욱 _______________

13 종교 _______________

14 운명, 숙명 _______________

B 빈칸에 알맞은 단어를 넣어보세요.

01 confess a(n) _______________ 죄를 자백하다

02 a British _______________ 영국의 식민지

03 have strong _______________ 강한 신념을 가지다

04 Darwin's theory of _______________ 다윈의 진화론

05 Can you be more _______________? 더 자세히 말해 주겠니?

06 She comes from a(n) _______________ family. 그녀는 귀족 가문 출신이다.

07 Jerusalem is known as a h_______________ city.
예루살렘은 신성한 도시로 알려져 있다.

C 빈칸에 알맞은 단어를 넣어 문장을 완성하세요.

01 ________________ in the American west had hard lives.
미 서부 개척자들은 힘든 생활을 했다.

02 We ________________ God through weekly church services.
우리는 매주 교회 예배를 하여 하나님을 섬긴다.

03 A(n) ________________ was a soldier on horseback in the Middle Ages.
기사는 중세 시대의 기마 병사였다.

04 The ancient Egyptians used to ________________ the dead bodies of their kings. 고대 이집트인들은 왕들의 시체를 보존하곤 했다.

05 The Inca ________________ was conquered by the Spanish in the early 16th century. 잉카 제국은 16세기 초에 스페인 사람들에 의해 정복당했다.

D 오늘의 테마 네모 안에서 문맥에 알맞은 말을 고르세요.

01 The poor deer have become the pray / prey of a hunter.

02 Sir Lancelot was a great knight / night in the Middle Ages.

03 Green fences were put up around the construction site / sight .

04 The new project will lesson / lessen the effects of car pollution.

오늘은 대중문화와 음악, 미술, 문학 등에 관련된 어휘들과, '생명, 생물'을 뜻하는 어원 bio에서 확장되는 어휘들에 대해 배웁니다. 오늘 암기할 다음 어휘들을 보고 이미 알고 있는 어휘인지 확인해 보세요.

Word Preview

0919	theater	○ ×	0933	tune	○ ×
0920	preview	○ ×	0934	chorus	○ ×
0921	tragedy	○ ×	0935	revive	○ ×
0922	theme	○ ×	0936	concrete	○ ×
0923	critic	○ ×	0937	alter	○ ×
0924	episode	○ ×	0938	causal	○ ×
0925	narrate	○ ×	0939	consist	○ ×
0926	statue	○ ×	0940	district	○ ×
0927	summary	○ ×	0941	outstanding	○ ×
0928	plot	○ ×	0942	genuine	○ ×
0929	classic	○ ×	0943	flexible	○ ×
0930	index	○ ×	0944	extend	○ ×
0931	biography	○ ×	0945	complement	○ ×
0932	autobiography	○ ×			

아는 어휘 _____ 개 / 27

문화 / 예술 / 문학과 관련된 **어휘**

0919　theater
[θí(ː)ətər]
UK theatre

몡 **극장**

윤 cinema 몡 영화관
참고 movie theater 영화관

a director of a musical **theater** 교과서
뮤지컬 **극장**의 감독

0920　preview
[príːvjùː]

몡 **시사회, 미리 보기; 사전 검토**

참고 trailer 몡 (영화) 예고편
　　접두사 pre-에는 '미리, 앞서'의 의미가 있죠?

I watched the **preview** of the play.
나는 그 연극의 **시사회**를 보았다.

0921　tragedy
[trǽdʒidi]

몡 **비극, 참사; 비극 작품**

파 tragic 혱 비극적인, 매우 슬픈

His early death was such a **tragedy**.
그의 이른 죽음은 정말 **비극**이었다.

Hamlet is one of Shakespeare's **tragedies**.
〈햄릿〉은 셰익스피어의 **비극 작품** 중 하나이다.

0922　theme
[θiːm]

몡 **주제, 테마**

참고 theme song 주제곡

The **theme** of the film is revealed near the end.
그 영화의 **주제**는 거의 마지막에 드러난다.

0923　critic
[krítik]

몡 **평론가, 비평가**

파 critical 혱 비판적인; 대단히 중요한
　　criticize 통 비판하다, 비평하다

She is an influential literary **critic**.
그녀는 영향력 있는 문학 **평론가**이다.

0924　episode
[épisòud]

몡 **사건, 일화, 에피소드**

윤 incident 몡 사건
참고 드라마나 영화의 1회분을 의미하기도 해요.

That was a funny **episode** in my life.
그것은 내 인생에서 재미있는 **사건**이었다.

I finally watched the last **episode** of the drama.
나는 드디어 그 드라마의 마지막 **회**를 보았다.

0925 **narrate**
[nǽreit]

동 (영화 등에서) 해설하다, 이야기하다

파 narration 명 이야기하기, 서술
narrator 명 이야기하는 사람, 내레이터

narrate a documentary film
다큐멘터리 영화를 해설하다

0926 **statue**
[stǽtʃuː]

명 조각상, 상

참고 the Statue of Liberty 자유의 여신상
주의 '신분, 지위'라는 의미의 명사 status와 구분하여 알아두세요.

What a big **statue**!
조각상이 정말 크다!

0927 **summary**
[sʌ́məri]

명 요약, 개요

파 summarize 동 요약하다

You can find the **summary** of the book online.
그 책의 **요약**을 온라인에서 찾을 수 있다.

0928 **plot**
[plɑt]

명 구성, 줄거리, 플롯; 음모, 계략

유 story 명 줄거리

The whole **plot** of this book is simple.
이 책의 전체적인 **구성**은 단순하다.

0929 **classic**
[klǽsik]

형 걸작의, 일류의; 고전의; 전형적인 명 걸작

참고 classical 형 고전의; 클래식 음악의

Don Quixote is regarded as a **classic** novel.
〈돈키호테〉는 **걸작** 소설로 여겨진다.

0930 **index**
[índeks]

명 색인, 목록

Check the **index** to quickly find it.
그걸 빨리 찾으려면 **색인**을 확인해 봐.

더 알아두기 * index의 다른 의미: 지표, 지수

• price **index** 물가 지수

0931 **biography**
[baiɑ́grəfi]

명 전기, 일대기

파 biographic 형 전기(傳記)의
참고 어원 bio는 '생물, 생명'을 의미해요.

Who wrote the **biography** of Abraham Lincoln?
누가 에이브러햄 링컨의 **전기**를 집필했니?

0932 **autobiography**
[ɔ̀:təbaiɑ́grəfi]

명 자서전

I read his **autobiography** last year.
나는 작년에 그의 **자서전**을 읽었다.

> 더 알아두기 * **auto**-에는 '자신, 스스로'의 의미가 있어요.
> • **auto**graph 명 자필, 사인   • **auto**mobile 명 자동차

0933 **tune**
[tju:n]

명 곡조, 선율 동 조율하다

숙어 tune up 악기를 조율하다

I'm familiar with the **tune** of the song.
나는 그 노래의 **곡조**가 낯익다.

0934 **chorus**
[kɔ́:rəs]

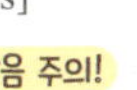
발음 주의!

명 후렴, 코러스; 합창(곡); 합창단

유 choir 명 합창단, 성가대
숙어 in chorus 합창하여; 일제히, 입을 모아

Everyone joined in the **chorus**. 모두가 **후렴**을 함께 불렀다.

중학교 **필수 어휘**

0935 **revive**
[riváiv]

동 소생시키다, 되살리다, 기운나게 하다

파 revival 명 부흥, 부활

revive a dying man 죽어가는 사람을 **되살리다**

0936 **concrete**
[kɑ́nkri:t]

형 구체적인 명 콘크리트

유 specific 형 구체적인, 상세한
반 abstract 형 추상적인

He had no **concrete** evidence.
그는 **구체적인** 증거가 없었다.

0937 **alter**
[ɔ́:ltər]

동 변경하다, 바꾸다, 수정하다

파 alteration 명 변경, 수정

We have to **alter** our plan. 우리는 계획을 **변경해야** 한다.

0938 **causal**
[kɔ́:zəl]

형 인과 관계의

파 cause 동 초래하다 명 원인

a **causal** relationship between poverty and crime
가난과 범죄 간의 **인과** 관계

0939 **consist**
[kənsíst]

동 이루어지다, 구성되다

숙어 consist of ~로 이루어지다[구성되다]

Perfume **consists** of many ingredients.
향수는 많은 재료로 **이루어진다**.

0940 **district**
[dístrikt]

명 지구, 지역, 구역

The city's shopping **district** is worth a visit.
그 도시의 쇼핑 **지구**는 방문할 만하다.

0941 **outstanding**
[àutstǽndiŋ]

형 뛰어난, 눈에 띄는, 걸출한

유 excellent 형 우수한

She is an **outstanding** student in the class.
그녀는 반에서 **뛰어난** 학생이다.

0942 **genuine**
[dʒénjuin]

형 진짜의, 진정한, 진심의

파 genuinely 부 진실로, 순수하게

He is a **genuine** hero.
그는 **진정한** 영웅이다.

0943 **flexible**
[fléksəbl]

형 유연한, 융통성 있는, 탄력적인

파 flexibly 부 유연하게, 융통성 있게
　flexibility 명 유연성, 융통성

We have adopted a **flexible** working hours policy.
우리는 **탄력적인** 근무 시간제를 채택했다.

0944 **extend**
[iksténd]

동 펼치다, 확대[확장]하다, 연장하다; 뻗다

파 extension 명 확장, 연장 / extensive 형 광범위한, 넓은

Extend your arms over your head.
머리 위로 양팔을 쭉 **뻗어라**.

0945 **complement**
동: [kámpləmènt]
명: [kámpləmənt]

동 보완하다, 돋보이게 하다
명 보완하는 것; 〈문법〉 보어

파 complementary 형 보충하는, 보완하는
주의 '칭찬; 칭찬하다'라는 의미의 compliment와 헷갈리지 마세요.

Your tie **complements** your suit.
너의 넥타이가 정장을 **보완한다**.

함께 외우면 좋은 어원 영단어

영어 어원 bio는 최근 자주 쓰이는데요, '인생/생명(life)'이나 '생물(living thing)' 을 뜻하는 어원이랍니다. bio가 속한 단어는 어떤 것들이 있는지 함께 공부해 봅시다.

bio
= 인생/생명(life)
생물(living thing)

biography
bio(= life) + graph(쓰다) + y
→ 인생과 관련하여 쓰인 것
명 전기
I read a **biography** about Einstein.
나는 아인슈타인 전기를 읽었다.

biology
bio(= life) + logy(학문)
→ 생명과 관련된 학문
명 생물학
major in **biology** in college
대학에서 생물학을 전공하다
* biological 형 생물학적인, 생물학의
* biologist 명 생물학자

biodiversity
bio(= life) + diversity(다양성)
→ 생명의 다양한 성질
명 생물의 다양성, 종의 다양성
We must try to conserve **biodiversity**.
생물의 다양성을 보존하기 위해 노력해야 한다.

anti**bio**tic
anti(저항하는) + bio(= living thing)
+ tic → 살아 있는 것에 저항하는
형 항생제의 명 항생제
The doctor gave me an **antibiotic**
shot. 그 의사는 나에게 항생제를 주사했다.

micro**bio**logy
micro(아주 작은) + bio(= life) + logy
(학문) → 아주 작은 생물에 관한 학문
명 미생물학, 세균학
a degree in **microbiology** 미생물학 학위
* microbiologist 명 미생물학자

★ 몰랐던 단어에 동그라미하고, 나만의 단어장에 단어와 뜻을 적어보세요.

A 영어는 우리말로, 우리말은 영어로 옮겨 쓰세요.

01 narrate ___________

02 consist ___________

03 concrete ___________

04 classic ___________

05 alter ___________

06 theme ___________

07 complement ___________

08 색인, 목록 ___________

09 평론가, 비평가 ___________

10 펼치다; 연장하다 ___________

11 뛰어난, 눈에 띄는 ___________

12 인과 관계의 ___________

13 시사회, 미리 보기 ___________

14 후렴; 합창(곡) ___________

B 빈칸에 알맞은 단어를 넣어보세요.

01 end in ___________ 비극으로 끝나다

02 ___________ the violin 바이올린을 조율하다

03 the last ___________ of the drama 드라마의 마지막 회

04 What a big ___________! 조각상이 정말 크다!

05 This medal is made of ___________ gold.
이 메달은 진짜 금으로 만들어졌다.

06 That tree will ___________ if you water it.
네가 물을 주면 그 나무는 되살아날 것이다.

C 빈칸에 알맞은 단어를 넣어 문장을 완성하세요.

01 The whole ______________ of this book is not believable.

이 책의 전체적인 줄거리는 그럴듯하지 않다.

02 He is very ______________ and can bend over backwards.

그는 매우 유연해서 몸을 뒤로 구부릴 수 있다.

03 They listen to a story and write a(n) ______________. 기출

그들은 이야기를 듣고 요약해서 쓴다.

04 Broadway is the most famous theater ______________ in New York City. 브로드웨이는 뉴욕에서 가장 유명한 극장가이다.

D 오늘의 테마 빈칸에 알맞은 단어를 넣어 문장을 완성하세요.

01 ______________ is the study of tiny living things.

미생물학은 작은 생물들에 대한 연구이다.

02 Environmental pollution often ruins ______________.

환경오염은 자주 생물의 다양성을 파괴한다.

03 A(n) ______________ attempts to reveal the truth about someone's life. 전기는 누군가의 삶에 대한 진실을 밝히려고 시도한다.

04 Breathing and sleeping are examples of ______________ rhythms in humans. 호흡과 수면은 인간의 생물학적 리듬의 사례이다.

PART 5
Nature & Science

메가스터디
중학 영단어

DAY 36
과학, 기술

오늘은 과학과 기술에 관련된 어휘들과 도구나 장비, 재료를 나타내는 어휘들에 대해 자세히 배웁니다. 오늘 암기할 다음 어휘들을 보고 이미 알고 있는 어휘인지 확인해 보세요.

	Word Preview	

0946	innovate	○ ×	0960	cell	○ ×
0947	devise	○ ×	0961	theory	○ ×
0948	gear	○ ×	0962	institute	○ ×
0949	mechanism	○ ×	0963	laboratory	○ ×
0950	revolution	○ ×	0964	acid	○ ×
0951	accelerate	○ ×	0965	oxygen	○ ×
0952	activate	○ ×	0966	chemistry	○ ×
0953	function	○ ×	0967	phenomenon	○ ×
0954	automatic	○ ×	0968	confine	○ ×
0955	substance	○ ×	0969	accurate	○ ×
0956	atom	○ ×	0970	expand	○ ×
0957	mineral	○ ×	0971	alternative	○ ×
0958	gene	○ ×	0972	fascinate	○ ×
0959	tissue	○ ×			

아는 어휘 _____ 개 / 27

PART 5 DAY 36

0946 innovate
[ínəvèit]

⑧ 혁신하다; (새로운 것을) 도입하다

㉤ innovation ⑲ 혁신

The company failed to **innovate** its products.
그 회사는 제품을 **혁신하는** 데 실패했다.

0947 devise
[diváiz]

⑧ 고안하다, 발명하다

㉤ device ⑲ 장치

A new system was **devised** by engineers.
기술자들에 의해 새로운 시스템이 **고안되었다.**

0948 gear
[giər]

⑲ 장치, 장비; 기어 ⑧ 기어를 넣다

The landing **gear** does not work.
착륙 **장치**가 작동하지 않는다.

0949 mechanism
[mékənìzəm]

⑲ (기계) 장치, 메커니즘, 작동 원리, 방법

㉤ mechanical ⑲ 기계의, 기계와 관련된

The elevator has a safety **mechanism**.
엘리베이터에는 안전 **장치**가 있다.

0950 revolution
[rèvəljúːʃən]

⑲ 혁명, 대변혁

㉤ revolutionary ⑲ 혁명의, 혁신적인
㉦ the Industrial Revolution 산업 혁명

The French **Revolution** began in 1789.
프랑스 **혁명**은 1789년에 시작되었다.

0951 accelerate
[əksélərèit]

⑧ 가속화하다

㉤ acceleration ⑲ 가속(도)

More light can **accelerate** the growth of plants.
더 많은 빛은 식물의 성장을 **가속화할** 수 있다.

암기 Tips 운전할 때 액셀을 밟는다고 하죠? 액셀은 바로 accelerator pedal(가속 페달)을 말하는 것이랍니다.

0952 activate
[ǽktəvèit]

⑧ 작동시키다, 활성화시키다

㉤ activity ⑲ 활동, 활성 / active ⑲ 능동적인, 활동적인

Touch the screen to **activate** the system.
화면을 터치해서 시스템을 **작동시키세요.**

0953 **function**
[fʌ́ŋkʃən]

동 기능을 하다, 작동하다 명 기능

파 functional 형 기능적인

Is the washing machine **functioning** well?
세탁기는 잘 **작동하고** 있나요?

더 알아두기* 동사와 명사의 뜻을 갖고 있는 **function**

function은 -tion으로 끝나서 명사로 알기 쉽지만 '기능을 하다'라는 동사의 뜻도 있다는 사실 꼭 알아두세요!
• **function** properly 적절히 기능하다   • an important **function** 중요한 기능

0954 **automatic**
[ɔ̀:təmǽtik]

형 자동의; 무의식적인

파 automatically 부 자동적으로
반 manual 형 수동의, 손으로 하는

Automatic hand dryers reduce the use of paper towels. 기출
자동 핸드 드라이어는 종이 타월의 사용을 줄인다.

0955 **substance**
[sʌ́bstəns]

명 물질; 본질, 실체

파 substantial 형 상당한; 물질의
유 material 명 물질, 재료

It contains a poisonous **substance**.
그것은 독극물을 함유하고 있다.

0956 **atom**
[ǽtəm]

명 원자

파 atomic 형 원자의
참고 molecule 명 분자

A molecule of water has one **atom** of oxygen and two **atoms** of hydrogen.
물 분자는 산소 **원자** 하나와 수소 **원자** 두 개를 가진다.

0957 **mineral**
[mínərəl]

명 광물; 무기질, 미네랄

참고 mineral resources 광물 자원

Emerald is one of the hardest **minerals** in the world.
에메랄드는 세상에서 가장 단단한 **광물** 중 하나이다.

0958 **gene**
[dʒiːn]

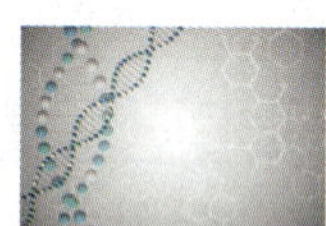

명 유전자

파 genetic 형 유전적인
참고 dominant gene 우성 유전자

Identical twins have the same **genes**.
일란성 쌍둥이들은 동일한 **유전자**를 가지고 있다.

0959 tissue
[tíʃuː]

몡 (세포) 조직; 화장지, 티슈

참고 toilet tissue 화장지

As we grow older, we lose muscle **tissue**.
나이가 들어감에 따라 우리는 근육 **조직**을 상실한다.

0960 cell
[sel]

몡 세포; 전지

파 cellular 혱 세포의; 휴대전화의

참고 stem cell 줄기 세포 / nerve cell 신경 세포

All living things are made up of **cells**.
모든 생물체는 **세포**로 이루어졌다.

더 알아두기 * **cell**의 다른 의미: 감방, 작은 방

• a small dark **cell** 작고 어두운 감방

0961 theory
[θí(ː)əri]

몡 이론, 학설

파 theoretical 혱 이론의, 이론적인
theoretically 뷔 이론적으로

Scientists constantly reexamine their **theories**. 기출
과학자들은 끊임없이 자신의 **학설**을 재검토한다.

0962 institute
[ínstitjùːt]

몡 협회, 연구소, 기관

참고 연구나 교육 등을 위해 설립된 기관들을 말할 때 사용해요.

Korea Advanced **Institute** of Science and Technology
is well-known in Korea.
한국과학기술원(KAIST)은 한국에서 유명하다.

0963 laboratory
[lǽbrətɔ̀ːri]

몡 실험실, 연구실(= lab)

참고 research laboratory 연구소

Scientists work in **laboratories**.
과학자들은 **실험실**에서 일한다.

0964 acid
[ǽsid]

몡 〈화학〉 산 혱 산성의; (맛이) 신

반 alkali 몡 알칼리

Acid rain damages plants. 산성비는 식물에 해롭다.

0965 oxygen
[ɑ́ksidʒən]

몡 산소

참고 carbon dioxide 이산화탄소

The higher you climb, the less **oxygen** there is.
더 높이 올라갈수록 **산소**는 더 적어진다.

| 0966 | **chemistry**
[kémistri] | 명 화학 (물질), 화학 반응 |
| | | 파 chemical 형 화학의, 화학적인 명 화학 물질 |

The discovery of radium overturned old ideas in physics and **chemistry**. 기출
라듐의 발견은 물리학과 **화학**에서의 낡은 생각들을 뒤집었다.

| 0967 | **phenomenon**
[finámənàn]
복 phenomena | 명 현상 |
| | | 참고 the tropical night phenomenon 열대야 현상 |

Most floods are natural **phenomena**.
대부분의 홍수는 자연 **현상**이다.

중학교 **필수 어휘**

| 0968 | **confine**
[kənfáin] | 동 한정하다, 제한하다; 가두다 |
| | | 유 restrict 동 한정하다, 제한하다 |

Make sure the fire is **confined** to a small area.
화재가 작은 지역에 **국한되게** 하세요.

| 0969 | **accurate**
[ǽkjurət] | 형 정확한 |
| | | 파 accuracy 명 정확성 / accurately 부 정확하게 |

I need an **accurate** measuring device.
나는 **정확한** 측정 장치가 필요하다.

| 0970 | **expand**
[ikspǽnd] | 동 확대하다, 팽창하다 |
| | | 파 expansion 명 확장, 팽창 |

The tire is not **expanding** because of the hole.
구멍 때문에 타이어가 **팽창하지** 않는다.

| 0971 | **alternative**
[ɔːltə́ːrnətiv] | 형 대체 가능한, 대안의 명 대안 |
| | | 파 alternatively 부 그 대신에, 양자택일로 |

use wind power or another **alternative** energy source
풍력이나 다른 **대체** 에너지원을 사용하다 교과서

| 0972 | **fascinate**
[fǽsənèit] | 동 매혹시키다, 마음을 사로잡다 |
| | | 파 fascination 명 매혹, 매료(됨) |

He was **fascinated** with her beauty.
그는 그녀의 아름다움에 **매료되었다**.

같은 뜻 다른 뉘앙스

gear, material, device, kit는 모두 특정한 목적이나 활동을 위해 필요한 도구나 장비, 재료를 가리키는 말이에요. 우리말로는 장치, 장비, 용품 등의 뜻으로 쓰는데, 그 의미가 조금씩 다른 경우도 있으니, 아래 예문과 함께 익혀 보세요.

gear

* (특정 활동에 필요한) **장비[복장]**

① Fishing **gear** can be expensive.
낚시 장비는 비쌀 수 있다.

② We loaded our diving **gear** into his car.
우리는 우리의 다이빙 장비를 그의 차에 실었다.

material

* (특정한 활동을 위해 필요한) **재료[자료]**

① Videos often make good teaching **material**.
비디오는 흔히 좋은 수업 자료를 만든다.

② I've printed out the presentation **material**. 기출
나는 발표 자료를 출력했다.

device

* (특정 작업을 위해 고안된) **장치**

① There was a hidden recording **device** beneath the desk.
책상 아래에 숨겨진 녹음 장치가 있었다.

② It's interesting to look at the stars with this observing **device**. 기출
이 관측 장치로 별들을 관찰하는 것이 흥미롭네요.

kit

* (특정한 목적용 도구·장비) **세트**

① I have a makeup **kit** in my drawer.
내 서랍에 화장품 세트기 있다.

② Where is the first-aid **kit**?
비상약품 통이 어디 있지?

Today's word

kit vs. set

흔히 하나의 묶음이나 그 전부를 나타낼 때, kit라는 표현을 쓰기도 하고 set라는 표현을 쓰기도 하는데, 둘의 차이는 뭘까요? 둘 다 묶음을 의미하는데, first-aid kit(구급상자), survival kit(비상 생존 장비)와 같이 kit 안에는 여러 가지 종류의 물건이 들어가는 반면, set는 a tea set(차 세트), a set of six chairs(여섯 개의 의자 한 세트)와 같이 같은 종류의 물건이 묶여 있는 걸 말해요.

A 영어는 우리말로, 우리말은 영어로 옮겨 쓰세요.

01 accelerate ___________

02 tissue ___________

03 institute ___________

04 confine ___________

05 innovate ___________

06 chemistry ___________

07 substance ___________

08 유전자 ___________

09 산소 ___________

10 현상 ___________

11 기능을 하다; 기능 ___________

12 원자 ___________

13 산; 산성의 ___________

14 혁명, 대변혁 ___________

B 빈칸에 알맞은 단어를 넣어보세요.

01 ___________ information 정확한 정보

02 Scientists work in ___________. 과학자들은 실험실에서 일한다.

03 She wants to ___________ her business. 그녀는 사업을 확장하길 원한다.

04 Find some ___________ to this plan.
이 계획에 대한 몇 가지 대안을 찾아라.

05 The luxury jewelry shops ___________ me.
그 호화로운 보석 가게들이 나를 매료시킨다.

06 Be careful not to a___________ the fire alarm accidentally.
뜻하지 않게 화재 경보기를 작동시키지 않도록 주의해라.

C 빈칸에 알맞은 단어를 넣어 문장을 완성하세요.

01　The ＿＿＿＿＿＿＿ doors open when someone approaches them.
자동문은 누군가가 다가오면 열린다.

02　An animal's body is made up of tiny ＿＿＿＿＿＿＿, which are mostly water. 기출
동물의 몸은 아주 작은 세포들로 이루어져 있는데, 그것은 거의 물이다.

03　There are a number of ＿＿＿＿＿＿＿ as to why insects go towards light at night. 기출
곤충들이 왜 밤에 빛을 향해 가는지에 대한 많은 이론들이 있다.

D 오늘의 테마 우리말과 일치하도록 괄호 안에 주어진 말을 알맞게 배열하세요.

01　여러분에게는 바느질 키트, 가위, 핀과 단추가 필요합니다.
= You 【kit, a, need, sewing】, scissors, pins and buttons. 교과서

02　그녀는 신간 전기를 쓰기 위한 자료를 모으는 중이다.
= She 【gathering, is, material】 for a new biography.

03　그는 자신의 장비 모두를 여행 가방에 가까스로 넣었다.
= He managed 【all, to, his, pack, gear】 into one suitcase.

04　그녀는 자신이 디자인하는 옷을 위해 가장 좋은 재료를 선택한다.
= She 【the, chooses, material, best】 for the clothes she designs. 교과서

05　디지털 디톡스란 스마트폰과 같은 디지털 기기들로부터 떨어져 있는 것을 의미한다.
= Digital detox means 【devices, staying, from, digital, away】, such as smartphones. 교과서

DAY 37
산업, 농업

오늘은 산업과 농업 관련 어휘들과 '관계가 있는'이라는 의미를 가진 형용사형 접미사 -al에 대해 배웁니다. 오늘 암기할 다음 어휘들을 보고 이미 알고 있는 어휘인지 확인해 보세요.

Word Preview

0973	industry	○ ✕	0987	livestock	○ ✕
0974	sector	○ ✕	0988	cattle	○ ✕
0975	labor	○ ✕	0989	shepherd	○ ✕
0976	manufacture	○ ✕	0990	graze	○ ✕
0977	product	○ ✕	0991	hay	○ ✕
0978	merchandise	○ ✕	0992	mine	○ ✕
0979	mill	○ ✕	0993	collaborate	○ ✕
0980	output	○ ✕	0994	extent	○ ✕
0981	agriculture	○ ✕	0995	finite	○ ✕
0982	grain	○ ✕	0996	heritage	○ ✕
0983	cultivate	○ ✕	0997	facility	○ ✕
0984	organic	○ ✕	0998	emphasis	○ ✕
0985	harvest	○ ✕	0999	fundamental	○ ✕
0986	greenhouse	○ ✕			

아는 어휘 _____ 개 / 27

산업 / 농업과 관련된 어휘

0973 industry
[índəstri]

명 산업, 공업

파 industrial 형 산업의

development of the movie **industry** 기출
영화 **산업**의 발전

0974 sector
[séktər]

명 부문, 분야

참고 public sector 공공 부문

I'm looking for a job in the technology **sector**.
나는 기술 **분야**의 일자리를 찾고 있다.

0975 labor
[léibər]
UK labour

명 노동, 일 동 노동하다

참고 labor force 노동력

I was rewarded for my **labor**.
나는 내 **노동**에 대한 보상을 받았다.

0976 manufacture
[mæ̀njufǽktʃər]

동 제조하다, 생산하다

파 manufacturer 명 제조업자

He works for a company that **manufactures** car parts.
그는 자동차 부품을 **제조하는** 회사에 다닌다.

0977 product
[prádəkt]

명 제품, 산물

파 produce 동 생산하다 명 농작물 / productive 형 생산적인

You can get cheap **products** made in China.
여러분은 저렴한 중국산 **제품들**을 구할 수 있다.

0978 merchandise
[mə́ːrtʃəndàiz]

명 〈집합적〉 물품, 상품

파 merchant 명 상인

They sell quality **merchandise**. 그들은 양질의 **상품**을 판다.

0979 mill
[mil]

명 방앗간, 제분소; 공장 동 갈다

They produce flour at the **mill**.
그들은 **공장**에서 밀가루를 생산한다.

더 알아두기 * '공장'이라는 의미의 mill과 factory

mill은 특정한 재료를 만드는 공장으로 steel mill(제철 공장), paper mill(제지 공장)의 형태로 쓰이고
factory는 상품을 생산하는 공장을 말해요.

0980 **output**
[áutpùt]

명 생산량, 산출(량) 동 생산[산출]하다
유 yield 명 생산(량), 산출(량)
반 input 명 투입, 입력

The robot will always produce the same **output**. 기출
로봇은 항상 동일한 **생산량**을 낼 것이다.

0981 **agriculture**
[ǽgrəkʌ̀ltʃər]

명 농업
파 agricultural 형 농업의

People employed in **agriculture** are generally old.
농업에 종사하는 사람들은 대체로 나이가 많다.

0982 **grain**
[grein]

명 곡물, 곡식; 낟알
참고 sand grains 모래알

Eat more **grains**, fruits, and vegetables.
더 많은 **곡물**, 과일, 그리고 채소를 먹어라.

0983 **cultivate**
[kʌ́ltəvèit]

동 경작하다, 재배하다
파 cultivation 명 경작; 양성

The farmers **cultivate** mostly rice.
그 농부들은 대개 쌀을 **재배한다**.

0984 **organic**
[ɔːrgǽnik]

형 유기농의, 유기 농법의; 유기체의
파 organism 명 유기체

I usually buy **organic** produce.
나는 보통 **유기농** 제품을 산다.

암기 Tips 아기들의 피부에 직접 닿는 제품은 유기농의 '오가닉' 제품들이 많다는 사실로 외워볼까요?

0985 **harvest**
[háːrvist]

명 수확, 추수 동 수확하다
참고 crop 명 농작물, 수확물

The workers are **harvesting** the crops.
일꾼들이 농작물을 **수확하고** 있다.

0986 **greenhouse**
[gríːnhàus]

명 온실
참고 greenhouse crops 온실 작물

The **greenhouse** effect is causing the earth to get warmer.
온실 효과는 지구를 더 덥게 만들고 있다.

0987 livestock
[láivstàk]

몡 가축(류)

참고 집합적으로 쓰여 셀 수 없는 명사이며, stock이라고도 해요.

They work in the **livestock** industry.
그들은 **축산업**에 종사한다.

0988 cattle
[kǽtl]

몡 〈집합적〉 소

참고 herd 몡 떼, 무리

Taking care of his **cattle** is one of his daily routines.
소를 돌보는 것은 그의 일과 중 하나이다.

0989 shepherd
[ʃépərd]

몡 목동, 양치기 동 (길을) 안내하다

참고 '양'이라는 의미의 sheep, '떼; (짐승을) 몰다'라는 의미의
herd가 합쳐진 단어예요.

The **shepherd** took care of his sheep.
그 **목동**은 양들을 돌보았다.

0990 graze
[greiz]

동 풀을 뜯다, 방목하다

places where livestock **graze** freely
가축을 자유롭게 **방목하는** 곳

0991 hay
[hei]

몡 건초

참고 straw 몡 짚, 지푸라기

Make **hay** while the sun shines.
해가 빛날 때 **건초**를 만들어라.(기회를 이용해라.)

0992 mine
[main]

몡 광산 동 채굴하다

파 miner 몡 광부

The **mine** roof fell in, and the miners were trapped.
광산의 천장이 무너져 광부들이 갇혔다.

중학교 **필수 어휘**

0993 collaborate
[kəlǽbərèit]

동 협력하다, 공동 작업하다

파 collaboration 몡 협력, 공동 작업
collaborative 혱 협력적인, 공동 작업의

They are **collaborating** to develop the vaccine.
그들은 백신 개발을 위해 **협력하고** 있다.

0994 **extent**
[ikstént]

명 정도, 규모

숙어 to the extent that ~하는 정도까지

To what **extent** are you good at math?
너는 수학을 어느 **정도**로 잘하니?

0995 **finite**
[fáinait]

형 유한한, 한계가 있는

반 infinite 형 무한한

Your brain has a **finite** amount of memory.
뇌는 **유한한** 기억[저장] 용량을 가지고 있다.

0996 **heritage**
[héritidʒ]

명 (문화)유산, 전통

파 heritable 형 상속 가능한

Gyeongbokgung is one of our precious **heritages**.
경복궁은 우리의 소중한 **유산들** 중 하나이다.

0997 **facility**
[fəsíləti]

명 설비, 시설; 편의, 용이함

파 facilitate 통 용이하게 하다, 촉진하다

exercise **facilities** that can be accessed for free
무료로 이용할 수 있는 운동 **시설들**

0998 **emphasis**
[émfəsis]

명 강조, 중점

파 emphasize 통 강조하다
숙어 put emphasis on ~에 중점을 두다, ~을 강조하다

American culture puts much **emphasis** on individual rights. 기출
미국 문화는 개인의 권리를 많이 **강조**한다.

0999 **fundamental**
[fʌndəméntəl]

형 기본적인, 근본적인

파 fundamentally 부 기본적으로, 본질적으로

Honesty is a **fundamental** part of every strong relationship. 기출
정직은 모든 굳건한 관계의 **기본적인** 부분이다.

알아두면 쓸모 있는 **핵심 접미사**

형용사를 만드는 접미사 -al

접미사 -al은 보통 명사 뒤에 붙어서 형용사를 만들어요. -al은 '관계가 있는(relating to)'의 의미를 가지는데, 해당 분야와 관련이 있다는 의미를 구성하지요.

-al
= 관계가 있는
(relating to)

---

formal

form(= 격식, 형식) + al → 격식과 관계가 있는

형 **격식을 차린, 공식적인**

We attended a **formal** dinner.
우리는 공식 만찬에 참석했다.

* formalize 통 격식을 갖추다, 공식화하다

---

literal

liter(= 문자(letter)) + al
→ 문자와 관계가 있는

형 **문자 그대로의, 직역의**

the **literal** sense of the word
그 단어의 문자 그대로의 뜻
Her translation is too **literal**.
그녀의 번역은 너무 직역이다.

---

chemical

chem(= 화학) + ic + al
→ 화학과 관계가 있는

형 **화학적인, 화학의** 명 **화학 물질**

He succeeded in developing a new
chemical product.
그는 새 화학 제품을 개발하는 데 성공했다.

* chemistry 명 화학, 화학적 성질

---

medical

medic(= 의료) + al → 의료와 관계가 있는

형 **의학의, 의료의**

She is a **medical** doctor in Atlanta.
그녀는 애틀랜타에 있는 의학 박사이다.

* medicine 명 의학, 의술, 약

---

national

nation(국가) + al → 국가와 관계가 있는

형 **국가의, 국립의**

This is a very important **national** heritage.
이것은 매우 중요한 국가 유산이다.

* nationalize 통 국영화하다, 국유화하다

A 영어는 우리말로, 우리말은 영어로 옮겨 쓰세요.

01 manufacture _______________   08 광산; 채굴하다 _______________

02 graze _______________   09 (문화)유산, 전통 _______________

03 finite _______________   10 방앗간; 공장 _______________

04 merchandise _______________   11 유기농의 _______________

05 extent _______________   12 경작[재배]하다 _______________

06 industry _______________   13 노동, 일 _______________

07 collaborate _______________   14 가축(류) _______________

B 빈칸에 알맞은 단어를 넣어보세요.

01 work as a(n) _______________ 목동으로 일하다

02 jobs in the technology _______________ 기술 분야의 일자리

03 put a(n) _______________ on freedom 자유에 강조를 두다(자유를 강조하다)

04 Respect for the law is _______________. 법을 존중하는 것은 기본적인 것이다.

05 Lack of rain causes serious problems in _______________.
강수량의 부족은 농업에 심각한 문제를 야기한다.

06 The local community center is a public _______________.
지역 커뮤니티 센터는 공공시설이다.

C 빈칸에 알맞은 단어를 넣어 문장을 완성하세요.

01 They drank a lot of fresh milk and _____________ drinks every day. 기출
그들은 매일 신선한 우유와 곡물 음료를 많이 마셨다.

02 They selected quality m___________ and wrapped them up carefully.
그들은 양질의 상품을 선별하여 조심스럽게 포장했다.

03 I went to the field and helped farmers _____________ watermelons. 기출
나는 밭에 나가서 농부들이 수박을 수확하는 것을 도왔다.

D 오늘의 테마 빈칸에 알맞은 단어를 넣어 문장을 완성하세요.

01 The injury required urgent _____________ attention.
그 부상은 긴급한 의학적 고려를 필요로 했다.

02 The _____________ meaning of "television" is "seeing from a distance." '텔레비전'의 글자 그대로의 의미는 '멀리서 보는 것'이다.

03 Only silly people expose their teeth in _____________ settings. 기출
어리석은 사람들만이 공식적인 장소에서 이를 드러낸다.

04 Ants produce a(n) _____________ called a *pheromone* to communicate with one another. 교과서
개미는 서로 소통하기 위해 '페로몬'이라고 불리는 화학 물질을 생성한다.

05 People will become more interested in our _____________ treasures residing in foreign museums.
사람들이 외국의 박물관에 있는 우리의 국보에 더 관심을 갖게 될 것이다.

DAY 38
자연, 환경

오늘은 자연과 환경 및 지형에 관련된 어휘들과 철자가 비슷해 헷갈리기 쉬운 혼동 어휘들에 대해 배웁니다. 오늘 암기할 다음 어휘들을 보고 이미 알고 있는 어휘인지 확인해 보세요.

	Word Preview		
1000	lightning	1014	chill
1001	breeze	1015	damp
1002	shore	1016	moist
1003	horizon	1017	lawn
1004	tide	1018	summit
1005	bay	1019	volcano
1006	pebble	1020	fossil
1007	marine	1021	eliminate
1008	cliff	1022	restrict
1009	dew	1023	philosophy
1010	tropical	1024	combine
1011	artificial	1025	extreme
1012	shade	1026	resolve
1013	shadow		

아는 어휘 _____ 개 / 27

1000 lightning
[láitniŋ]

명 번개

참고 thunder 명 천둥

We saw a flash of **lightning** in the sky.
우리는 하늘에서 **번개**의 번쩍임을 보았다.

1001 breeze
[briːz]

명 산들바람, 미풍

There is no **breeze** tonight.
오늘 밤에는 **산들바람**이 불지 않는다.

1002 shore
[ʃɔːr]

명 물가, 바닷가

유 seashore 명 해안, 바닷가

The boat reached the **shore**.
배가 **해안**에 도착했다.

1003 horizon
[həráizən]

명 수평선, 지평선

파 horizontal 형 수평의, 가로의(↔ vertical 형 수직의, 세로의)

The sun rose above the **horizon**.
태양이 **수평선** 위로 떠올랐다.

1004 tide
[taid]

명 조수, 조류

파 tidal 형 조수의

A swift **tide** is very dangerous.
빠른 **조수**는 매우 위험하다.

1005 bay
[bei]

명 〈지형〉 만(灣)

참고 '만(灣)'은 바다가 육지 쪽으로 특징적으로 들어와 있는 형태의 지형을 말해요.

San Francisco is a city by the **bay**.
샌프란시스코는 **만**(지형)으로 된 도시이다.

1006 pebble
[pébl]

명 조약돌, 자갈

참고 sand 명 모래

pick up pretty **pebbles** and shells
예쁜 **조약돌**과 조가비를 줍다

1007 **marine**
[mərí:n]

형 바다의, (동식물이) 바다에 사는

참고 submarine 명 잠수함

Oil spills threaten **marine** life.
기름 유출이 해양 생물을 위협한다.

더 알아두기* **marine**의 다른 의미: 해병대원
· U.S. **Marines** 미 해병대

1008 **cliff**
[klif]

명 절벽

참고 valley 명 계곡, 골짜기

He is standing on the **cliff**.
그는 **절벽** 위에 서 있다.

1009 **dew**
[dju:]

명 이슬

참고 frost 명 서리
주의 '~하기로 되어 있는, 예정된'이라는 의미의 형용사 due[dju:]와
발음이 같아요.

The grass is wet with the morning **dew**.
풀이 아침 **이슬**로 젖어 있다.

1010 **tropical**
[trápikəl]

형 열대(지방)의

참고 tropical night 열대야

The Amazon is a **tropical** rainforest.
아마존은 **열대** 우림이다.

1011 **artificial**
[à:rtəfíʃəl]

형 인공적인, 인조의

반 natural 형 자연스러운, 천연의
참고 artificial intelligence 인공 지능(AI)

Artificial light draws sea turtles away from the ocean.
인공 빛은 바다 거북들을 바다에서 멀어지게 한다. 교과서

1012 **shade**
[ʃeid]

명 그늘; 색조

파 shadow 명 그림자

Let's take a rest in the **shade**.
그늘에서 좀 쉬자.

1013 **shadow**
[ʃǽdou]

명 그림자, 그늘, 어둠

The trees cast long **shadows** across the lawn.
나무들은 잔디밭을 가로질러 길게 **그림자**를 드리웠다.

1014 **chill**
[tʃil]

명 냉기 형 차가운

파 chilly 형 차가운, 쌀쌀한; 냉담한

A **chill** wind is blowing outside.
밖에 **찬** 바람이 불고 있다.

1015 **damp**
[dæmp]

형 축축한, 눅눅한

파 dampen 동 축축하게 하다
유 moist 형 촉촉한, 습기가 있는

The grass is **damp** in the morning.
아침에는 풀이 (이슬로 젖어) **축축하다**.

1016 **moist**
[mɔist]

형 촉촉한, 습기가 있는

파 moisture 명 습기, 수분

Plant the seeds in **moist** soil.
촉촉한 땅에 씨를 심어라.

 암기 Tips 수분을 공급해주는 크림 제품에 '모이스처라이저(moisturizer)'라고 쓰여 있는 것으로 기억해 보세요.

1017 **lawn**
[lɔːn]

명 잔디(밭)

참고 lawn mower 잔디 깎는 기계

They are lying on the **lawn** in their backyard.
그들은 뒷마당 **잔디**에 누워 있다.

1018 **summit**
[sʌ́mit]

명 (산의) 정상; (지도자) 정상 회담

유 top 명 꼭대기, 정상 / peak 명 뾰족한 끝

Many people have reached the **summit** of Mount Everest. 많은 사람들이 에베레스트산 **정상**에 도달했다.

1019 **volcano**
[vɑlkéinou]

명 화산

파 volcanic 형 화산의, 화산 작용에 의한
참고 lava 명 용암

Mauna Loa in Hawaii is the biggest **volcano** in the world. 하와이의 Mauna Loa는 세계에서 가장 큰 **화산**이다.

1020 **fossil**
[fɑ́sl]

명 화석

참고 fossil fuel 화석 연료

Some dinosaur **fossils** were found in Korea.
한국에서 공룡 **화석**이 일부 발견되었다.

1021 **eliminate**
[ilímənèit]

동 **없애다, 제거하다; 탈락시키다**

파 elimination 명 제거, 삭제
유 remove 동 제거하다, 없애다

Eliminating bad habits is not easy.
나쁜 습관을 **없애기**는 쉽지 않다.

1022 **restrict**
[ristríkt]

동 **제한하다, 한정하다**

파 restriction 명 제한, 규제
유 limit 동 제한하다

The government passed a law to **restrict** the sale of guns.
정부는 총기의 판매를 **제한하는** 법을 통과시켰다.

1023 **philosophy**
[filásəfi]

명 **철학**

파 philosopher 명 철학자

Let it be, that's his **philosophy** of life.
그냥 내버려둬라, 그것이 그의 삶의 **철학**이다.

1024 **combine**
[kəmbáin]

동 **결합시키다, 묶다**

파 combination 명 결합(물)
숙어 combine A with B A와 B를 결합하다

how to **combine** freedom with responsibility
자유와 책임을 **결합할** 방법

1025 **extreme**
[ikstríːm]

형 **극단적인, 지나친** 명 **극단, 극도**

파 extremely 부 극단적으로, 매우

I thought his response was **extreme**. 기출
나는 그의 대답이 **지나치다고** 생각했다.

1026 **resolve**
[rizálv]

동 **해결하다; 결심하다**

파 resolution 명 해결(책); 결의, 결심
참고 solve 동 풀다, 해결하다

He is often called in to **resolve** conflicts among students.
그는 종종 학생들 사이의 갈등을 **해결하기** 위해 불려간다.

오늘의 테마

비슷하게 생겼지만 뜻이 다른 혼동 어휘

철자는 비슷한데, 뜻도 품사도 완전히 다른 어휘들은 학교 시험에 자주 나오는 단골 유형이에요. 자연, 환경과 관련된 어휘들의 혼동 어휘는 어떤 것들이 있는지 살펴봅시다.

---

tidy [táidi]
형 깔끔한, 잘 정돈된
The house was clean and tidy. 그 집은 깨끗하고 깔끔했다.

vs

tide [taid]
명 조수, 조류
Strong tides make swimming dangerous.
강한 조류는 수영을 위험하게 만든다.

---

lighting [láitiŋ]
명 조명, 점화
the use of lighting in the play 연극에서의 조명 사용

vs

lightning [láitniŋ]
명 번개
a storm with thunder and lightning 천둥과 번개를 동반한 폭풍

---

summit [sʌ́mit]
명 (산의) 정상; (지도자) 정상 회담
He planted a flag on the summit. 그는 산 정상에 깃발을 꽂았다.
Leaders of several nations attended the summit.
여러 나라의 지도자들이 정상 회담에 참석했다.

vs

submit [səbmít]
동 (서류 등을) 제출하다
Submit the report by tomorrow. 보고서를 내일까지 제출하세요.

---

pebble [pébl]
명 조약돌, 자갈
The beach was covered with smooth white pebbles.
해변은 부드러운 흰 조약돌로 덮여 있었다.

vs

bubble [bʌbl]
명 거품, 비눗방울; 거품 같은 계획
They were blowing soap bubbles.
그들은 비눗방울을 불고 있었다.

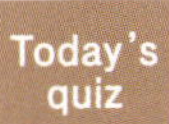
Today's quiz

그림을 보고 알맞은 말을 고르세요.

The tree was struck by lightning / lighting .

Answers lightning / 그 나무는 번개에 맞았다.

A 영어는 우리말로, 우리말은 영어로 옮겨 쓰세요.

01 restrict ____________		08 이슬 ____________
02 cliff ____________		09 인공적인, 인조의 ____________
03 tropical ____________		10 산들바람, 미풍 ____________
04 pebble ____________		11 잔디(밭) ____________
05 damp ____________		12 철학 ____________
06 shadow ____________		13 촉촉한 m____________
07 shore ____________		14 수평선, 지평선 ____________

B 빈칸에 알맞은 단어를 넣어보세요.

01 burn ____________ fuels 화석 연료를 태우다

02 a city by the ____________ 만(지형)으로 된 도시

03 ____________ an issue 문제를 해결하다

04 I felt the ____________ of the night air. 나는 밤공기가 찬 것을 느꼈다.

05 I want to be a(n) ____________ biologist. 나는 해양 생물학자가 되고 싶다.

06 An active ____________ may explode at any time.
활화산은 언제든 폭발할 수 있다.

C 빈칸에 알맞은 단어를 넣어 문장을 완성하세요.

01 Is it possible to _____________ work with pleasure?
일과 즐거움을 결합하는 것이 가능한가?

02 She was _____________ in the round 2 of the competition.
그녀는 시합의 2라운드에서 탈락했다.

03 Trees provide _____________e for plants on the ground. 기출
나무들은 땅 위의 식물들을 위한 그늘을 제공한다.

04 Mudflats appear and disappear with every _____________. 교과서
갯벌은 조수와 함께 나타나고 사라진다.

05 I enjoy _____________ sports such as bungee jumping and skydiving.
나는 번지점프와 스카이다이빙 같은 극한 스포츠를 즐긴다.

D 오늘의 테마 네모 안에서 문맥에 알맞은 말을 고르세요.

01 My mother likes everything to be neat and tide / tidy .

02 The bubbles / pebbles from the champagne went up my nose.

03 Lighting / Lightning followed right after the loud sound of thunder.
교과서

04 We should submit / summit our videos between March 13th and
April 6th. 기출

DAY 39
환경 보호

오늘은 환경 보호와 관련 있는 어휘들과 함께 외우면 도움이 되는 유의어와 반의어에 대해 배웁니다. 오늘 암기할 다음 어휘들을 보고 이미 알고 있는 어휘인지 확인해 보세요.

Word Preview		
1027 layer ○ ×	1041 exhaust ○ ×
1028 rainforest ○ ×	1042 shortage ○ ×
1029 destruction ○ ×	1043 smog ○ ×
1030 melt ○ ×	1044 emerge ○ ×
1031 reduce ○ ×	1045 intensive ○ ×
1032 pollute ○ ×	1046 dispose ○ ×
1033 atmosphere ○ ×	1047 expire ○ ×
1034 protect ○ ×	1048 clarify ○ ×
1035 drought ○ ×	1049 assemble ○ ×
1036 climate ○ ×	1050 principle ○ ×
1037 conserve ○ ×	1051 exaggerate ○ ×
1038 species ○ ×	1052 distribute ○ ×
1039 endangered ○ ×	1053 ultimate ○ ×
1040 extinct ○ ×	

아는 어휘 _____ 개 / 27

환경 보호와 관련된 어휘 

1027 layer
[léiər]

평 층, 겹　동 층지게 하다

파 layered　형 층이 있는

The earth's ozone **layer** is developing holes in it.
지구 오존층에 구멍이 생기고 있다.

암기 Tips 층이 지게 자르는 머리를 레이어드(layered) 컷이라고 하고, 겹겹이 입는 패션 스타일을 레이어드(layered) 룩이라고 하죠?

1028 rainforest
[réinfɔ̀:rist]

명 (열대)우림

참고 tropical rainforest 열대 우림

It is crucial to protect **rainforests**.
열대우림을 보호하는 것은 중요하다.

1029 destruction
[distrʌ́kʃən]

명 파괴

파 destroy　동 파괴하다

People are concerned about the **destruction** of rainforests. 사람들은 열림우림의 **파괴**를 우려한다.

1030 melt
[melt]

동 녹다, 녹이다; 누그러지다

숙어 melt away 서서히 사라지다

As the glaciers **melt**, the sea level rises.
빙하가 **녹으면서** 해수면이 상승한다.

1031 reduce
[ridʒúːs]

동 감소시키다, 줄이다

파 reduction　명 감소, 축소

simple ways to **reduce** the use of energy 기출
에너지 사용을 **줄이는** 간단한 방법

1032 pollute
[pəljúːt]

동 더럽히다, 오염시키다

파 pollution 명 오염 / pollutant 명 오염 물질, 오염원

Waste **pollutes** the sea. 쓰레기가 바다를 **오염시킨다**.

1033 atmosphere
[ǽtməsfiər]

명 대기; 분위기

참고 relaxed atmosphere 편안한 분위기

Volcanic gases pollute the **atmosphere**.
화산 가스는 **대기**를 오염시킨다.

1034 protect
[prətékt]

동 보호하다, 지키다

파 protection 명 보호; 방지 / protective 형 보호하는

the importance of **protecting** the environment 기출
환경 보호의 중요성

1035 drought
[draut]

명 가뭄

반 flood 명 홍수

The **drought** lasted seven years. 가뭄이 7년간 계속되었다.

1036 climate
[kláimit]

명 기후, 풍토

참고 temperature 명 온도

The air conditioning contributes to **climate** change.
에어컨 가동은 **기후** 변화의 원인이 된다. 교과서

1037 conserve
[kənsə́:rv]

동 보존하다, 보호하다; 아끼다

파 conservative 형 보수적인 / conservation 명 보존, 보호

conserve our resources for future generations
미래 세대를 위해 우리의 자원들을 **보존하다**

1038 species
[spí:ʃi:z]

명 (생물의) 종

참고 breed 명 (가축의) 품종

There are three **species** of wolves. 기출
늑대는 세 가지 종이 있다.

1039 endangered
[indéindʒərd]

형 멸종 위기에 처한, 위험에 처한

파 endanger 동 위험에 빠뜨리다

It is an **endangered** mammal. 기출
그것은 멸종 위기에 처한 포유동물이다.

1040 extinct
[ikstíŋkt]

형 멸종한, 사라진

파 extinction 명 멸종, 소멸

Dodo birds are an **extinct** species.
도도새는 **멸종된** 종이다.

1041 exhaust
[igzɔ́:st]

동 다 써버리다, 고갈시키다 명 배기가스

파 exhausted 형 기진맥진한, 지친

exhaust the country's natural resources
그 나라의 천연자원을 **고갈시키다**

1042　shortage
[ʃɔ́ːrtidʒ]

명 부족, 결핍

유 lack 명 부족, 결핍

Many countries are experiencing water **shortages**.
여러 나라들이 물 **부족**을 겪고 있다.

> **더 알아두기** * 명사형 접미사 -age
>
> shortage는 '부족한'이라는 의미의 단어 short에 명사형 접미사 -age가 붙은 형태랍니다.
> • **marriage** 명 결혼　　　　　　　　　• **package** 명 소포, 택배

1043　smog
[smɑg]

명 (대기오염으로 인한) 스모그, 연무

파 smoggy 형 스모그가 많은

Smog is created by vehicle emissions.
스모그는 차량 배기가스로 유발된다.

> **더 알아두기** *
>
> smog는 '연기'라는 의미의 smoke와 '안개'라는 의미의 fog가 합쳐진 단어로, 공장의 매연과 자동차의 배기가스가 뿜어져 나와 안개처럼 보이는 것을 말해요.

중학교 **필수 어휘** 

1044　emerge
[imə́ːrdʒ]

동 나타나다, 출현하다, 등장하다

파 emergence 명 출현, 등장
　　emerging 형 신흥의, 떠오르는

The full moon will **emerge** from behind the clouds.
보름달이 구름 뒤에서 **나타날** 것이다.

1045　intensive
[inténsiv]

형 집중적인, 강도 높은, 격렬한

파 intense 형 강렬한, 심한 / intensively 부 집중적으로

take an **intensive** course in English writing
영작문 **집중** 강좌를 수강하다

1046　dispose
[dispóuz]

동 배치[배열]하다; 처분하다, 처리하다

파 disposal 명 처분, 처리
　　disposable 형 사용 후 버릴 수 있는, 일회용의
숙어 dispose of ~을 처리하다[없애다]

There are legal ways to **dispose** of trash.
쓰레기를 **처리하는** 합법적 방법이 있다.

1047 **expire**
[ikspáiə*r*]

동 만기가 되다, 끝나다

파 expiration 명 만료, 만기

My passport **expires** in two years.
내 여권은 2년 후에 **만기가 된다**.

1048 **clarify**
[klǽrəfài]

동 분명하게 하다

파 clarification 명 설명; 맑게 함

Putting your plan down on paper will **clarify** your thoughts.
종이에 계획을 적는 것은 당신의 생각을 **분명하게 할** 것이다.

1049 **assemble**
[əsémbl]

동 모이다, 모으다

파 assembly 명 집회, 국회

We **assembled** in the meeting room.
우리는 회의실에 **모였다**.

1050 **principle**
[prínsəpl]

명 원리, 원칙

주의 '주요한; 학장, 회장'이라는 의미의 principal과 헷갈리지 마세요.

The same **principle** applies. 기출
같은 **원리**가 적용된다.

1051 **exaggerate**
[igzǽdʒərèit]

동 과장하다, 지나치게 강조하다

파 exaggerated 형 과장된, 부풀린
exaggeration 명 과장

People usually **exaggerate** about the time they waited.
사람들은 대체로 자신이 기다린 시간에 대해 **과장한다**.

1052 **distribute**
[distríbjuːt]

동 나누어 주다, 배분하다, 분배하다; 유통하다

파 distribution 명 배포, 분배; 유통

Volunteers **distribute** clothes to the homeless.
자원봉사자들이 집 없는 사람들에게 옷을 **나눠 준다**.

1053 **ultimate**
[ʌ́ltəmit]

형 궁극적인, 최종적인

파 ultimately 부 최종적으로

Their **ultimate** destination is Busan.
그들의 **최종** 목적지는 부산이다.

오늘의 테마

함께 외우면 좋은 유의어와 반의어

같은 뜻을 가진 단어들과 반대의 뜻을 가진 단어들은 학교 시험에도 자주 나오고 수능이나 모의평가에도 단골로 출제되는 유형이에요. 짝꿍이 되는 단어들을 함께 외워 두면 큰 도움이 되겠죠?

defend 동 방어하다	= **protect** 동 보호하다, 지키다	↔ **harm** 동 해를 끼치다 명 피해
‖		‖
safeguard 동 보호하다 명 보호 장치		**damage** 동 손해를 입히다 명 손해

destruction 명 파괴	↔ **construction** 명 건설	= **building** 명 건축, 건물

melt 동 녹다, 녹이다	↔ **freeze** 동 얼리다	= **harden** 동 굳다, 굳게 하다

diminish 동 줄다, 줄이다	= **reduce** 동 감소시키다, 줄이다	↔ **increase** 동 증가하다 명 증가
‖	‖	
decrease 동 감소하다, 줄다	= **decline** 동 감소하다, 줄다	

Today's quiz　그림을 보고 빈칸에 알맞은 말을 쓰세요.

The ice cream _________ because the weather was too hot!

Answers　melted / 날씨가 너무 더워서 아이스크림이 녹았다.

A 영어는 우리말로, 우리말은 영어로 옮겨 쓰세요.

01	protect	____________	08	분명하게 하다	____________
02	exhaust	____________	09	파괴	____________
03	intensive	____________	10	배분[분배]하다	____________
04	conserve	____________	11	모이다, 모으다	____________
05	dispose	____________	12	멸종한, 사라진	____________
06	smog	____________	13	층, 겹	____________
07	shortage	____________	14	(열대)우림	____________

B 빈칸에 알맞은 단어를 넣어보세요.

01 a severe ____________ 극심한 가뭄

02 ____________ in two years 2년 후에 만기되다

03 ____________ the danger 위험을 과장하다

04 Happiness is my ____________ goal. 행복은 나의 궁극적인 목표이다.

05 In the desert, the ____________ is hot and dry.
사막의 기후는 뜨겁고 건조하다.

06 Something ____________ from the dark woods.
어두운 숲에서 무언가가 나타났다.

C 빈칸에 알맞은 단어를 넣어 문장을 완성하세요.

01 The ice in the Arctic and Greenland ______________. 교과서
북극과 그린란드의 얼음이 녹는다.

02 Many ______________ of animals and plants are ______________.
많은 종의 동식물이 (멸종) 위기에 처해 있다.

03 This popular tourist attraction has been ______________ by visitors.
이 유명한 관광 명소는 방문객들에 의해 오염되어 왔다. 기출

04 Water flows from high to low elevations. This is a natural ______________.
물은 높은 곳에서 낮은 곳으로 흐른다. 이것이 자연의 원리이다.

D 오늘의 테마 밑줄 친 낱말의 반의어를 고르세요.

01 When ice <u>melts</u>, it turns to liquid water. 기출
① moves　　　② slides　　　③ freezes　　　④ reduces

02 The storm last week caused the <u>destruction</u> of many homes.
① reduction　　② damage　　③ extinction　　④ construction

03 The purpose of this new campaign is to <u>reduce</u> food waste. 기출
① diminish　　② increase　　③ remove　　④ recycle

04 An emergency room doctor may wear special clothes to <u>protect</u>
herself from blood. 기출
① defend　　② decrease　　③ protest　　④ harm

DAY 40
컴퓨터, 인터넷

오늘은 컴퓨터와 인터넷에 관련된 어휘들과 그 단어들의 영영풀이를 공부해 봅니다. 오늘 암기할 다음 어휘들을 보고 이미 알고 있는 어휘인지 확인해 보세요.

Word Preview		
1054 cable ○ ✕	1068 mobile ○ ✕	
1055 keyboard ○ ✕	1069 install ○ ✕	
1056 monitor ○ ✕	1070 update ○ ✕	
1057 database ○ ✕	1071 surf ○ ✕	
1058 password ○ ✕	1072 delete ○ ✕	
1059 code ○ ✕	1073 drag ○ ✕	
1060 software ○ ✕	1074 domain ○ ✕	
1061 system ○ ✕	1075 derive ○ ✕	
1062 virtual ○ ✕	1076 correspond ○ ✕	
1063 log ○ ✕	1077 efficient ○ ✕	
1064 download ○ ✕	1078 flourish ○ ✕	
1065 access ○ ✕	1079 ensure ○ ✕	
1066 mode ○ ✕	1080 temporary ○ ✕	
1067 digital ○ ✕		

아는 어휘 _____ 개 / 27

1054 cable
[kéibl]

명 케이블, 전선

유 wire 명 전선

You didn't connect the **cable**!
케이블을 연결하지 않았구나!

1055 keyboard
[kí:bɔ̀ːrd]

명 키보드, 자판

참고 피아노의 건반도 keyboard라고 해요.

I forgot to bring your **keyboard**. 기출
네 키보드를 가져오는 걸 깜빡했어.

1056 monitor
[mánitər]

명 (컴퓨터) 모니터, 화면

I put the **monitor** in the middle of the desk.
나는 모니터를 책상 가운데에 놓았다.

더 알아두기 * monitor의 다른 의미: 감시[주시]하다, 추적 관찰하다
- **monitor** the patient's heart rate
  환자의 심박 수를 추적 관찰하다

1057 database
[déitəbèis]

명 데이터베이스

참고 관련 데이터를 수집·정리·통합해서 접속하여 이용할 수 있도록
한 것을 말해요.

The library has a **database** of over 20,000 books.
그 도서관은 2만 권이 넘는 책의 데이터베이스를 가지고 있다.

1058 password
[pǽswə̀ːrd]

명 비밀번호, 암호

참고 인터넷 접속 시 사용하는 '아이디'는 영어로 user name이라고
해요.

My **password** was "tennis." 기출
내 비밀번호는 tennis였다.

1059 code
[koud]

명 암호; 코드; 번호

파 encode 통 암호화하다 / decode 통 해독하다
참고 zip code (미) 우편 번호(= postcode)

remember the access **code** 접속 암호를 기억하다

더 알아두기 * code의 다른 의미: 규정
- a dress **code** 복장 규정

1060 **software**
[sɔ́(:)ftwɛ̀ər]

명 소프트웨어, 프로그램

반 hardware 명 하드웨어(컴퓨터의 기계 설비)

You can customize the **software** in several ways.
여러분은 그 **소프트웨어**를 여러 방식으로 원하는 대로 바꿀 수 있다.

1061 **system**
[sístəm]

명 시스템; 체계, 체제, 조직

파 systematic 형 체계적인 / systemize 동 체계화하다
참고 immune system 면역 체계

the building's fire alarm **system** 기출
그 건물의 화재 경보 **시스템**

1062 **virtual**
[və́ːrtʃuəl]

형 사실상의; 가상의

파 virtually 부 사실상; 가상으로

In **virtual** reality you can be anyone.
가상 현실에서 너는 누구라도 될 수 있다.

1063 **log**
[lɔ(:)g]

동 접속하다, 기록하다

I tried to **log** onto your website, but I couldn't.
당신의 웹사이트에 **접속하려고** 했지만 할 수 없었어요.

더 알아두기* **log**의 다른 의미: 통나무; 일지

- He sat on a **log** by the campfire.
  그는 캠프파이어 옆의 통나무에 앉아 있었다.
- This is our video **log**. 교과서 이건 우리의 영상 일지야.

1064 **download**
[dáunlòud]

동 다운로드하다 명 다운로드

반 upload 동 업로드하다 명 업로드

You can **download** and install the program.
당신은 그 프로그램을 **다운로드하여** 설치할 수 있다.

1065 **access**
[ǽksès]

동 접근[접속]하다 명 접속, 접근, 이용

유 approach 동 접근하다 명 접근
숙어 access to ~에의 접근

You cannot **access** the website without a password.
너는 암호 없이는 그 웹사이트에 **접속할** 수 없다.

1066 **mode**
[moud]

명 방식, 방법, 모드, 유형

set the phone to silent **mode** 기출
전화기를 무음 **모드**로 설정하다

1067 digital
[dídʒitəl]

형 디지털 방식의

They will begin using **digital** textbooks this year.
그들은 올해 **디지털** 교과서를 사용하기 시작할 것이다.

1068 mobile
[móubəl]

형 이동식의, 쉽게 움직일 수 있는

파 mobility 명 이동성, 유동성

Every friend of mine has a **mobile** phone.
내 친구들은 모두 **휴대전화**를 가지고 있다.

1069 install
[instɔ́:l]

동 설치하다, (소프트웨어를) 깔다

파 installation 명 설치

install a software program 소프트웨어 프로그램을 **설치하다**

1070 update
동: [ʌpdéit]
명: [ʌ́pdèit]

동 갱신하다, 업데이트하다 명 갱신

Update your applications.
당신의 어플을 **업데이트하세요**.

1071 surf
[sə:rf]

동 서핑하다; 인터넷을 검색하다

I spend a lot of time **surfing** the Internet.
나는 **인터넷을 검색하는** 데 많은 시간을 보낸다.

1072 delete
[dilí:t]

동 삭제하다, 지우다

유 erase, remove 동 지우다, 삭제하다

delete all the data including personal information
개인 정보를 포함한 모든 자료를 **삭제하다**

중학교 **필수 어휘** 

1073 drag
[dræg]

동 끌다; 〈컴퓨터〉 드래그하다

유 pull 동 끌다, 끌어당기다

Don't **drag** your chair across the floor.
의자를 바닥에 **끌지** 마라.

1074 domain
[douméin]

명 영역, 범위; 〈인터넷〉 도메인

The gazelle is grazing in the lion's **domain**.
가젤이 사자의 **영역**에서 풀을 뜯고 있다.

a **domain** name on the Internet
인터넷 상의 **도메인** 이름

1075 **derive**
[diráiv]

동 얻다; 유래하다; (결론 등을) 도출하다

숙어 derive A from B B에서 A를 얻다[끌어내다]

Some people **derive** pleasure from reading.
어떤 사람들은 독서에서 즐거움을 얻는다.

1076 **correspond**
[kɔ̀(:)rəspánd]

동 일치하다, 상응하다; 서신 왕래하다

파 correspondence 명 일치; 서신, 편지

His actions do not **correspond** with his words.
그의 행동은 말과 **일치하지** 않는다.

They continued to **correspond** with each other.
그들은 지속해서 편지로 서로 **연락했다.**

1077 **efficient**
[ifíʃənt]

형 효율적인, 능률적인

파 efficiently 부 효율적으로, 능률적으로
반 inefficient 형 비효율적인

more **efficient** system for monitoring patients
환자를 관찰하는 더 **효율적인** 시스템

1078 **flourish**
[flə́:riʃ]

동 번창하다, 번성하다, 잘 자라다

유 thrive 동 번성하다

No life **flourishes** without water.
물 없이는 어떤 생명도 **번성할** 수 없다.

1079 **ensure**
[inʃúər]

동 확실하게 하다, 보장하다

파 sure 형 확신하는, 확실한

Ensure each step is done properly. 교과서
각 단계가 적절히 이행되도록 **확실히 하라.**

1080 **temporary**
[témpərèri]

형 일시적인, 임시의

파 temporarily 부 일시적으로, 임시로
반 permanent 형 영구적인, 영속적인

A **temporary** identity card may be issued.
임시 신분증이 발급될 것이다.

학교 시험에 나오는 **영영풀이**

영영풀이를 보고 오늘 배운 단어와 서로 연결해 보세요. 그리고 사다리타기를 통해 맞게 연결했는지 확인해 보세요.

1 to remove something, especially from a computer's memory

2 able to move or be moved easily

3 to move something by pulling it along a surface, usually the ground

4 a secret word of numbers or letters that allows you to use a computer system

5 to put a computer program onto a computer so that the computer can use it

password

install

mobile

drag

delete

---

remove [rimúːv] 제거하다, 없애다

📑 **Answers** ❶ 특히 컴퓨터 메모리에 있는 어떤 것을 지우다 - delete(삭제하다) ❷ 쉽게 이동하거나 옮겨질 수 있는 - mobile(이동식의) ❸ 표면, 보통 지면을 따라 무언가를 끌어당겨서 옮기다 - drag(끌다) ❹ 컴퓨터 시스템을 사용할 수 있게 해주는 숫자나 문자의 비밀 암호 - password(비밀번호) ❺ 컴퓨터가 사용할 수 있도록 컴퓨터에 컴퓨터 프로그램을 설치하다 - install(설치하다, 깔다)

A 영어는 우리말로, 우리말은 영어로 옮겨 쓰세요.

01 virtual _______________

02 derive _______________

03 correspond _______________

04 ensure _______________

05 domain _______________

06 flourish _______________

07 access _______________

08 모니터, 화면 _______________

09 암호; 번호 c_______________

10 디지털 방식의 _______________

11 접속[기록]하다 l_______________

12 끌다; 드래그하다 _______________

13 설치하다; 깔다 _______________

14 소프트웨어 _______________

B 빈칸에 알맞은 단어를 넣어보세요.

01 a(n) _______________ job 임시직, 비정규직

02 a(n) _______________ phone 휴대전화

03 _______________ a game 게임을 다운로드하다

04 the building's fire alarm _______________ 기출 그 건물의 화재 경보 시스템

05 _______________ your computer software regularly.
컴퓨터 소프트웨어를 주기적으로 업데이트해라.

06 I bought a(n) _______________ from your website. 기출
저는 당신의 웹사이트에서 키보드를 샀어요.

07 Use your time in the most _______________ way possible.
가능한 가장 효율적인 방식으로 시간을 사용해라.

C 빈칸에 알맞은 단어를 넣어 문장을 완성하세요.

01 First, make sure your cell phones are on silent ______________. 기출
먼저, 여러분의 휴대폰이 무음 모드인지 확인하세요.

02 I lost the power ______________ for my computer when I moved out.
나는 이사하면서 컴퓨터의 전원 케이블을 잃어버렸다.

03 You can find any information you want by ______________ the
Internet. 인터넷을 검색함으로써 당신은 원하는 어떠한 정보도 찾을 수 있다.

04 ______________ that your password contains at least 1 special
character. 당신의 암호에 적어도 1개의 특수 문자를 포함시키도록 확실히 해라.

D 오늘의 테마 빈칸에 들어갈 가장 적절한 말을 보기에서 찾아 쓰세요. (필요한 경우 어형
을 바꿀 것)

보기	access	delete	install	password

01 You need to enter your ______________ to check your e-mail.

02 IBM computers were first ______________ at NASA in 1961. 교과서

03 The town wants to increase public ______________ to its beaches.

04 You will first click on the document, then you will ______________ any
incorrect information.

☐ **ability** [əbíləti]	명 능력, 재능
☐ **achieve** [ətʃíːv]	동 성취하다, 이루다
☐ **aid** [eid]	명 도움, 원조 동 돕다
☐ **aim** [eim]	명 목표, 목적 동 목표로 삼다
☐ **allow** [əláu]	동 허락하다, 허용하다; ~할 수 있게 하다
☐ **amaze** [əméiz]	동 놀라게 하다
☐ **amount** [əmáunt]	명 양; 총계 동 총계가 ~이 되다
☐ **ancient** [éinʃənt]	형 고대의, 아주 오래된
☐ **apologize** [əpálədʒàiz]	동 사과하다
☐ **attack** [ətǽk]	명 공격 동 공격하다
☐ **audience** [ɔ́ːdiəns]	명 청중, 관객
☐ **award** [əwɔ́ːrd]	명 상(= prize) 동 수여하다
☐ **awful** [ɔ́ːfəl]	형 끔찍한, 지독한
☐ **background** [bǽkgràund]	명 배경; 경력
☐ **balance** [bǽləns]	명 균형; 은행 잔고 동 균형을 이루다
☐ **basis** [béisəs]	명 기초, 근본
☐ **beg** [beg]	동 간청하다; 구걸하다
☐ **bet** [bet]	명 내기; 건 돈 동 내기를 하다; (~이) 틀림없다
☐ **bury** [béri]	동 묻다, 매장하다
☐ **cause** [kɔːz]	명 원인, 이유 동 원인이 되다, 야기하다
☐ **certain** [sə́ːrtən]	형 확실한; 어떤, 특정한
☐ **challenge** [tʃǽlindʒ]	명 도전, 난제 동 도전하다
☐ **cheat** [tʃiːt]	동 속이다; 부정행위를 하다
☐ **cheerful** [tʃíərfəl]	형 쾌활한, 기분 좋은
☐ **complain** [kəmpléin]	동 불평하다, 항의하다

- **congratulate** [kəngrǽtʃulèit] 图 축하하다
- **connect** [kənékt] 图 연결하다
- **consider** [kənsídər] 图 고려하다, 숙고하다; ~라고 여기다
- **contact** [kántækt] 图 연락, 접촉 图 연락하다, 접촉하다
- **continue** [kəntínju:] 图 계속하다
- **control** [kəntróul] 图 지배하다; 제어하다 图 지배; 제어
- **correct** [kərékt] 图 옳은, 정확한 图 정정하다, 바로잡다
- **courage** [kə́:ridʒ] 图 용기
- **court** [kɔ:rt] 图 법정, 법원; 궁정; (테니스 등의) 코트
- **create** [kriéit] 图 창조하다, 만들다
- **crowd** [kraud] 图 군중 图 모여들다, 붐비다
- **curiosity** [kjùəriásəti] 图 호기심; 진기한 것
- **customer** [kʌ́stəmər] 图 고객, 손님
- **damage** [dǽmidʒ] 图 손상, 피해 图 손상시키다, 피해를 주다
- **deadline** [dédlàin] 图 마감 시한, 최종 기한
- **decrease** [dikrí:s] 명: [dí:kri:s] 图 감소하다, 감소시키다 图 감소(량)
- **desire** [dizáiər] 图 욕구, 바람 图 간절히 바라다
- **develop** [divéləp] 图 발달하다, 개발하다; (필름을) 현상하다
- **discover** [diskʌ́vər] 图 발견하다
- **disease** [dizí:z] 图 병, 질병
- **distance** [dístəns] 图 거리; 먼 곳 图 거리를 두다
- **duty** [djú:ti] 图 의무, 직무; 세금
- **effort** [éfərt] 图 노력, 분투
- **embarrassed** [imbǽrəst] 图 당황한
- **environment** [invái ə rənmənt] 图 환경(= surroundings)

☐	**escape** [iskéip]	통 탈출하다, 달아나다 명 탈출, 도망
☐	**eventually** [ivéntʃuəli]	부 결국, 마침내
☐	**exactly** [igzǽktli]	부 정확히, 꼭
☐	**exist** [igzíst]	통 존재하다
☐	**experience** [ikspí(:)əriəns]	명 경험 통 경험하다
☐	**explain** [kspléin]	통 설명하다
☐	**express** [iksprés]	통 나타내다, 표현하다
☐	**failure** [féiljər]	명 실패(↔ success 성공)
☐	**female** [fí:mèil]	명 여성, 암컷 형 여성의 (↔ male 남성; 남성의)
☐	**flavor** [fléivər]	명 맛, 향신료 통 맛을 내다
☐	**flow** [flou]	통 흐르다 명 흐름
☐	**focus** [fóukəs]	통 집중하다 명 초점
☐	**fold** [fould]	통 접다(↔ unfold 펼치다) 명 (천 등의) 주름
☐	**forgive** [fərgív]	통 용서하다, 면제하다
☐	**form** [fɔːrm]	명 형태, 종류; 서식 통 형성하다
☐	**fuel** [fjúːəl]	명 연료 통 연료를 공급하다; 부추기다
☐	**gain** [gein]	통 얻다; 증가하다 명 이득; 증가
☐	**genius** [dʒíːnjəs]	명 천재, 천재성; 특별한 재능(= gift, talent)
☐	**global** [glóubəl]	형 세계적인; 지구의
☐	**gradually** [grǽdʒuəli]	부 차츰, 차차
☐	**heal** [hiːl]	통 치료하다; 치료되다
☐	**increase** [inkríːs] 명: [ínkriːs]	통 증가하다, 증가시키다 명 증가(량)
☐	**influence** [ínfluəns]	통 영향을 끼치다 명 영향
☐	**injure** [índʒər]	통 상처를 입히다
☐	**invent** [invént]	통 발명하다

☐	**journey** [dʒə́ːrni]	몡 여행, 여정
☐	**lately** [léitli]	뷔 최근에(= recently)
☐	**legend** [lédʒənd]	몡 전설; 범례, 기호 설명표
☐	**lift** [lift]	통 들어올리다 몡 들어올리기; 승강기
☐	**literature** [lítərətʃər]	몡 문학, 문헌
☐	**local** [lóukəl]	혱 지역의, 현지의 몡 (지역의) 주민
☐	**lonely** [lóunli]	혱 외로운
☐	**mate** [meit]	몡 친구, 짝 통 짝짓기를 하다
☐	**method** [méθəd]	몡 방법, 수단
☐	**modern** [mádərn]	혱 현대의; 최신의
☐	**movement** [múːvmənt]	몡 움직임, 운동; (조직적인) 운동
☐	**mysterious** [mistí(ː)əriəs]	혱 불가사의한, 신비한
☐	**native** [néitiv]	혱 태어난 곳의; 토박이의 몡 원주민
☐	**nest** [nest]	몡 둥지, 보금자리 통 둥지를 틀다
☐	**nod** [nɑd]	통 (고개를) 끄덕이다 몡 끄덕임
☐	**offer** [ɔ́(ː)fər]	통 제공하다, 제안하다 몡 제공, 제안
☐	**official** [əfíʃəl]	혱 공식적인 몡 공무원, 관리
☐	**opinion** [əpínjən]	몡 의견, 견해(= view)
☐	**opportunity** [àpərtjúːnəti]	몡 기회(= chance)
☐	**path** [pæθ]	몡 길; 경로, 방향
☐	**patient** [péiʃənt]	혱 참을성 있는(↔ impatient 참을성 없는) 몡 환자
☐	**perfect** [pə́ːrfikt]	혱 완벽한, 완전한(↔ imperfect 불완전한)
☐	**pile** [pail]	몡 더미, 다량 통 쌓아 올리다, 축적하다
☐	**planet** [plǽnit]	몡 행성, 지구
☐	**plant** [plænt]	몡 식물; 공장 통 (식물을) 심다

☐ **poetry** [póuitri]	몡 시, 운문
☐ **polite** [pəláit]	혱 공손한, 예의 바른
☐ **popularity** [pàpjulǽrəti]	몡 인기, 대중성
☐ **possibility** [pàsəbíləti]	몡 가능성(= likelihood); 기회
☐ **pour** [pɔːr]	동 (액체를) 따르다, 붓다; (비가) 마구 쏟아지다
☐ **praise** [preiz]	몡 칭찬 동 칭찬하다
☐ **precious** [préʃəs]	혱 소중한, 귀중한(= valuable)
☐ **prepare** [pripɛ́ər]	동 준비하다
☐ **previous** [príːviəs]	혱 이전의, 앞선(= prior)
☐ **process** [práses]	몡 과정, 절차 동 처리하다, 가공하다
☐ **promise** [prámis]	몡 약속 동 약속하다
☐ **quest** [kwest]	몡 탐색, 추구 동 탐구하다, 추구하다
☐ **rank** [ræŋk]	몡 등급, 계급 동 (등급·순위를) 매기다
☐ **recently** [ríːsəntli]	뷔 최근에(= lately)
☐ **recommend** [rèkəménd]	동 추천하다, 권장하다
☐ **record** [rikɔ́ːrd] 명: [rékərd]	동 기록하다; 녹음하다 몡 기록; 녹음
☐ **recycle** [riːsáikl]	동 재활용하다(= reuse)
☐ **relax** [rilǽks]	동 휴식을 취하다; (긴장을) 늦추다
☐ **repair** [ripɛ́ər]	동 수리하다(= fix) 몡 수리, 수선
☐ **research** [risə́ːrtʃ]	몡 연구, 조사 동 연구[조사]하다
☐ **return** [ritə́ːrn]	동 돌아오다, 돌아가다 몡 복귀; 반환
☐ **review** [rivjúː]	몡 재검토 동 재검토하다; 복습하다
☐ **risk** [risk]	몡 위험, 모험 동 위험을 무릅쓰다
☐ **root** [ruːt]	몡 뿌리; 근원, 본질 동 뿌리를 내리다
☐ **rough** [rʌf]	혱 거친, 험한; 대략적인; 힘든

☐	**scare** [skɛər]	동 겁주다 명 불안, 공포
☐	**scream** [skri:m]	동 소리치다, 비명을 지르다 명 비명
☐	**share** [ʃɛər]	동 나누다, 공유하다 명 몫, 점유율; 주식
☐	**similar** [símələr]	형 유사한, 비슷한
☐	**sincere** [sinsíər]	형 진실의, 진심의
☐	**sink** [siŋk]	동 가라앉다, 침몰시키다 명 개수대
☐	**source** [sɔ:rs]	명 원천, 근원; 자료, (자료의) 출처
☐	**spin** [spin]	동 돌다, 돌리다; (거미가) 줄을 치다 명 회전
☐	**stress** [stres]	명 스트레스, 압박; 강세 동 강조하다
☐	**survival** [sərváivəl]	명 생존
☐	**switch** [switʃ]	동 바꾸다, 전환하다 명 스위치; 전환
☐	**systematic** [sìstəmǽtik]	형 체계적인
☐	**task** [tæsk]	명 과제, 과업, 일
☐	**thick** [θik]	형 두꺼운, 굵은; (안개 등이) 짙은
☐	**trade** [treid]	명 거래, 무역 동 거래하다, 교환하다
☐	**tradition** [trədíʃən]	명 전통, 관습(= custom)
☐	**treasure** [tréʒər]	명 보물, 매우 귀중한 것 동 소중히 하다
☐	**trend** [trend]	명 경향(= tendency), 추세, 유행
☐	**unique** [ju:ní:k]	형 유일한; 독특한
☐	**vocabulary** [voukǽbjulèri]	명 어휘, (특정 주제에 관련된) 용어
☐	**volunteer** [vàləntíər]	명 지원자, 자원봉사자 동 자원하다
☐	**warn** [wɔ:rn]	동 경고하다, 주의를 주다
☐	**waste** [weist]	동 낭비하다 명 낭비; 폐기물, 쓰레기
☐	**weigh** [wei]	동 무게가 나가다, 무게를 달다; 따져 보다
☐	**whisper** [hwíspər]	동 속삭이다 명 속삭임

Review Test
Answers

DAY 01

pp.18~19

A 01 성격, 인성, 개성 02 자랑하다, 뽐내다
03 탐욕스러운, 욕심 많은 04 소심한, 겁 많은
05 성급함, 조급함 06 부정적인; 음성의
07 특징, 특성; 특징적인, 특유의 08 attitude
09 cruel 10 aggressive 11 differ
12 joint 13 vegetarian 14 positive

B 01 thorough 02 ambitious 03 modest
04 tender 05 confident

C 01 passive 02 optimist 03 alert
04 target 05 indifferent

D 01 immortal 02 injustice 03 impossible
04 inadequate

DAY 02

pp.26~27

A 01 향기, 냄새 02 상쾌하게 하다; (기억을) 되
살리다 03 어지러운, 현기증 나는 04 주름; 주
름이 지다 05 신체의, 육체적인; 물질적인
06 인상을 쓰다, 찌푸리다; 찌푸린 얼굴
07 희미한; 어지러운; 기절하다 08 breath
09 disabled 10 pale 11 snap
12 sensation 13 disgusting
14 meaningful

B 01 senior 02 display 03 nearly
04 lack 05 naked 06 healthy

C 01 pumps 02 unless 03 relieving
04 adjust

D 01 best vision 02 the view, the desert
03 At first[a] glance

DAY 03

pp.34~35

A 01 짜릿함, 전율 02 슬픔, 비애, 비탄 03 동정
(심), 연민; 공감 04 우려, 염려; 관심; ~에 관계
하다; 걱정시키다 05 짜증나게 하다, 괴롭히다

06 감정, 정서 07 흐느끼다, 흐느껴 울다
08 sincere 09 miserable 10 content
11 jealous 12 deny 13 sigh 14 weep

B 01 ashamed 02 panic 03 irritates
04 pity 05 astonished 06 frightened

C 01 anxious 02 grief 03 grateful
04 yelled

D 01 excited 02 interested 03 interesting
04 depressed 05 embarrassed

DAY 04

pp.42~43

A 01 지적인, 지성의 02 생각나게 하다, 상기시
키다 03 통찰(력) 04 주의를 흩뜨리다, 산만하
게 하다 05 붙잡다, 포착하다; 사로잡다 06 분
별 있는, 현명한 07 연관시키다, 연상하다
08 logical 09 suppose 10 comprehend
11 hesitate 12 mild 13 insult
14 abnormal

B 01 shrink 02 recall 03 analyzed
04 Frankly 05 identified 06 spirit

C 01 perceived 02 conscious
03 regarded 04 concentrates

D 01 compliments 02 successful
03 sensitive

DAY 05

pp.50~51

A 01 의도, 의향; 열중하는, 집중하는 02 주장하
다, 우기다, 고집하다 03 장담하다, 확신시키다
04 평가하다 05 (공로, 원인, 탓 등)을 …에게
돌리다; 특성; 속성 06 명백한, 분명한
07 분명한, 명백한 08 conclude
09 constant 10 resemble 11 urge
12 assert 13 overlook 14 adopt

B 01 subjective 02 approve 03 sorted
04 Soak 05 proposed 06 anticipated

C 01 medium 02 convince
03 distinguish 04 acknowledge

D 01 biased / 그녀는 너무 편향되어 있어서 그 사례에 관해 객관적으로 작성할 수 없다.
02 ambiguous / 그 메시지의 애매모호한 단어 사용으로 인해 나는 혼동을 느꼈다.
03 consistent / 미래를 확고히 하기 위해, 우리는 일관된 경제 전략을 필요로 한다.
04 obvious / 도대체 우리는 왜 음식을 먹는가? 한 가지 답은 명확한데, 살기 위해서이다.
05 objective / 우리는 객관적인 분석을 우리에게 제공할 회사 밖의 누군가가 필요하다.

DAY 06
pp.58~59

A 01 (우연히) 만나다, 직면하다; (우연한) 만남, 마주침 02 논쟁, 토론; 논의하다 03 발표하다, 선언하다 04 요청[요구]하다; 요청 05 방해하다; (이야기를) 중단시키다 06 거절하다, 거부하다 07 상호작용하다, 교류하다 08 rely
09 quarrel 10 refuse 11 betray
12 brilliant 13 mention 14 communicate

B 01 bunch 02 blame 03 interfering
04 situation 05 respond 06 flaw

C 01 fortune 02 intimate 03 folk
04 relationship

D 01 ④ / Michael은 다른 선수들과 팬들의 존경을 받았다. 02 ① / 그들 사이에는 강력한 정신적 유대가 존재한다. 03 ⑦ / 걱정은 고맙지만, 사실대로 말하자면, 나는 괜찮아요. 04 ⑥ / 여러분은 자신이 다른 사람을 존중한다는 것을 보여 주어야 한다.

DAY 07
pp.66~67

A 01 격려[장려]하다; 조장하다 02 성취하다, 충족시키다; 완수하다 03 청소년 04 이루다, 달성하다; 획득하다 05 자신감, 확신; 신뢰
06 성취하다, 이루다 07 동반자, 벗, 친구

08 aspire 09 attract 10 motive
11 packet 12 responsible 13 funeral
14 devote

B 01 pregnant 02 lifetime 03 pursue
04 excluded 05 frustrated 06 angle

C 01 attempt 02 clause 03 cope
04 confronted

D 01 mature / 우수한 재능은 늦게 성숙한다.
02 lining / 모든 구름에는 은빛 안감이 있다.
03 Fate / 운명은 낯선 길로 간다.
04 hardship / 고난이 없으면 성공도 없다.
05 Confidence / 신뢰는 얻기는 어렵지만 잃기는 쉽다.

DAY 08
pp.76~77

A 01 주의, 주목 02 꾸짖다, 혼내다 03 지시 (사항), 설명; 가르침 04 사회학 05 적절한, 알맞은 06 주요한, 제1의; 초등학교의 07 (과제 등을) 부여하다, 배정하다 08 pupil 09 scheme
10 firm 11 acquire 12 mount
13 evaluate 14 absent

B 01 pronounce 02 private 03 consulted
04 discipline 05 lecture 06 semester

C 01 certificate 02 principal 03 juniors
04 fiber

D 01 to instruct children 02 tutored at home 03 taught others survival skills
04 educate young people

DAY 09
pp.84~85

A 01 기업, 회사 02 유능한, 능숙한 03 금하다, 금지하다 04 무시하다; 해고하다, 내쫓다
05 영향을 미치다 06 장(長), 우두머리; 최고의; 주요한 07 기업의, 회사의 08 incentive
09 experienced 10 deed 11 salary
12 mercy 13 retire 14 department

B 01 cluster 02 employ 03 Detach
04 apply 05 chairman 06 applicants

C 01 colleagues 02 promote 03 hire
04 quit

D 01 work 02 wage 03 occupations

DAY 10 pp.92~93

A 01 선반, 책꽂이 02 새다; 누설하다 03 기분을 상하게 하다; 범죄를 저지르다 04 도덕적인, 윤리의 05 냉장고 06 고치다, 수리하다, 수선하다 07 가사, 일과 08 outline
09 furniture 10 polish 11 trap
12 microwave 13 marvel 14 bulb

B 01 sew 02 tidy 03 couch 04 blanket
05 cupboard 06 vacuum

C 01 pillow 02 ought 03 garbage
04 intermediate

D 01 made a mistake 02 made a fortune
03 make a mess

DAY 11 pp.100~101

A 01 물건, 것 02 계산기 03 충실한, 충성스러운 04 일과; 일상적인, 반복적인 05 온도계 06 실용적인, 실제적인 07 뚜껑; 눈꺼풀
08 shave 09 envelope 10 cord
11 barrier 12 nail 13 scale 14 regular

B 01 saw 02 screws 03 journal
04 portable 05 scatter 06 string
07 nap

C 01 entry 02 nightmare 03 visible
04 kit 05 ordinary

D 01 ④ / 여러분은 창의적인 생각이 어렵고 색다르다고 생각할지도 모른다. 02 ① / 이 심각한 증상은 잦은 기침과 관련이 있다. 03 ② / 소음에의 계속되는 노출은 아이들의 학업 성취와 관련이 있다.

DAY 12 pp.108~109

A 01 먹을 수 있는, 식용의 02 바삭바삭한; (날씨가) 상쾌한 03 섞다, 혼합하다 04 해결하다, 결정하다; 정착하다 05 (~한 것은) 무엇이든지; 어떤 ~이든 06 혼합물, 혼합 07 요리법, 조리법
08 spicy 09 roast 10 beverage
11 peel 12 spill 13 nature 14 dairy

B 01 appetizer 02 likely 03 groceries
04 sprinkle 05 raw 06 refilled

C 01 temperature 02 obtained
03 reservation 04 wheat

D 01 gradual 02 graduated, degree
03 grade, grade 04 ingredient

DAY 13 pp.116~117

A 01 싸다, 포장하다; 두르다; 랩 02 고객, 의뢰인 03 고르다, 선택하다 04 요구하다, 권리를 주장하다; 요구, 배상 청구(액) 05 (품)질; 고급, 양질; 양질의 06 이익; 원조, 편들기, 지지 07 세금; 세금을 부과하다 08 receipt
09 guarantee 10 obey 11 exchange
12 cottage 13 tag 14 discount

B 01 refund 02 charge 03 expensive
04 afford 05 salesperson 06 Unlike

C 01 coupon 02 worth 03 prices
04 proceed

D 01 arms 02 customs 03 goods
04 means

DAY 14 pp.124~125

A 01 즉각의, 즉시의; 당면한 02 (역사상의) 시대, 대(代) 03 둘러싸다; 동봉하다 04 사나운, 격렬한 05 점진적인, 점차적인 06 (특정 기간) ~ 안에, ~ 이내에 07 참다, 견디다, 인내하다
08 urgent 09 interval 10 due 11 dawn

12 indeed 13 session 14 permanent

B 01 decades 02 Haste 03 quarter
04 concealed 05 awaiting 06 whether

C 01 meantime 02 till 03 boom
04 coincided 05 Likewise

D 01 visit(방문하다) - 누군가의 집에 가서 함께 시간을 보내다 02 ambition(야망) - 삶에서 어떤 것을 성취하려는 강한 욕구 03 exit(출구) - 공공장소에서 나가기 위해 사용하는 문 04 initial(처음의) - 첫 번째, 혹은 처음에 일어나는 05 initiate(착수하다, 시작하다) - 무언가가 시작되게 하다

DAY 15 pp.132~133

A 01 부피, 양; 음량; (책의) 권 02 감소하다, 줄어들다, 약해지다 03 많은 양[수]; 많이, 풍부하게 04 생명체, 동물, 생물 05 예측하다, 예언하다 06 초과, 과잉; 여분의, 초과한 07 충분한 08 adequate 09 mammal 10 million 11 altogether 12 privacy 13 context 14 average

B 01 overlap 02 slight 03 half 04 supply 05 rises 06 abundant 07 required

C 01 vast 02 approximate 03 decline 04 Income

D 01 ① / 출근하는 길에, 나는 거대한 빨간 공을 보았다. 02 ③ / 탐험가들은 빽빽한 정글을 가로질러 길을 냈다. 03 ④ / 선생님은 질문에 답을 할 충분한 시간이 없었다. 04 ③ / 그가 예술 학교를 마쳤을 때, 일자리가 부족해서 직장을 찾을 수 없었다.

DAY 16 pp.140~141

A 01 추정하다, 어림잡다; 추정(치), 견적 02 (대)다수 03 광선; 빛, 빔; 환하게 웃다 04 결점, 결함, 장애 05 초과하다, 넘어서다 06 분할, 분배; 나눗셈 07 끌어올리다, 증대시키다 08 contrast 09 loss 10 gap 11 classify 12 gender 13 despite 14 calculate

B 01 arrange 02 rates 03 further 04 quantity 05 survey 06 lower

C 01 multiple 02 minor 03 dozen 04 measured

D 01 in quantity 02 in excess of 03 as a whole 04 on average

DAY 17 pp.148~149

A 01 깨지기 쉬운, 부서지기 쉬운 02 균열, 틈; 금이 가게 하다 03 꾸러미, 묶음 04 이동하다; (자세, 태도를) 바꾸다; 변화, 이동 05 거대한, 막대한 06 널찍한, (공간이) 넓은 07 연약한, 여린, 부서지기 쉬운; 섬세한, 예민한 08 exotic 09 purple 10 illustrate 11 convenient 12 sphere 13 elegant 14 pentagon

B 01 shallow 02 replace 03 square 04 particular 05 delicate 06 identical 07 empty

C 01 vibrates 02 durable 03 smashed 04 narrow

D 01 diverse 02 adversity 03 hemisphere 04 atmosphere

DAY 18 pp.158~159

A 01 풍경, 경치; 풍경화 02 가파른, 비탈진 03 순항하다; 유람(선); 항해 04 오락, 레크리에이션, 취미 05 즐겁게 하다 06 여가, 자유 시간; 한가한 07 관광, 유람 08 scenery 09 souvenir 10 motivate 11 crisis 12 cabin 13 convey 14 accommodate

B 01 inform 02 souvenir 03 crew 04 agency 05 baggage 06 accompanied

C 01 photograph 02 departure
03 confirmed 04 voyage

D 01 reception 02 destiny 03 receipt
04 destination

DAY 19 pp.166~167

A 01 일, 사건 02 격식을 차리지 않는, 비공식적
인 03 생기다, 발생하다, 일어나다 04 장점,
이점, 가치 05 그러므로, 따라서 06 즐겁게 하
다; 접대하다 07 일, 문제, 사건 08 attend
09 involve 10 detail 11 annual
12 reward 13 auditorium 14 occasion

B 01 policy 02 feast 03 provide
04 superior 05 Insert 06 instruments

C 01 applauded 02 especially 03 clown
04 manage

D 01 ceremony 02 details 03 celebrate
04 presence

DAY 20 pp.174~175

A 01 적절한, 적합한 02 중요한, 중대한, 의미 있
는 03 전망, 가능성, 예상 04 복잡한 05 훌륭
한, 멋진, 아주 좋은 06 단점, 불리한 점 07 아주
멋진, 기막히게 좋은; 무서운 08 typical
09 resist 10 ideal 11 crucial
12 squeeze 13 disappear 14 complex

B 01 operate 02 brief 03 tense
04 license 05 outcome

C 01 aspects 02 weird 03 strange
04 incredible 05 comfort

D 01 terrible / 공원은 끔찍해 보였고, 안 좋은 냄
새가 났다. 02 dense / 도시의 그 부분은 이민
자 인구가 밀집해 있다. 03 prosper / 우리는
사업이 번창할 수 있는 분위기를 조성할 필요가
있다. 04 tropical / 전 세계 어디에서나 바나
나를 볼 수 있지만, 바나나는 열대 과일이다.

DAY 21 pp.182~183

A 01 항구 02 보행자; 보행자용의 03 끔찍하게
싫은, 섬뜩한 04 수송하다, 운송하다 05 그렇지
않으면; 그 외에는 06 (배의) 갑판; (버스·배의)
층, 칸 07 시각의, 시각적인 08 automobile
09 port 10 platform 11 anchor
12 terminal 13 paragraph 14 lane

B 01 aboard 02 bound 03 intersection
04 via 05 vehicles 06 affection

C 01 Avenue 02 instance 03 aircraft
04 passengers

D 01 load(s) 02 loaded 03 route
04 transferred, transfer

DAY 22 pp.190~191

A 01 한쪽으로; 별도로 02 규제하다, 통제하다
03 최고의, 매우 훌륭한 04 둘러싸다, 에워싸다
05 피로, 피곤; 피곤하게 하다 06 전반적인, 종
합적인; 전반적으로 07 ~ 옆에, (~와) 나란히;
옆에, 부근에 08 suburb 09 millionaire
10 beyond 11 overhead 12 though
13 external 14 apart

B 01 though 02 beneath 03 instinct
04 forth 05 range 06 revised 07 stained

C 01 position 02 nearby 03 remote
04 internal

D 01 ① / 돈의 부족이 문제의 핵심이다. 02 ⑧ /
모래 언덕이 사방팔방으로 계속 이어진다. 03 ⑨ /
시험을 시작하기 전에 지시사항들을 주의 깊게
읽으세요. 04 ⑦ / 그 회사가 경쟁 회사에 비해
여전히 우위를 점하고 있다. 05 ④ / 천의 가장
자리에 같은 간격만큼 떨어진 네 개의 구멍을 뚫
어라.

A 01 통로, 복도 02 철사; 전선; 전선을 연결하다 03 부여하다; (남의 의견을) 인정하다; 지원금 04 풀어주다; 개봉[발매]하다; 석방; 공개 05 건설하다; 구성하다 06 영향; 충격; 큰 영향을 주다 07 기둥; 칼럼; (숫자 등의) 세로 열 08 pipe 09 strength 10 include 11 steel 12 garage 13 fade 14 format

B 01 found 02 widespread 03 hall 04 lobby 05 lounge 06 fountain

C 01 structure 02 passage 03 architect 04 garage

D 01 framework 02 entrance 03 brick 04 ceiling

A 01 쾅 닫다, 세게 놓다[밀다] 02 움직임, 운동, 동작 03 간지럽히다, 간질이다 04 뛰다, 도약하다; 도약, 훌쩍 뜀 05 (힘들게) 기어오르다, 허둥지둥 움직이다; 마구 뒤섞다 06 반대되는; 정반대 07 잠시 멈추다; 중단, 멈춤 08 twist 09 scratch 10 hop 11 define 12 beat 13 capable 14 shut

B 01 approach 02 dash 03 trembled 04 major 05 obstacles 06 crushed 07 crawl

C 01 posed 02 grabbed 03 licking 04 engaged

D 01 gripped the rail 02 grasped 03 failed to grasp 04 hang on

A 01 경쟁하다, 겨루다 02 승리 03 처벌, 벌칙; 페널티킥 04 반어(법), 모순, 아이러니 05 (점수 등의) 차이; 여백, 가장자리; 수익 06 (어려운 문제에) 대처하다; 태클하다; 태클 07 방어자, 수비수; 옹호자 08 bounce 09 trophy 10 justify 11 paste 12 glory 13 pace 14 rival

B 01 features 02 muscles 03 examine 04 dynamic 05 qualify 06 register

C 01 punched 02 trace 03 formation 04 effective

D 01 furious 02 familiar 03 athletic 04 persuasive

A 01 (약물을) 주사하다; 불어 넣다 02 처방하다 03 달라붙다, 매달리다 04 세대 05 나타내다, 보여 주다, 가리키다 06 아픔, 통증; 아프다 07 썩은, 상한 08 infect 09 clinic 10 digest 11 immune 12 dental 13 overweight 14 surgery

B 01 absorb 02 symptoms 03 circumstances 04 Toxic 05 severe 06 cancer

C 01 burden 02 bleeding 03 decay 04 mediate

D 01 organization 02 organized 03 relationship 04 relative

A 01 해결책; 요법, 치료; 치료하다, 바로잡다 02 회복하다, 되찾다 03 끔찍한, 참혹한, 극심한 04 보안, 경비, 안전 05 산사태 06 우연히, 의도치 않게 07 (고통 등을) 겪다, (부상을) 입다 08 bruise 09 swallow 10 scene 11 caution 12 enhance 13 drown 14 plain

B 01 establish 02 strategy 03 struggle 04 tumbled 05 conformed 06 bandage

C 01 clashes 02 paralyzed 03 wound
04 disasters

D 01 hazard(위험 (요소)) - 위험한 것 02 clash
(충돌, 격돌) - 사람 간의 논쟁이나 의견 불일치
03 crash(추돌, 추락) - 차량이 무언가에 부딪
치는 사고 04 rescue(구조[구제]하다) - 위험
한, 또는 불쾌한 상황에서 누군가를 구하다
05 crush(으스러뜨리다) - 무언가를 너무 세게
눌러서 그것이 부서지거나 원래의 모양이 파괴되다

DAY 28 pp.240~241

A 01 살다, 거주[서식]하다 02 진보, 발전, 진전,
진행; 발전하다 03 흉내 내다, 모방하다 04 보
험에 들다[가입하다], 보증하다 05 수도꼭지
06 관리하다, 운영하다; 집행하다 07 도시의,
도시에 사는 08 dominate 09 forecast
10 dwell 11 identity 12 foundation
13 welfare 14 divorce

B 01 chaos 02 contribute 03 rural
04 improve 05 cooperate 06 issue

C 01 maintain 02 voluntary 03 collapse
04 poll

D 01 ③ / 우리는 대회에서 거의 포기했다. 02 ①
/ 그녀는 보고서의 세부 사항을 밝히기를 거부했
다. 03 ② / 우리 삼촌은 여전히 우리 조부모님
댁에 산다. 04 ④ / 점수는 진전과 수행에 기초
하여 주어진다.

DAY 29 pp.248~249

A 01 수입하다; 수입(품) 02 재정, 재무, 금융
03 하강하다, 내려오다 04 적응시키다, ~에 적
응하다; 각색하다 05 빚, 부채 06 기금, 자금;
자금을 제공하다 07 모험; 모험적 사업; 과감히
~하다, 모험하다 08 credit 09 export
10 suddenly 11 advantage 12 auction
13 stable 14 besides

B 01 property 02 commission 03 appealed

04 loan 05 stock 06 commerce

C 01 Merchants 02 poverty 03 sum
04 desperate

D 01 leisurely 02 yearly 03 deadly
04 costly 05 orderly 06 daily 07 lovely
08 friendly

DAY 30 pp.256~257

A 01 반대자, 적, 상대 02 국회, 의회; 회의 03 자
유주의의; 진보적인; 자유주의자 04 통치하다,
다스리다, 지배하다 05 부패한; 부패시키다, 더럽
히다 06 정치인, 정치가 07 (정부의) 부처, 내각
08 democracy 09 dispute 10 reform
11 demonstrate 12 neutral 13 flesh
14 elect

B 01 agenda 02 Republic 03 criticized
04 inspire 05 candidate 06 council

C 01 definite 02 enthusiastic 03 forum
04 committee 05 conflict

D 01 ② / 그들은 소득세율을 낮춰야 한다는 것을
지지한다. 02 ④ / 그는 그들의 결정에 너무 화
가 나서 항의의 표시로 사임했다. 03 ② / 그 남
자는 이의를 제기하며 "나는 우리가 똑바로 계속
걸어 나가야 한다고 생각해요."라고 말했다.

DAY 31 pp.264~265

A 01 (나라의) 대사, 대표, 사절 02 발언, 언급,
논평; 언급하다 03 통일하다, 통합하다 04 선
언하다, 선포[공표]하다 05 열등한, 뒤떨어지는
06 지방; 〈행정 구역〉 주, 도, 성 07 해외의; 해
외로, 해외에서 08 interpret 09 reveal
10 postpone 11 ally 12 possess
13 factor 14 globalize

B 01 although 02 embassy 03 abroad
04 civil 05 Racial 06 diplomat

C 01 boundary 02 faithful 03 continent

04 citizens

D 01 unique 02 uniform 03 universe
04 unite

A 01 (재판의) 피고 02 패거리, 범죄 집단
03 유죄를 선고하다; 죄수 04 저작권, 판권; 저
작권 보호를 받는 05 폭력적인 06 훔치다, 도
둑질하다 07 (나쁜 일을) 저지르다; 전념하다;
약속하다 08 trial 09 threat 10 suspect
11 forbid 12 proof 13 confess 14 legal

B 01 jury 02 suspicious 03 deceive
04 conscience 05 guilty 06 accused
07 thief

C 01 completed 02 abuse 03 Pretend
04 crime

D 01 enrich 02 threaten 03 widen
04 endanger 05 strengthen 06 enlarge
07 deepen 08 ensure

A 01 원자력의, 핵무기의 02 패배시키다, 이기다
03 국내의; 가정의; 길들여진 04 폭발하다, 폭
파시키다 05 부대, 병력; 떼, 무리 06 요원;
대리인, 중개상 07 전투; 싸우다 08 escort
09 cease 10 disturb 11 brochure
12 submarine 13 assist 14 weapon

B 01 standard 02 controversy 03 burst
04 occupy, territory 05 negotiate
06 potential

C 01 circulates 02 civilians 03 conquered
04 Navy

D 01 librarian 02 inspector 03 commander
04 occupants

A 01 회복하다, 되찾다, 복구하다 02 유물, 유적
03 신성한, 성스러운 04 언어의, 언어적인
05 주요한, 주된, 제1급의 06 제국의, 황제의
07 원시적인, 미개의 08 prehistoric
09 priest 10 devil 11 cite
12 furthermore 13 religion 14 destiny

B 01 sin 02 colony 03 faith 04 evolution
05 specific 06 noble 07 holy

C 01 Pioneers 02 worship 03 knight
04 preserve 05 Empire

D 01 prey / 불쌍한 사슴들은 사냥꾼의 먹이가 되
었다. 02 knight / Lancelot 경은 중세 시대의
훌륭한 기사였다. 03 site / 건설 현장 주변에
녹색 담이 설치되어 있었다. 04 lessen / 새로
운 계획이 자동차 오염의 효과를 줄여줄 것이다.

A 01 (영화 등에서) 해설하다, 이야기하다 02 이
루어지다, 구성되다 03 구체적인; 콘크리트
04 걸작의, 일류의; 고전의; 전형적인; 걸작
05 변경하다, 바꾸다, 수정하다 06 주제, 테마
07 보완하다, 돋보이게 하다; 보완하는 것; 보어
08 index 09 critic 10 extend
11 outstanding 12 causal 13 preview
14 chorus

B 01 tragedy 02 tune 03 episode
04 statue 05 genuine 06 revive

C 01 plot 02 flexible 03 summary
04 district

D 01 Microbiology 02 biodiversity
03 biography 04 biological

DAY 36　pp.306~307

A 01 가속화하다　02 (세포) 조직; 화장지, 티슈
03 협회, 연구소, 기관　04 한정하다, 제한하다;
가두다　05 혁신하다; (새로운 것을) 도입하다
06 화학 (물질), 화학 반응　07 물질; 본질, 실체
08 gene　09 oxygen　10 phenomenon
11 function　12 atom　13 acid
14 revolution

B 01 accurate　02 laboratories　03 expand
04 alternatives　05 fascinate　06 activate

C 01 automatic　02 cells　03 theories

D 01 need a sewing kit　02 is gathering
material　03 to pack all his gear
04 chooses the best material
05 staying away from digital devices

DAY 37　pp.314~315

A 01 제조하다, 생산하다　02 풀을 뜯다, 방목하다
03 유한한, 한계가 있는　04 물품, 상품
05 정도, 규모　06 산업, 공업　07 협력하다, 공
동 작업하다　08 mine　09 heritage　10 mill
11 organic　12 cultivate　13 labor
14 livestock

B 01 shepherd　02 sector　03 emphasis
04 fundamental　05 agriculture
06 facility

C 01 grain　02 merchandise　03 harvest

D 01 medical　02 literal　03 formal
04 chemical　05 national

DAY 38　pp.322~323

A 01 제한하다, 한정하다　02 절벽　03 열대(지
방)의　04 조약돌, 자갈　05 축축한, 눅눅한
06 그림자, 그늘, 어둠　07 물가, 바닷가
08 dew　09 artificial　10 breeze　11 lawn

12 philosophy　13 moist　14 horizon

B 01 fossil　02 bay　03 resolve　04 chill
05 marine　06 volcano

C 01 combine　02 eliminated　03 shade
04 tide　05 extreme

D 01 tidy / 나의 어머니는 모든 것이 깔끔하게 잘
정돈되어 있는 것을 좋아하신다.　02 bubbles /
샴페인에서 나오는 거품이 내 코 위로 올라왔다.
03 Lightning / 커다란 천둥소리 직후 번개가
뒤를 이었다.　04 submit / 우리는 영상을 3월
13일에서 4월 6일 사이에 제출해야 한다.

DAY 39　pp.330~331

A 01 보호하다, 지키다　02 다 써버리다, 고갈시
키다; 배기가스　03 집중적인, 강도 높은, 격렬한
04 보존[보호]하다; 아끼다　05 배치[배열]하다;
처분[처리]하다　06 (대기오염으로 인한) 스모그,
연무　07 부족, 결핍　08 clarify　09 destruction
10 distribute　11 assemble　12 extinct
13 layer　14 rainforest

B 01 drought　02 expire　03 exaggerate
04 ultimate　05 climate　06 emerged

C 01 melts　02 species, endangered
03 polluted　04 principle

D 01 ③ / 얼음이 녹으면, 액체 상태의 물로 변한다.
02 ④ / 지난주 폭풍우가 많은 가옥의 파괴를 초
래했다.　03 ② / 이 새로운 캠페인의 목적은 음
식물 쓰레기를 줄이는 것이다.　04 ④ / 응급실
의사는 피로부터 자신을 보호할 특별한 옷을 입
을 수도 있다.

DAY 40　pp.338~339

A 01 사실상의; 가상의　02 얻다; 유래하다; (결론
등을) 도출하다　03 일치[상응]하다; 서신 왕래
하다　04 확실하게 하다, 보장하다　05 영역, 범
위; 도메인　06 번창[번성]하다, 잘 자라다

07 접근[접속]하다; 접속, 접근, 이용
08 monitor 09 code 10 digital 11 log
12 drag 13 install 14 software

B 01 temporary 02 mobile 03 download
04 system 05 Update 06 keyboard
07 efficient

C 01 mode 02 cable 03 surfing
04 Ensure

D 01 password / 너는 이메일을 확인하려면
비밀번호를 입력해야 한다. 02 installed /
1961년에 최초로 IBM 컴퓨터가 미항공우주국
(NASA)에 설치되었다. 03 access / 그 마을
은 해변에 이르는 대중의 접근을 늘리고 싶어 한다.
04 delete / 여러분은 먼저 문서를 클릭한 다음,
모든 잘못된 정보를 삭제할 것입니다.

T

메가스터디
중학 영단어

실력

새 교육과정 교과서에서 엄선한
중2~3 필수 어휘 1080개

효율적 단어 학습을 위한
Daily 테마 어휘 301개

6번 반복 학습할 수 있게
별도로 제공되는 쓰기노트

메가스터디BOOKS

www.megastudybooks.com

내용 문의 | 02-6984-6908 구입 문의 | 02-6984-6868,9

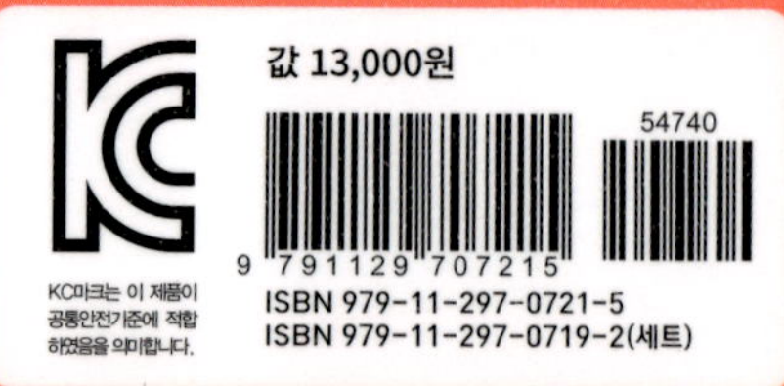

값 13,000원

54740

KC마크는 이 제품이
공통안전기준에 적합
하였음을 의미합니다.

ISBN 979-11-297-0721-5
ISBN 979-11-297-0719-2(세트)

메가스터디

중학 영단어

쓰기노트 | 실력

메가스터디BOOKS

mega
study
VOCA
bulary
40일 완성

쓰기노트 활용법

Step 1

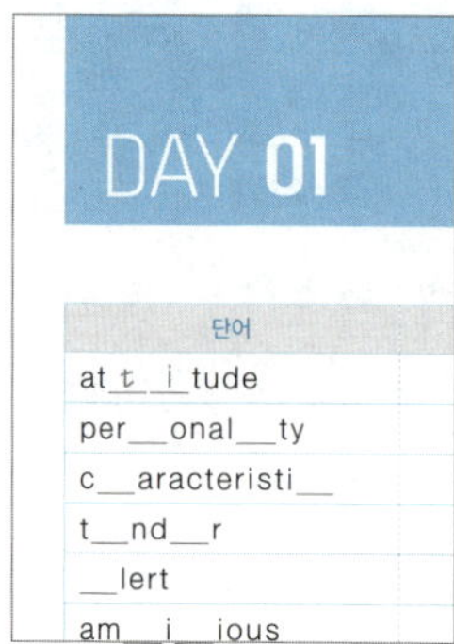

QR코드로 단어를 듣고
말하며 단어를 완성하세요.

Step 2

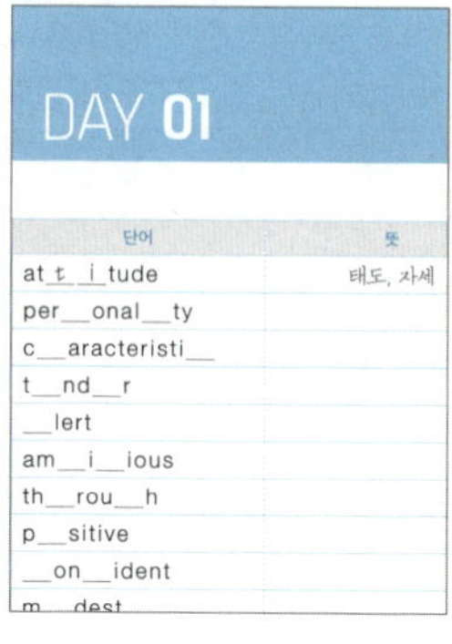

완성한 영어 단어를 보고
뜻을 쓰세요.

Step 3

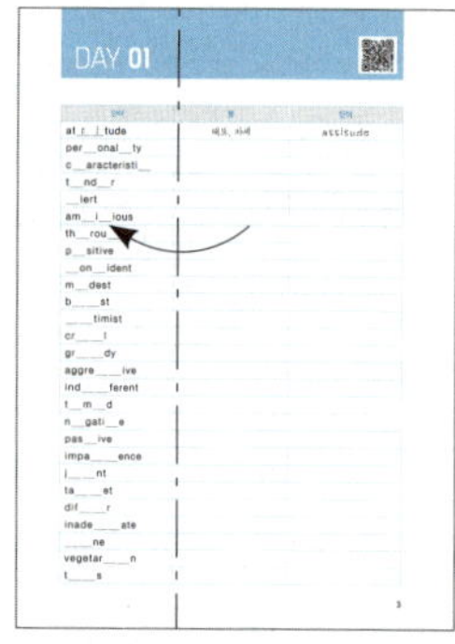

영어 단어가 보이지 않게 접고,
뜻을 보고 영어 단어를 쓰세요.

Step 4

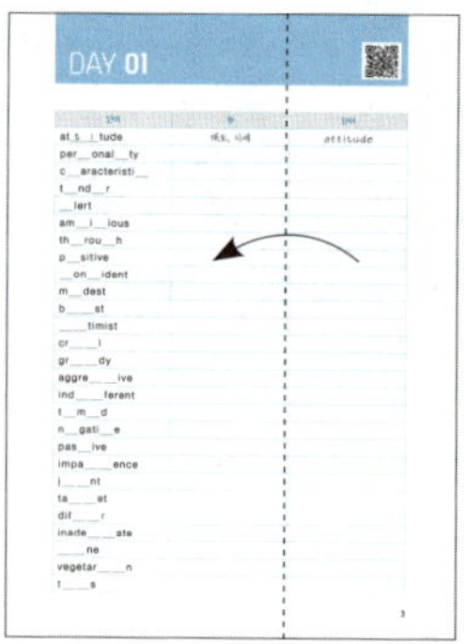

앞면의 영어 단어가 보이게 접고,
뒷면에 뜻을 쓰세요.

Step **5** 뜻 보고 단어 쓰기

Step **6** 뜻 접고 단어 보고 뜻 쓰기

★ 외우지 못한 단어는 「나만의 단어장」에 적고 계속 확인하세요.

DAY 01

단어	뜻	단어
at_t_i_tude	태도, 자세	attitude
per__onal__ty		
c__aracteristi__		
t__nd__r		
__lert		
am__i__ious		
th__rou__h		
p__sitive		
__on__ident		
m__dest		
b____st		
____timist		
cr____l		
gr____dy		
aggre____ive		
ind____ferent		
t__m__d		
n__gati__e		
pas__ive		
impa____ence		
j____nt		
ta____et		
dif____r		
inade____ate		
____ne		
vegetar____n		
t____s		

DAY 01

뜻	단어	뜻

DAY 02

단어	뜻	단어
se______ation		
___hy______cal		
h___alt___y		
vi___io___		
gl___nce		
brea______		
______ent		
______ore		
a___just		
r___li___ve		
r___fr___sh		
fro___n		
dis___bled		
dis______sting		
diz______		
f___int		
p___le		
na___ed		
w___in___le		
me___ningf___l		
l___ck		
di___play		
sn___p		
unle___s		
pu___p		
sen___or		
near___y		

DAY **02**

뜻	단어	뜻

DAY 03

단어	뜻	단어
____otion		
g__ate__ul		
cont__nt		
sin__ere		
____rill		
an____ous		
conce__n		
j____lous		
frigh____ned		
depre____ed		
____hamed		
mi____rable		
embarr____s		
__st__nish		
pan__c		
__el__		
sor__o__		
gr____f		
s____		
w____p		
sympa____y		
p__ty		
si____		
____noy		
irr____ate		
de____		
fl____e		

DAY 03

뜻	단어	뜻

DAY 04

단어	뜻	단어
sp_____it		
insi_____t		
log_____al		
intel__ec__ual		
sens__ble		
con_____ious		
a__no__mal		
com__re__end		
per__eive		
ident__fy		
rec_____l		
rem_____d		
r_____ard		
associ_____e		
sup__ose		
as__ume		
anal__ze		
con__ent__ate		
distr__ct		
hes__tate		
cont__ac__		
ins__lt		
ca__t__re		
s__ri__k		
m_____d		
ridi_____lous		
fr__nkly		

DAY 04

뜻	단어	뜻

단어	뜻	단어
int____t		
b______		
sub__ecti__e		
ap__arent		
co__si__tent		
acknowl____ge		
ad__pt		
ap__r__ve		
as__e__s		
__nticip__te		
__nsist		
as____rt		
ass____e		
conv______e		
at__r__bute		
distin____ish		
over__oo__		
pr__pose		
__rge		
con__l__de		
s______		
evi__ent		
const__nt		
s______		
me____m		
resemb____		
mo____over		

뜻	단어	뜻

DAY **06**

단어	뜻	단어
relation____ip		
____nd		
r____y		
____counter		
int____act		
com__un__cate		
resp__ct		
int__m__te		
__e__ate		
q__ar__el		
requ__st		
ap__rec__ate		
bl__me		
betr__y		
a__noun__e		
m__n__ion		
inte__fe__e		
inter__up__		
__es__ond		
ref__se		
re__ec__		
__ort__ne		
sit____tion		
b____ch		
b__illi__nt		
f______		
fl_____		

DAY 06

뜻	단어	뜻

DAY 07

단어	뜻	단어
lif___ime		
pre_____ant		
adole______ent		
comp___nion		
m___t___re		
___sp___re		
at___empt		
pur___ue		
___ncourage		
con______dence		
ha___ds___ip		
conf___ont		
c___p___		
dev___te		
f___te		
f___us___rate		
fulf___l___		
a___compl___sh		
at______in		
f______eral		
mot______e		
pack______		
at______act		
res___ons___ble		
e___cl___de		
___ngle		
cla___se		

뜻	단어	뜻

단어	뜻	단어
ed_____ate		
in__tru__tion		
prin__ip__l		
p__p__l		
j__nior		
sem__ster		
lect__r__		
_____sent		
at__ent__on		
as__i__n		
__v__luate		
pro__oun__e		
sco__d		
cons__lt		
coun_____l		
disc_____line		
_____quire		
__erti__icate		
soc__olo__y		
pr__vate		
su__t__ble		
pr__mary		
s_____eme		
f__ber		
to__ch		
m__unt		
f__rm		

뜻	단어	뜻

뜻	단어	뜻

DAY 09

단어	뜻	단어
car____r		
oc__up__tion		
c__rpo__ate		
en__erpr__se		
chie__		
chairm__n		
h__re		
__mploy		
a____ly		
a__pli__ant		
d__p__rtment		
coll__a__ue		
exper__en__ed		
comp__tent		
s__la__y		
______e		
pr____ote		
incent____e		
di____iss		
____it		
ret__re		
mer__y		
d__ta__h		
af__ec__		
b__n		
__e__d		
cl__ste__		

뜻	단어	뜻

뜻	단어	뜻

DAY 10

단어	뜻	단어
__h__re		
______y		
b______		
co__ch		
cu__bo__rd		
she__f		
f__rnit__re		
g__rb__ge		
__e__k		
m__n__		
m__ss		
mi__ro__ave		
__tove		
refr__ge__ator		
pil__o__		
bl__nk__t		
__h__et		
pol__s__		
s__w		
va__u__m		
outl__ne		
tr__p		
o__fend		
inter__ed__ate		
__or__l		
ou__h__		
m______el		

뜻	단어	뜻

DAY 11

단어	뜻	단어
＿＿＿utine		
reg＿＿l＿＿r		
ord＿＿na＿＿y		
s＿＿a＿＿e		
s＿＿＿＿ff		
＿＿＿t		
j＿＿urn＿＿l		
n＿＿p		
nig＿＿tm＿＿re		
pr＿＿ct＿＿cal		
＿＿ort＿＿ble		
c＿＿rd		
l＿＿＿＿		
str＿＿＿＿g		
e＿＿＿＿elope		
calcul＿＿t＿＿r		
＿＿hermo＿＿eter		
scr＿＿w		
n＿＿＿＿l		
s＿＿＿＿		
s＿＿＿＿le		
freq＿＿＿＿nt		
＿＿＿＿try		
lo＿＿＿＿l		
scat＿＿＿＿r		
v＿＿＿＿ible		
barr＿＿＿＿r		

DAY 11

뜻	단어	뜻

DAY **12**

단어	뜻	단어
gro_____ry		
rec____e		
ingr_____ient		
ed__ble		
__he__t		
d__i__y		
r__w		
p____l		
b_____nd		
mi_____ure		
ro_____t		
s__rin__le		
spi__y		
cr__sp		
smo__ed		
re__erv__tion		
j__n__		
__ever__ge		
app__ti__er		
ref__l__		
_____ill		
t__mper__ture		
o__t__in		
natu__e		
se__tle		
wha__ever		
l__kel__		

뜻	단어	뜻

DAY 13

단어	뜻	단어
s__le__person		
cl_____nt		
goo_____		
t____		
pr_____e		
_____x		
qu__l__ty		
wor__h		
e__pen__ive		
c__arge		
sp__nd		
af__o__d		
dis__oun__		
co__p__n		
w_____p		
cla__m		
g__arant__e		
e__chan__e		
r__fund		
rece__p__		
mean__		
pro_____ed		
sel__ct		
o__ey		
beha__f		
c__t__age		
unli__e		

DAY 13

뜻	단어	뜻

DAY **14**

단어	뜻	단어
aw___t		
h__ste		
q__a__ter		
t__ll		
withi__		
c__in__ide		
ur__ent		
im__edi__te		
gr__dual		
p__rm__nent		
___a		
ses___on		
dec___e		
d___		
init___l		
i__ter__al		
me__nt__me		
now__days		
da__n		
whet__er		
__nclo__e		
ind__ed		
en__ure		
f__er__e		
like__ise		
con__ea__		
__o__m		

DAY **14**

뜻	단어	뜻

DAY 15

단어	뜻	단어
sli_____t		
r_____e		
vol__me		
p__enty		
a__und__nt		
suf__ic__ent		
den__e		
ade__u__te		
__ast		
__ltoge_____er		
ap__ro__imate		
ha_____		
_____cline		
dim_____ish		
mi_____ion		
bill_____n		
__vera__e		
exce__s		
cont__xt		
s__pp__y		
inc__me		
overl__p		
re_____ire		
pr__dict		
priv_____y		
mam__al		
cre__t__re		

뜻	단어	뜻

DAY 16

단어	뜻	단어
quant____y		
divi__ion		
do__en		
__alcu__ate		
__stima__e		
ex__eed		
f__rt__er		
l__ss		
g__p		
__oss		
lo__er		
ma__or__ty		
meas__re		
r__nd__m		
__ult__ple		
r__t__		
contr__st		
d__fect		
d__sp__te		
bo__s__		
__ender		
m__n__r		
sur__ey		
clas__ify		
b__ng		
ar__a__ge		
b__a__		

뜻	단어	뜻

뜻	단어	뜻

DAY 17

단어	뜻	단어
p___rple		
squ___re		
p___nta___on		
sp___ere		
fra___ile		
de___ic___te		
d___ra___le		
spa___ious		
b___oad		
narro___		
cr___ck		
di___erse		
ele___ant		
___nor___ous		
e___otic		
empt___		
pa___tic___lar		
sh___llow		
con______nient		
t___ne		
b___ndle		
sm___sh		
shif___		
___ib___ate		
___ll___strate		
repl___ce		
___dent___cal		

뜻	단어	뜻

DAY 18

단어	뜻	단어
v___age		
cr____se		
conf____m		
acc__mm__date		
ac__om__any		
ba____age		
c____in		
cr____		
d__par__ure		
des__in__tion		
____n		
rece____ion		
____enery		
land____ape		
s__ghts__eing		
sou__eni__		
le__sure		
am__se		
p__oto__raph		
re__re__tion		
a__ency		
con__ey		
f__ll__w		
info__m		
m__ti__ate		
st____p		
c__isi__		

뜻	단어	뜻

DAY 19

단어	뜻	단어
aff___ ___r		
inc___ ___ent		
ari___ ___		
in__ol__e		
oc__a__ion		
__ele__rate		
en__ert__in		
fe__st		
clo__n		
info__mal		
a___ ___ual		
ap__la__d		
att__nd		
__ud__tori__m		
pre__en__e		
__ere__ony		
d__ta__l		
inse__t		
__spe__ially		
me__it		
th__re__ore		
s__peri__r		
re__ard		
poli__y		
provi__e		
m__nage		
inst__um__nt		

뜻	단어	뜻

DAY **20**

단어	뜻	단어
su___er		
w___nder___ul		
terr___fic		
id___ ___l		
incred___ ___le		
typ___ ___al		
bri___ ___		
app___opri___te		
p___oper		
___spe___t		
co___fort		
comple___		
comp___ ___cated		
t___nse		
cruci___l		
si___ni___icant		
st___ange		
___e___rd		
dis___ ___pear		
sq___ee___e		
op___rate		
pro___pec___		
di___advant___ge		
s___e___r		
ou___come		
li___en___e		
re___ist		

뜻	단어	뜻
뜻	단어	뜻

DAY 21

단어	뜻	단어
__ehi__le		
a__tomob__le		
r__u__e		
__ven__e		
pe__estr__an		
inter__ec__ion		
l__n__		
ai__cr__ft		
__bo__rd		
__i__		
p__ssen__er		
term__n__l		
b__un__		
pl__tf__rm		
l____d		
tran____er		
tr__nsp__rt		
a__c__or		
h__rbor		
po__t		
hor____ble		
vis__al		
pa__ag__aph		
af__ect__on		
d__ck		
inst__nce		
other__ise		

뜻	단어	뜻

단어	뜻	단어
dir_____tion		
pos_____ion		
near_____		
a__ong__ide		
re__ote		
apa__t		
as__de		
be__ond		
ov__rhe__d		
b__ne__th		
c__re		
e__ge		
_____ternal		
_____ternal		
for__h		
su__ro__nd		
mill__on__ire		
revi__e		
st__in		
reg__late		
thou__h		
sub__rb		
super__		
r__n__e		
o__er__ll		
ins__in__t		
fati__u__		

DAY 22

뜻	단어	뜻

DAY **23**

단어	뜻	단어
cons＿＿＿uct		
archit＿＿＿t		
st＿＿uc＿＿ure		
fr＿＿me＿＿ork		
＿＿ntr＿＿nce		
l＿＿b＿＿y		
h＿＿ll		
loun＿＿e		
foun＿＿＿in		
pass＿＿ge		
＿＿＿＿le		
ce＿＿l＿＿ng		
col＿＿m＿＿		
g＿＿rage		
st＿＿el		
p＿＿pe		
＿＿ire		
bri＿＿k		
w＿＿de＿＿pread		
＿＿ound		
imp＿＿ct		
gr＿＿nt		
incl＿＿de		
form＿＿t		
rel＿＿ase		
s＿＿reng＿＿h		
f＿＿d＿＿		

뜻	단어	뜻

뜻	단어	뜻

DAY **24**

단어	뜻	단어
m___tion		
p_____e		
p_____se		
l_____k		
sh_____		
sl___m		
t___ist		
gra___		
g___ip		
cru___h		
scr___tch		
t___ckle		
appr_____ch		
tr___mb___e		
cr______l		
b______t		
h______		
l______p		
______sh		
d___sh		
s___ramb___e		
cap___ble		
en___age		
ma___or		
o___sta___le		
def___ne		
co___tr___ry		

DAY 24

뜻	단어	뜻

DAY 25

단어	뜻	단어
a_____lete		
dyn_____ic		
mus_____e		
pa_____		
comp___te		
ri___al		
boun___e		
pun___h		
d___fen___er		
___ers___s		
p___na___ty		
m___rgin		
tr___ump___		
trop___y		
g___ory		
tac___le		
reg___ster		
q_____lify		
___ron___		
p___rsu___de		
eff___ct___ve		
form___tion		
___usti___y		
e___am___ne		
pa___te		
fe___t___re		
tra___e		

DAY 25

뜻	단어	뜻

DAY 26

단어	뜻	단어
ca______er		
_____he		
s___rgery		
org___n		
in___ect		
imm___ne		
in___ect		
ble___d		
cli___ic		
sym___t___m		
d___gest		
___om___t		
dent___l		
rot___en		
de___ay		
pr___scri___e		
to___ic		
overw___i___ht		
___el___te		
bu___den		
cl___ng		
a___sor___		
se___er___		
med___ate		
circ___mst___nce		
g___nera___ion		
ind______ate		

뜻	단어	뜻

DAY 27

단어	뜻	단어
______und		
band_____e		
br______se		
b___m___		
tum___le		
suf___er		
dro___n		
s___allo___		
pa___al___ze		
h___zard		
sec___rity		
___es___ue		
rec___ver		
___isa___ter		
landsl___de		
s___ene		
c______tion		
ter___ible		
ac___ident___lly		
cl___sh		
stru___gle		
___nha___ce		
pl___in		
rem___dy		
co___form		
str___te___y		
___st___blish		

DAY **27**

뜻	단어	뜻

DAY 28

단어	뜻	단어
__dmin__ster		
mai__tain		
vol__nta__y		
__elfare		
con__rib__te		
co____erate		
in__ab__t		
d__ell		
__rban		
ru__al		
__den__ity		
i__s__re		
pr__gr__ss		
pol__		
di__or__e		
su__ci__e		
ch____s		
iss____		
di____lose		
____andon		
c__lla__se		
impr__ve		
__ou__dation		
do__in__te		
f__rec__st		
__m__tate		
______cet		

뜻	단어	뜻

DAY 29

단어	뜻	단어
___und		
cr___dit		
p___op___rty		
as___e___		
______ction		
l______n		
de______		
pov______ty		
co___mer___e		
i___port		
___xport		
fi______nce		
prof___t		
sto___k		
s___ar		
s___m		
sta___le		
mer______ant		
s___dd___nly		
adv___nt___ge		
de___per___te		
com___iss___on		
d___s___end		
___ent___re		
ad___pt		
appe___l		
be___ides		

DAY 29

뜻	단어	뜻

DAY 30

단어	뜻	단어
pol__tic__an		
__dvo__ate		
go__ern		
re__orm		
de__oc__acy		
rep__blic		
libe__al		
can__id__te		
__lect		
minis__ry		
com__itt__e		
for__m		
__on__ress		
coun__il		
a__end__		
n____tral		
confl____t		
di____ute		
prote____		
op__on__nt		
cor__upt		
cr__tici__e		
de__onstr__te		
f____sh		
insp__re		
en__husi__stic		
d__fin__te		

뜻	단어	뜻
뜻	단어	뜻

DAY **31**

단어	뜻	단어
glo__ali__e		
un_____y		
uni____		
abro__d		
over__ea__		
ra__ial		
__ll__		
uni__n		
am__as__ador		
__mbass__		
cont__nent		
bo__nd__ry		
citiz__n		
ci__il		
decl__re		
di__lom__t		
inte__pr__t		
faithf__l		
re__ark		
reve__l		
pro_____nce		
__lthou__h		
fact__r		
infe__ior		
pos__ess		
never__hel__ss		
pos__pone		

뜻	단어	뜻
	단어	
	단어	

단어	뜻	단어
__rime		
leg__l		
st_____l		
de_____ive		
m__rder		
s__sp__ct		
suspi_____ous		
pr__o__		
g__i__ty		
tr__al		
de__end__nt		
__ury		
con__ict		
_____ie__		
g__n__		
t__re__t		
__iol__nt		
ab__se		
a__cuse		
co__mit		
conf__ss		
cop__rig__t		
for__id		
cons_____ence		
__nrich		
pr__tend		
c__mpl__te		

뜻	단어	뜻

DAY 33

단어	뜻	단어
na_____		
tr_____p		
civil_____n		
co_____at		
ter__it__ry		
w__ap__n		
n__cle__r		
su__m__rine		
com__and		
con__u__r		
oc__u__y		
def_____t		
_____cort		
expl_____e		
bu_____t		
c_____se		
negot_____te		
_____ent		
poten_____al		
_____sist		
in__pe__t		
con__rover__y		
d__me__tic		
__irc__late		
di__tur__		
bro__h__re		
sta__dard		

DAY 33

뜻	단어	뜻

DAY **34**

단어	뜻	단어
pr__histo__ic		
col__ny		
p__im__tive		
r__m__ins		
pr__ser__e		
emp____e		
__mp__rial		
____ight		
n____le		
p____neer		
__vol__tion		
reli__ion		
fait__		
de__il		
hol__		
s__cr__d		
pr__y		
pr__e__t		
dest__ny		
__i__		
__orship		
____te		
re____ore		
lingu____tic		
f__rthe__more		
sp__ci__ic		
__rime		

DAY 34

뜻	단어	뜻

DAY 35

단어	뜻	단어
_____eater		
prev_____w		
tra__edy		
t__eme		
crit__c		
__pis__de		
nar__ate		
stat_____		
sum_____ry		
pl_____		
cla_____ic		
ind_____		
b__ograp__y		
__utob__ography		
t__ne		
cho__us		
__evi__e		
concr__te		
a__ter		
c_____sal		
__onsist		
dist__ict		
out__ta__ding		
gen__ine		
fle__ible		
e__tend		
co__pl__ment		

뜻	단어	뜻

DAY 36

단어	뜻	단어
inno__ate		
devi____		
g_____r		
mech__ni__m		
__evol__tion		
ac__ele__ate		
acti__ate		
fun__tion		
__utom__tic		
su__st__nce		
__tom		
m__neral		
__ene		
tis__ue		
ce__l		
__h__ory		
ins__it__te		
la__or__tory		
__c__d		
o__y__en		
ch__mis__ry		
phe__om__non		
con__ine		
ac__urate		
exp__nd		
__ltern__tive		
fasc____ate		

뜻	단어	뜻

DAY 37

단어	뜻	단어
i__dust__y		
se_____or		
lab_____		
ma__ufact__re		
pr__duct		
mer__hand__se		
mi__l		
o__tput		
ag__icult__re		
gr__in		
cul__iv__te		
org__nic		
harv__st		
gre__nho__se		
l__vest__ck		
c__t__le		
she_____erd		
gra__e		
h__y		
min__		
coll__bo__ate		
__xtent		
fin__te		
herit__ge		
fa__ility		
__mpha__is		
f__nd__mental		

DAY 37

뜻	단어	뜻

DAY 38

단어	뜻	단어
li__ht__ing		
bre____e		
s____re		
hor____on		
t____e		
____y		
p____ble		
m__rine		
clif__		
de__		
tr__pical		
__rtifi__ial		
sh__de		
s__ad__w		
ch__l__		
d__m__		
mo__st		
__a__n		
su__mit		
__olc__no		
__os__il		
__lim__nate		
res__rict		
phi__osop__y		
co__bine		
ex__re__e		
re__ol__e		

뜻	단어	뜻

DAY **39**

단어	뜻	단어
la______		
rainfor___st		
de__tru__tion		
m__l__		
r__duce		
poll__te		
__tmos__here		
prot__ct		
dr____ght		
cl__mate		
con__er__e		
spe__ie__		
__ndan__ered		
e__tin__t		
ex__a__st		
s__orta__e		
sm__g		
__mer__e		
in__en__ive		
d__sp__se		
__xpire		
clar__fy		
ass__m__le		
prin____ple		
e__a__gerate		
distr____ute		
__ltim__te		

DAY 39

뜻	단어	뜻

DAY **40**

단어	뜻	단어
_____ble		
keyb_____rd		
monit_____		
datab__se		
pass__ord		
c_____e		
soft__are		
sy__tem		
v__rt__al		
lo__		
downlo__d		
ac__ess		
mo__e		
di__ital		
mob__le		
__ns__all		
__pdate		
sur__		
del__te		
dr_____		
dom__in		
de_____ve		
c__rres__ond		
__ffi__ient		
flo__rish		
__nsure		
t__mpo__ary		

DAY 40

뜻	단어	뜻

주요 접두사

re-	im-	trans-	in-	dis-
pro-	inter-	un-	pre-	en-

알맞은 접두사를 넣어 단어를 완성하고 뜻을 쓰세요.

단어	뜻	단어
dis honest	부정직한	dishonest
____serve		
____possible		
____adequate		
____place	대신[대체]하다, 교체하다	
____spond		
____patience		
____mit		
____ceed		
____different		
____like	~와는 다르게	
____action	상호 작용	
____peat		
____fund		
____sure		
____dict		
____order	무질서, 혼란	
____able	할 수 없는	
____mediate		
____appear		
____danger		
____formal		
____form	변형하다	
____logue		
____rupt	방해하다	
____late		
____advantage		

단어	뜻	단어
dishonest	부정직한	
preserve	보존하다, 보호하다	
impossible	불가능한	
inadequate	부적당한, 불충분한	
replace	대신[대체]하다, 교체하다	
respond	대응[반응]하다, 응답하다	
impatience	성급함, 조급함	
transmit	전송하다, 전염시키다	
proceed	진행하다, 나아가다	
indifferent	무관심한	
unlike	~와는 다르게	
interaction	상호 작용	
repeat	반복하다	
refund	환불; 환불하다	
ensure	확실하게 하다, 보장하다	
predict	예언[예측]하다	
disorder	무질서, 혼란	
unable	할 수 없는	
intermediate	중간의, 중급의	
disappear	사라지다	
endanger	위험에 빠뜨리다	
informal	격식을 차리지 않는, 비공식적인	
transform	변형하다, 바꾸다	
prologue	서두, 프롤로그	
interrupt	방해하다; (이야기를) 중단시키다	
translate	번역하다	
disadvantage	단점, 불리한 점	

ic	-ant	-ive	-or	-ous
-en	-er	-ian	-al	-ar

알맞은 접미사를 넣어 단어를 완성하고 뜻을 쓰세요.

단어	뜻	단어
assist _ant_	조수	assistant
persuas____		
form____	공식적인	
negotiat____		
medic____		
effect____		
wid____		
inspect____		
athlet____		
guard____		
econom____		
threat____		
entertain____		
competit____	경쟁의, 경쟁심 강한	
glori____		
occup____		
liter____		
civil____		
nation____		
librar____		
famili____		
strength____		
supervis____		
muscul____		
command____		
chemic____		
envi____		

단어	뜻	단어
assistant	조수	
persuasive	설득력이 있는	
formal	격식을 차린, 공식적인	
negotiator	교섭자	
medical	의학의, 의료의	
effective	효과적인	
widen	넓어지다, 넓히다	
inspector	조사자	
athletic	운동의, 선수의	
guardian	수호자, 후견인	
economic	경제의	
threaten	위협[협박]하다	
entertainer	연예인	
competitive	경쟁의, 경쟁심 강한	
glorious	영광스러운	
occupant	점유자, 거주자	
literal	문자 그대로의, 직역의	
civilian	시민, 민간인	
national	국가의, 국립의	
librarian	(도서관) 사서	
familiar	친숙한, 익숙한	
strengthen	강력해지다	
supervisor	감독[관리]자	
muscular	근육(질)의	
commander	지휘관	
chemical	화학적인, 화학의	
envious	부러워하는	

나만의 단어장

DAY	단어	뜻	단어	뜻

DAY	단어	뜻	단어	뜻

메가스터디

중학 영단어

실력

새 교육과정 교과서에서 엄선한	효율적 단어 학습을 위한	6번 반복 학습할 수 있게
중2~3 필수 어휘 1080개	Daily 테마 어휘 301개	별도로 제공되는 쓰기노트

메가스터디BOOKS

www.megastudybooks.com

내용 문의 | 02-6984-6908　구입 문의 | 02-6984-6868,9